제2판

기본법 사례중심의

생활법률

전 용 득

형지사

머리말

오늘날 우리 사회의 생활환경은 정보통신 수단의 발달 등으로 상상을 초월할 정도로 빨리, 그리고 많이 변하고 있다.

이에 따라 법률환경도 많이 바뀌었다. 법학전문대학원제도가 출범하고, 2008년도부터는 제한적이긴 하지만 형사재판에서 국민참여제도도 실시되고 있다.

다양하고 복잡한 현대 사회 생활에서 법에 대한 지식은 필수적이다. 사회인이면 일상생활에서 필요한 법은 반드시 알아야 하며, 또한 법을 몰라서 손해를 보는 일이나 곤혹스런 일을 당하는 사례는 결코 없어야 할 것이다.

법은 사회질서를 확립하고 공동선(共同善)을 지향하는 인류의 지혜이자 분쟁의 최후 해결 수단이다. 오늘 이 시대를 살아가는 우리들에게 있어서는 사회질서의 유지와 정의실현을 위하여, 그리고 교양으로서 법은 꼭 필요한 존재이다.

그런데 법률용어는 난이도가 높은 한자용어가 많아 법의 이해를 더욱 어렵게 느껴지게 하는 것이 사실이다.

그래서 저자는 대학에서 법학을 강의하면서 기본법들에 대한 사례 중심의 생활법률 교과서의 필요를 느끼고 본서를 엮어 보았다. 장기간에 걸친 민·형사상의 실무경험이 대학에서 법률을 강의함에 있어서 상당부분 강의내용에 접목되리라 생각한다.

이 책은 기본법인 민법과 형법을 중심으로 사례를 만들어 설명하는 방식으로 꾸며 보았다. 여기에 그 절차법인 민사소송법과 형사소송법도 포함하였다. 그리고 이 시대에 알아두면 편리한 법률과 제도 몇 가지를 덧붙였다.

이 교재가 비전공 학생들을 위한 법학 입문서의 역할과 법을 외면하거나 법에 익숙하지 않은 사람들을 친법률 사회인으로 만드는 데 기여했으면 좋겠다는 바람이다. 또한 학생들뿐만 아니라 일반 사회인들에게도 사회생활에 많은 도움을 줄 수 있게 되기를 기대한다.

끝으로 이 책의 발간을 위해 성원해 준 가족에게 감사를 드리며, 형지사 유성렬 사장님과 관계자 여러분에게도 감사를 드린다.

2013. 2.
동강연구소에서
전 용 득 씀

차 례

제2편 민사소송법 및 민사집행법

제4편 형사소송법

제 1 편

민 법

제 1 장

민법의 개념

제1절 민법의 개념

민법은 법질서 중에서 사법, 일반법, 실체법의 위치를 차지하고 있다.

민법이 규율, 즉 적용하고자 하는 대상은 개인의 사회적인 생활관계이다. 예를 들면 남에게 돈을 빌려 준 사람에게는 어떤 권리가 있고, 빌린 사람에게는 어떤 의무가 생기는가, 집을 사고 팔 때 판 사람과 산 사람의 권리와 의무는 무엇인가 등 개인의 사회생활 관계를 주된 적용대상으로 삼고 있다고 해서 사법(私法)이라고 한다.

민법은 적용대상이 특정한 사람이나 장소 또는 사항이 아니라, 모든 사람, 장소, 사항에 대해 보편적으로, 즉 일반적으로 적용되므로 일반법이라고 한다.

민법을 일반법과 특별법으로 구분하는 실익은 특별법은 일반법에 우선하여 적용되어야 하기 때문이다(특별법우선의 원칙).

민법은 개인 상호 간의 사회생활 관계에서 핵심적인 권리와 의무의 내용을 정해 주고 있으므로 실체법에 속한다. 이에 대하여 권리를 어떻게 실행하고 의무의 이행을 어떻게 할 것인가를 정하는 법을 절차법이라고 하는데, 민법의 절차법은 민사소송법이다.

민법은 개인 간의 사회생활 관계를 규율하는 법으로서 가장 중요하고 기본적인 법률이다.

제2절 민법개요

사람은 사회생활, 즉 공동생활을 하고 있다. 공동생활의 질서는 사회의 구성원이 지켜야 하는 행위의 준칙에 의하여 유지된다. 이러한 준칙 중에서 민법이란 사법(私法)의 일반법으로서 사회규범의 하나인 법질서의 일부이다.

실정법 가운데 민법 · 상법 등은 사법에 속하고, 헌법 · 형법 · 행정법 · 형사소송법 · 민사소송법 등은 공법에 속한다.

사법은 사적 생활관계를 규율하는 법으로 그 법률관계는 주로 대등 · 평등관계를 규율하는 것이 특징이다. 사법의 내용은 재산관계를 규율하는 재산법과 신분관계를 규율하는 신분법으로 나뉜다. 민법은 총칙 · 물권 · 채권 · 친족 · 상속편을 두고 있는데, 전(前) 3편은 재산법, 후(後) 2편은 가족법에 속한다.

민법은 일반사법이다. 법이 적용되는 지역적 범위나 인적 범위 또는 법이 규율하는 사항의 범위에 아무런 제한이 없는 것이 일반법이고, 특별한 제한이 있는 것이 특별법이다. 사법에 있어서 민법은 사법의 일반법이고, 상법은 사법의 특별법이다.

민법은 직접적으로 권리·의무에 관하여 정하는 법이므로 실체법이다.

실질적 민법은 민법전은 물론, 국민의 일반적인 사법생활의 실체적 권리관계를 규율하고 있는 모든 법령을 총칭하는데 이에는 부동산등기법, 주민등록법 등이 있다.

1. 총칙

민법 총칙에는 권리의 주체, 권리의 객체, 권리의 변동 등에 관하여 규정하고 있다.

1) 권리의 주체란, 법에 의하여 법적 힘을 부여받은 특정인을 말한다. 여기에는 자연인과 법인이 있다.

2) 권리의 객체란 법들의 힘의 대상, 이익발생의 대상을 말한다. 권리의 객체는 권리의 내용, 목적, 종류에 따라 다른데 물권에 있어서는 물건, 채권에 있어서는 채무자라는 특정인의 행위, 권리 위의 권리에 있어서는 권리, 무체재산권에서는 정신적 산물, 형성권에서는 법률관계, 인격권에서는 권리주체인 사람, 친족권에서는 친족법상의 지위, 상속권에서는 상속재산 등이다.

민법은 물건에 관하여서만 권리의 객체로서 총칙 편에 규정하고 있다.

3) 사람이 사회생활관계를 하는 가운데 법의 규율을 받는 것을 법률관계라 하며, 이 법률관계는 끊임없이 변동하는데 주로

권리·의무관계이므로 그 변동을 권리변동이라 한다.

여기에서는 법률행위, 대리, 무효와 취소, 조건과 기한에 대하여 규정하고 있다.

4) 다음으로는 기간과 소멸시효에 대하여 규정하고 있다.

법률효과는 시간의 경과에 의하여 좌우되는 일이 적지 않으므로 그 기간에 관하여 법령이나 법원의 처분 또는 당사자 사이의 법률행위에서 그 계산방법을 정하고 있으면 그에 따르나, 그렇지 않은 경우에는 민법에서 보충적으로 계산방법을 정하고 있다.

소멸시효는 일정한 사실상태가 오래 계속하는 경우에, 이 상태가 진실한 권리관계에 부합하는가의 여부를 묻지 않고, 그 사실상태를 존중하여 그것을 그대로 권리관계로 인정하는 제도이다.

민법에서는 총칙편에 소멸시효를, 물권편에 취득시효를 규정하고 있다.

2. 물권법

물권법은 각종의 재화에 대한 사람의 지배관계, 즉 사람의 물건에 대한 관계를 규율하는 질서이다. 제한된 재화에 대한 지배관계를 규율하는 법질서가 없다면 질서 있는 사회생활의 유지가 어려울 것이다.

민법 제2편이 물권(제185조~제372조)이며, 총칙(總則)·점유권(占有權)·소유권(所有權)·지상권(地上權)·지역권(地役權)·전세권(傳貰權)·유치권(留置權)·질권(質權)·저당권(抵當權)의 9장 188개조로 되어 있다.

제1장 총칙은 주로 물권의 거래, 즉 물권의 득실변경에 관한 원칙적 규정을 그 내용으로 한다.

제2장 내지 제9장은 민법이 인정하는 점유권, 소유권, 지상권, 지역권, 전세권, 유치권, 질권, 저당권 등 8종의 물권의 내용, 그의 보호 및 이들 물권의 득실변경에 관한 특별규정들로 되어 있다.

이들 8종의 물권은 이를 점유권(占有權)·소유권(所有權)·용익물권(用益物權)·담보물권(擔保物權)으로 크게 네 가지로 나눌 수 있다.

점유권은 물건에 대한 사실상의 지배에 기하여 인정되는 특수한 물권이며, 그것은 물권적 질서의 유지를 위한 제도로서 이해되고 있다.

소유권은 물건을 전면적으로 지배하는 가장 완전한 물권이다.

지상권·지역권·전세권은 타인의 물건(부동산)의 사용가치를 지배하여 일정한 범위에서 사용·수익할 수 있는 물권이며, 이를 용익물권이라고 한다.

유치권·질권·저당권은 물건이 가지는 교환가치를 지배하여 물권을 담보하는 것이 그 목적이므로 이를 담보물권이라고 한다.

3. 채권법

채권은 특정인(채권자)이 다른 특정인(채무자)에 대하여 특정의 행위(급부), 즉 협력을 요구할 수 있는 권리이며, 당사자 사이의 이러한 채권·채무의 법률관계가 채권관계이다.

채권관계에 의하여 얻을 수 있는 타인의 협력에는 여러 가지가 있지만, 가장 주요한 것은 사람이 그의 물질적 및 정신적 생활을 영위하는 데에 필요한 각종의 재화 또는 타인의 노무를 얻는 것이다. 그러므로 채권법은 타인을 매개하여 생활에 필요한 재화나 노무를 취득하는 경우를 규율하는 법률이다.

민법 제3편이 채권(제373조~제766조)이며, 총칙·계약(契約)·사무관리(事務管理)·부당이득(不當利得)·불법행위(不法行爲)의 5장 394개조로 되어 있다.

제1장 총칙은 채권일반에 관한 통칙을 규정하고 있으며, 채권총론 또는 채권법총론이라고 부른다.

제2장 계약 이하의 4개장은 각종 채권의 발생원인에 관하여 규정하고 있으며, 채권각론 또는 채권법각론이라고 부른다.

제1장 총칙은 여러 원인에서 발생하는 채권 외에 법률상 당연히 발생하는 채권에도 적용되는 통칙으로 채권의 목적·채권의 효력·수인의 채권자 및 채무자·채권의 양도·채무의 인수·채권의 소멸 그리고 지시채권과 지명채권의 8절로 되어 있다.

채권은 물권보다는 훨씬 빈번히 성립하는 재산관계이나, 그 성립원인은 계약(제2장)·사무관리(제3장)·부당이득(제4장)·불법행위(제5장)의 네 가지로 나눌 수 있다.

제2장 계약은 제1절에서 모든 계약에 공통으로 적용되는 성립·효력·소멸에 관하여 규정하고, 제2절 내지 제15절에서는 매매를 비롯한 14종의 전형적인 계약에 관하여 규정하고 있다.

제2장 계약 이하에서는 채권의 발생원인에 관한 것을 규정하고 있다.

계약은 서로 대립하는 2개 이상의 의사표시의 합치로 성립하는 법률행위로서 채권의 발생을 목적으로 하는 것이며, 계약은 채권의 발생원인으로서 가장 중요하다. 사무관리란 법률상 의무

없이 타인을 위하여 그의 사무를 관리 내지 처리하는 행위를 말하며, 이 제도는 사람의 공동생활에 있어서의 이타적인 행위를 합법적인 행위로 규율하려는 것이다.

부당이득이란 법률상의 원인 없이 타인의 재산 또는 노무에 의하여 이익을 얻고, 그로 말미암아 타인에게 손해를 주는 것이다. 법률은 이러한 경우에 그 이득자에게 손실자에 대하여 이득을 상환할 채무를 부담하게 한다.

불법행위는 타인에게 손해를 주는 위법한 행위이며, 행위자는 피해자에게 그 행위로 인하여 생긴 손해를 배상하여야 한다. 따라서 불법행위는 손해배상채무의 발생원인이 된다.

4. 가족법

민법 제4편이 친족(제767조-979조), 제5편이 상속 편(제997조-1118조)이다.

가족제도는 인간생활 및 사회생활의 기본으로서 중요성을 가진다. 가족법은 가족관계, 즉 남녀의 성적 결합과 부모·자식의 관계 그리고 유언 및 상속의 관계를 규율하는 부분이다. 친족법과 상속법이 여기에 속한다.

가족법은 부부와 미성년자를 중심으로 한 혼인과 친자관계 그리고 친족관계와 관련하여 행위무능력자에 대한 후견, 친권, 친족 간의 부양 등을 규율한다.

상속법은 상속, 유언, 유류분의 3부분으로 되어 있다.

제 2 장

민법총칙 사례

■신의성실의 원칙 1

신의성실의 원칙은 어떤 법의 분야에 적용되는 것일까?

민법 제2조제2항은 "권리의 행사와 의무의 이행은 신의에 좇아 성실히 하여야 한다"고 규정되어 있다. 신의칙은 비단 계약법의 영역에 한정되지 않고 모든 법률관계를 규제, 지배하는 원리로 파악되며 따라서 신의칙에 반하는 소권의 행사 또한 허용될 수 없다(대법원판결 1983.5.24. 82다카1919)고 할 것이다.

■신의성실의 원칙 2

A는 B 소유 임야 2,000평을 3,000만 원에 사기로 하고 매매계약을 체결, 계약금과 중도금을 주었다. 그런데 잔금을 치르는 날 100만 원이 부족하여 6개월 후에 100만 원을 주되, 월 3푼의 이자를 물어주기로 하고 등기를 마쳤다. 그후 그 일대에 골프장이 들어선다는 소문이 나자 땅값이 폭등하였다. B는 A

가 잔금을 다 치르지 않았다는 이유로 계약을 해제한다는 내용증명우편을 A에게 보냈다. 이때 이 계약은 해약된 것일까?

위 경우의 땅 소유자는 A이다. 임야 2,000평에 대한 매매계약에 의하여 A는 대금을 지급할 의무가 생긴 것이고, A가 그 대금을 지급하지 않으면 B로서는 당연히 매매계약을 해제할 권리가 있다(채무불이행에 의한 계약해제). 그러나 매매대금 중 극히 일부분에 지나지 않은 돈을 지급하지 않았다는 이유로, 계약 전체를 해제하려는 것은 상대방의 신뢰를 해치고 거래관계에 있어서의 신의에 어긋나는 일이다. B의 계약해제는 효력이 없다. 따라서 임야는 A의 소유가 된다. 이처럼 권리의 행사는 신의에 따라 성실히 하여야 한다. 이것을 '신의성실의 원칙(신의칙)'이라고 하며, 이 원칙은 단순한 도덕상의 원칙만이 아니고 모든 법의 원리를 지배하는 대원칙이다. 이런 점에서 법도 사실은 도덕, 윤리, 정의에 기초하고 있다고 할 수 있다.

B의 계약해제통고가 신의성실에 비추어 허용될 수 없는 무효의 것이라고 하더라도, A로서는 적극적으로 대처하여야 한다. 즉 즉시 지불하지 못한 잔금 100만 원과 이자를 합하여 B에게 지급하여야 하고, B가 만일 수령을 거절한다면 공탁을 하면 될 것이다.

참고로 공탁이란 금전·유가증권 기타의 물건을 법원에 임치하는 것으로, 변제공탁, 담보공탁 등이 있다(자세한 내용은 공탁 부분 참조).

■권리남용 1

A는 토지 취득을 할 때 그 토지위에 초등학교가 건축되어 있고 학교교사로 사용하고 있다는 사실을 알고 있음에도 그 토지를 취득한 후 학교교사를 철거해 달라고 요구하는데?

민법 제2조 제2항에는 "권리는 남용하지 못한다"고 규정하고 있다. 따라서 A의 행위는 권리의 공공복리를 위한 사회적 기능을 무시한 것이고, 신의성실의 원칙에 반하는 행위로서 권리남용에 해당한다 할 것이다.

■권리남용 2

A의 이웃집에 사는 B는 주택신축을 위하여 토지경계 측량을 하더니 A의 집이 B의 토지 0.5㎡를 침범해 2층 주택을 건축하여 살고 있으니 그 일부를 철거하고 해당 토지 부분을 인도하라고 하는데?

위 사례는 권리남용의 문제이다. 민법에 권리는 남용하지 못한다는 법의 기본원칙을 밝히고 있다(제2조). 그러나 어떤 행위가 권리남용에 해당하는지에 대하여는 규명하고 있지 않다.

권리남용이란 외형상으로는 권리의 행사인 것 같으나 구체적인 실질에 있어서는 권리의 공공성·사회성에 반하는 것으로써 정당한 권리행사로 인정될 수 없는 행위이며, 어떤 행위가 권리를 남용한 것으로 인정되면 그 행위의 법률효과가 발생하지 않음은 물론 권리가 박탈되거나 오히려 손해배상을 해주어야 하는 경우가 생길 수 있다.

위 사례와 유사한 사건의 판례를 보면 0.3㎡에 불과한 토지를 인도 받기 위하여 2층 건물의 일부를 철거하라는 건물철거소송에서 권리남용이 인정된 경우가 있다(대법원판결 1993.5.14, 93다4366; 1998.6.26, 97다42823 참조).

따라서 위 사례의 경우에 있어서는 B가 건물철거소송에 이른 경위, 문제된 0.5㎡ 땅의 전체토지에 대한 효용성, 그 가격의 정도와 이에 비하여 철거되는 건물의 효용상실의 정도, 경계선 확인에 대한 쌍방의 부주의 정도 등을 구체적으로 살펴 권리남용 여부가 결정될 것이다.

■권리능력의 존속기간 및 태아와 상속

A는 불의의 교통사고로 사망하였다. 그런데 A에게는 약간의 재산이 있었다. 상속과정에서 A의 애인 B는 A의 아이를 가졌다며 상속권을 주장하는데, 태아에게도 상속권이 인정될까?

법적으로 태아는 사람으로 인정되지 않는다. 사람은 그 신체가 모체로부터 완전히 분리되어 출생한 때부터 법적으로 사람이 되고 생존기간 동안 권리와 의무의 주체가 되는 것이 원칙이다. 즉 사람은 생존한 동안 권리와 의무가 주체가 된다(민법 제3조). 따라서 태아는 출생 전까지는 사람으로 간주되지 않는다. 그러나 예외적으로 태아도 사람으로 간주되는 경우가 있다. 즉 위 사례와 같은 상속문제에 있어서 민법은 예외를 인정하여 태아에게도 상속권을 주고 있다(민법제100조, 762조). 다만 출생시 태아가 살아 있어야만 한다.

그러므로 태아는 살아서 출생하는 것을 조건으로 상속권이 부여되는 것이다. 민법이 이처럼 아직 태어나지도 않은 태아에게 예외적으로 상속권을 인정하는 것은 태아를 보호하기 위해서이다. 예를 들면 아버지가 사망한 후 출생한 자식에게 위와 같은 민법의 예외가 인정되지 않는다면 상속권이 없다는 부당한 결과가 되기 때문이다. 따라서 A의 유족들은 태아의 상속권을 인정하고 그 상속분을 나누어주어야 한다.

참고로 민법에서 태아의 권리능력이 인정되는 법률관계는 ① 불법행위에 기한 손해배상청구, ② 상속, ③ 유증, ④ 인지의 네 가지 경우이다.

■미성년자의 법률행위

> A는 만 19세의 대학교 2년 학생이다. 그런데 고등학교 동창생인 B와 결혼하게 되었다. A의 아버지는 작은 아파트를 하나 사 주었는데, A는 이 아파트를 팔아 B의 가게 자금을 마련하기로 하고 C와 아파트 매매계약을 체결하여 중도금까지 받았다. 이 소식을 들은 부모가 C에게 찾아가서 A는 미성년자이므로 위 계약을 취소한다고 통고하고 갔는데, 이 계약은 취소된 것인지?

만 20세 미만의 미성년자가 매매계약과 같은 법률행위를 할 때는 부모, 즉 법정대리인의 동의를 얻어야 한다.(민법제5조) 이때 동의 없는 미성년자의 법률행위는 법정대리인이 취소할 수 있다.

그러나 민법에서는 혼인을 한 미성년자는 부부생활을 영위할 수 있는 정신적 능력과 독자적 생활능력이 있는 것으로 보아 성년으로 간주한다(민법제826조의2).

이 경우에는 부모의 동의가 없어도 법률행위를 할 수 있으므로 부모라도 취소가 불가능하다. 민법에서는 미성년자라도 결혼하면 성년으로 대우한다.

참고로 현행민법상 성년에 달하면 부모의 동의 없이 자유롭게 약혼과 결혼을 할 수 있다.

반대로 미성년자와 매매계약과 같은 법률행위는 그 행위가 취소될 수 있음을 알아야 하고, 가급적 법률행위를 삼가는 것이 좋을 것이다. 부득이한 경우에는 상대방의 성년 여부를 확인해 보아야 한다.

그러므로 위 사례는 부모라도 계약을 취소할 수 없고, A는 잔금을 받고 C에게 등기를 넘겨주어야 한다.

■한정치산(限定治産)

> A는 아내와 사별하자 재산에 대한 애착을 잃어버렸다. 그래서 신문에 어려운 사람이 있다는 기사만 나면, 도와주고 각종 단체에도 많은 돈을 기증하였다. 그래서 많던 재산도 없어지고 겨우 살고 있는 집만 남게 되었다. 자식들이 마지막 남은 재산인 집을 지키는 방법은?

위와 같은 사례는 드문 일이지만, 실제 있을 수 있는 일이다.

민법의 한정치산제도란 심신이 박약하거나 재산의 낭비로 자기나 가족의 생활을 곤궁하게 할 염려가 있는 자에 대해 법원에 한정치산선고의 신청을 하여, 법원으로부터 그 선고를 받게 되면 이 선고를 받은 사람은 재산의 처분권한을 제약하게 되는 것이다.

민법 제9조의 재산의 낭비란 교육, 자선, 종교 등의 목적으로 소비하는 것도 낭비로 될 수 있으며, 한정치산선고의 요건이 갖추어지면 법원은 반드시 선고를 해야 한다(민법제9조).

한정치산을 신청 또는 선고할 수 있는 요건은 심신박약자이거나, 자기나 가족의 생활을 곤궁하게 할 염려가 있는 낭비자라야 한다. 심신박약은 사물에 대한 판단력이 약화되어 불완전한 경우를 말하고, 그 정도가 중하면 심신상실상태라고 하여 금치산 선고의 대상이 되며 이 선고를 받게 되면 처분자체를 금지시키게 된다.

법원으로부터 한정치산선고를 받으면 재산처분은 후견인이라는 법정대리인의 동의를 얻어야 하고, 동의가 없는 경우에는 법정대리인이 취소할 수 있다. 한정치산은 그 원인이 취소되면 법원에 취소를 청구하여 원래 상태를 복원시킬 수 있다.

■무능력자의 사술(詐術)

> A의 아들 B는 미성년자로서 말썽꾸러기인데, 최근에는 아버지 A의 아파트 권리증서와 인감도장을 가지고 나가 아버지의 승낙을 얻었다고 하면서 집을 팔아 그 돈을 가지고 가출하였다. B의 재산처분행위를 A가 취소할 수 있을까?

미성년자의 법률행위는 법정대리인인 부모, 또는 후견인이 취소할 수 있다. 그러나 미성년자가 상대방에게 성년자라고 속였거나 법정대리인의 동의가 있다고 속인 경우(이를 '무능력자의 사술행위'라고 한다)(민법제17조)에는 미성년자와 거래한 상대방을 보호하기 위해 법정대리인의 취소권이 인정되지 않는다.

그러나 단순히 말로만 속인 경우는 사술행위라고 할 수 없고, 나이를 속이기 위해 호적등본을 위조해서 제시하거나, 법정대리인의 동의서를 위조해서 제시하는 적극적인 경우만을 사술행위라고 보아야 한다.

매수인은 부동산 매매계약의 경우에 매도인과 소유자가 같은지를 확인하여야 하고, 만일 다른 경우에는 법정대리인의 동의 또는 대리권의 유무도 확인하여야 한다.

따라서 위 사례의 경우 B가 아버지 A의 재산을 처분하는 과정에서 아버지의 동의가 있었다고 말했다는 사유만으로는 적극적인 사술행위를 한 것이라고 볼 수 없다. 따라서 A는 아들 B의 법률행위를 취소해서 집을 되찾을 수 있을 것이다.

■부재자(不在者)

> A는 결혼도 하지 않고 독신으로 이곳저곳을 돌아다니면서 살고 있다. A는 친구 B에게 돈 천만 원을 빌려서 여행을 다녀오겠다고 하고는 일 년에 한두 번 전화만 할 뿐 A는 돌아오지 않고 있다. 그런데 A의 땅이 고향에 있는데 B는 이 땅을 처분해서라도 빌려 준 돈을 받고 싶은데 그 방법이 있을까?

생활근거지를 떠나 당분간 돌아올 가망이 없는 사람을 부재자라고 한다. 위 사례의 A도 법률상 부재자이다. 부재자는 반드시 생사불명일 필요는 없다.

부재자가 재산관리인을 선임해 놓고 떠났다면 별문제이지만, 그렇지 못한 경우에는 배우자, 가족, 채권자와 같은 이해관계인, 그리고 검사가 법원에 재산관리인선임을 청구해 선임된 재산관리인이 부재자가 돌아올 때까지 그 재산을 관리하도록 되어 있다(민법제22조).

위 사례에서 B는 채권자의 지위에서 법원에 A의 재산관리인

선임을 청구할 자격이 있고, 자신을 재산관리인으로 지명해 달라고 청구할 수 있다. 재산관리인이 되면 이 땅을 제3자에게 임대해서 그 돈으로 자신의 채권을 회수하는 것도 가능할 것이다. 그러나 B는 재산관리인의 지위에서 A의 땅을 처분할 수는 없다. 즉 부재자의 재산관리인은 법원의 허가범위를 넘는 처분행위를 한 경우에는 무권대리가 된다.

이 부재자제도는 부재자가 돌아올 때까지, 생사가 확정될 때까지 잠정적으로 부재자의 재산을 관리하기 위한 제도이다.

■실종선고

> 바다낚시광 A는 바다낚시를 다녀온다고 하고 나갔는데 10년이 지나도 아무런 연락 없이 돌아오지 않고 있다. 시체가 발견된 일도 없어 사망신고도 못하고, 가족들이 생활이 어려워 A의 명의로 된 재산을 처분하려는데 그 방법은?

부재자의 생사가 분명하지 않은 경우, 즉 생활근거지를 떠난 사람의 생사불명 상태가 장기간이 되었을 때는 사망의 개연성은 있지만, 사망의 확증이 없다. 이러한 경우 법원이 일정한 조건하에 생사불명상태의 사람을 사망한 것으로 간주해 주는 제도가 실종선고제도이다(민법제27조).

실종선고는 가족이나 재산관리인, 채권자와 같은 이해관계인, 또는 검사가 법원에 청구하여야 한다.

실종선고를 청구하기 위하여 필요한 실종기간은 전쟁, 선박침몰, 항공기추락 등 재난에 의한 실종은 1년이며, 그 이외의 실종은 5년이다. 법원이 실종선고를 하게 되면 그 사람은 사망한 것으로 보게 되어 재산은 상속받을 수 있게 되고, 배우자는 재혼이 가능하다.

위 사례에서의 A는 실종기간이 5년이 경과하였으므로 가족들은 실종선고를 청구할 수 있다.

■실종선고의 취소

> A는 아내 B와 딸 하나를 두고 있는 원양어선 선원인데, 원양어선에 승선하여 고기잡이를 나갔다가 파도에 배가 침몰하여 실종되었다. B는 2년 만에 C와 재혼을 하였는데, A는 3년 만에 살아서 돌아왔다. B는 법적으로 누구의 아내인가?

앞에서 설명한 바와 같이 실종선고제도는 실종자를 사망한 것으로 간주하는 것이지, 실종자가 사망했다는 사실의 확인은 아니다. 그러므로 매우 드물지만 실종선고를 받아 법적으로 사망으로 간주된 자가 살아서 돌아오는 경우가 있을 수 있을 것이다. 따라서 실종자가 살아 돌아오면 실종선고를 취소해야만 한다.

그런데 실종자가 사망한 것으로 믿은 배우자가 재혼한 경우의 효력에 대하여는 민법은 실종선고 후 그 취소 전에 선의로 한 행위의 효력은 유지된다고 규정하고 있다(제29조).

따라서 죽은 것으로 믿고 재혼한 경우 재혼의 효력은 그대로 유지되므로 B는 법적으로 C의 아내이다.

■주물과 종물 1

> A는 골동품 수집가인데 어느 지방에 갔을 때 농부 B의 집에 개 한 마리가 있었다. 그런데 그 개밥그릇을 보니 몇 백년 된 골동품이었다. 그래서 A는 B가 개밥그릇의 가치를 모르는 줄 알고 개를 사면 개밥그릇은 그냥 가져올 수 있을 것으로 생각

하고 부르는 대로 값을 주고 개를 샀다. 그리고 나서 기왕이면 쓸모 없게 된 개밥그릇을 달라고 하자, B는 그 개밥그릇 때문에 개장사가 잘 된다고 했다. A가 개를 샀다고 해서 개밥그릇도 산 것일까?

민법에서는 어떤 물건의 일상적인 사용을 위해서 그 물건에 다른 물건을 부속시켰을 때, 주된 물건을 주물이라 하고, 부속된 물건은 종물이라 부른다.

예를 들면 배와 노, 자물쇠와 열쇠, 시계와 시계줄, 주유소에 설치된 주유기의 관계는 주물과 종물의 관계에 있다. 이처럼 주물과 종물로 구분하는 실익은 주물의 처분이 있었을 때 종물의 법률적 운명을 어떻게 할 것인가에 있다고 할 수 있다.

종물이 되기 위한 요건으로는

① 주물의 상용에 이바지하여야 한다. 그러므로 일시적으로 어떤 물건의 효용을 돕는 물건은 종물이 아니다.

② 주물에 부속되어 있어야 한다. 즉 장소적으로도 밀접한 위치에 있어야 한다.

③ 종물은 독립한 물건이어야 한다.

④ 주물과 종물이 모두 동일한 소유자에게 속하여야 한다.

민법에는 "종물은 주물의 처분에 따른다."라고 규정하고 있다(제100조).

예를 들면 배를 산 사람은 비록 노를 산 것은 아니지만 노까지도 인도 받을 수 있는 것이다.

그러나 민법의 이 규정이 있어도 당사자가 별도의 명확한 의사표시를 하였을 때는 이에 따라야 한다. 즉 당사자 간의 반대특약은 유효한 것이다.

위 사례에서는 개와 밥그릇은 주물과 종물의 관계로 볼 수 없다. 따라서 개를 샀다고 해서 밥그릇까지 산 것이라고는 볼 수 없는 것이다. 또한 개를 판 사람이 개밥그릇의 가치를 알고 있었던 이상 더욱 그렇다고 보아야 한다.

계약을 함에는 계약조항을 자세하고 치밀하게 정해 놓을 필요가 있다.

■착오로 인한 의사표시

A는 B소유 컴퓨터 학원을 학원생 100명과 함께 3,000만 원에 인수키로 하고 계약금 300만 원을 지급하였는데, 이틀 후에 알고 보니 컴퓨터 학원생은 50명뿐이고 나머지는 속셈 수강생이었다. 계약을 해제하려고 할 경우 A가 지급한 계약금을 돌려받을 수 있는지?

민법은 법률행위 내용의 중요부분에 착오가 있는 의사표시는 원칙적으로 취소할 수 있고, 다만 그 착오가 표의자의 중대한 과실로 인한 때에는 취소하지 못한다고 하여(민법제109조) 착오로 인한 의사표시일반에 관한 그 취소가능성을 규정하고 있다.

그런데 위 사례는 컴퓨터 학원을 양수함에 있어 컴퓨터 수강생이 100명인 줄 알고 계약을 체결하였는데, 실제 컴퓨터 수강생은 50명에 불과하고 나머지 50명은 속셈 수강생이었다는 것으로, 계약내용상 학원생 수에 관한 조건이 있었음에도 실제 학원생 수가 A가 생각하였던 것과 다른 경우이며, 그 차이가 심한 것으로 보아 의사표시를 하게 된 동기의 착오가 문제되는 사례이다.

판례는 "계약동기에 착오를 일으켜 계약을 체결한 경우에 그 동기를 계약의 내용으로 삼은 때에는 이를 이유로 당해 계약을 취소할 수 있다."(대법원판결 1984.10.23, 83다카1187)라고 하였으며, 또한 "의사표시의 동기에 착오가 있었음을 이유로 표의자가 이를 취소하기 위해서는 그 동기가 상대방에게 표시되고 의사표시내용이 중요부분의 착오로 인정된 경우이어야 한다."(대법원판결 1990.5.22., 80다카7026)라고 하였다.

따라서 A가 동기의 착오를 이유로 위 계약을 취소하려면 컴퓨터 수강생이 100명이나 되기 때문에 위 계약을 체결한다는 동기를 상대방에게 표시하였을 것, 컴퓨터수강생의 숫자가 학원인수 계약내용의 중요부분을 이루고 있을 것, A가 계약체결을 함에 있어 중대한 과실이 없을 것, 취소의 의사표시를 할 것 등의 요건을 갖춰야 하며, 상대방과 법정에서 계약의 효력유무를 다투게 될 경우 이러한 요건에 대하여 계약서의 내용이나 입회인의 증언 등을 통해 이를 입증할 수 있어야 할 것이다.

그런데 A의 경우 계약체결당시 상대방에게 계약동기가 컴퓨터 학원생이 100명의 주종을 이루는 것을 중시하여 계약을 체결하게 되었다는 점에 있었음을 B에게 표시한 부분만 입증한다면 중요부분의 착오로 인정받아 계약을 취소할 수 있을 것으로 보여진다. 그리고 A가 이러한 의사표시를 하는 데 있어서 컴퓨터 학원생 50명과 속셈 수강생 50명이 실재하고 있는 등의 상황을 볼 때, 본 계약과 관련하여 A에게 중대한 과실이 있다고 보기는 어려울 듯하다.

따라서 A는 B에 대해 계약을 취소할 수 있음은 물론 계약금 반환청구 등의 절차를 취할 수 있을 것이다.

■주물과 종물 2

A는 B로부터 주택을 매수하였는데, 매도인 B가 정원석과 정원수의 일부를 가져가기로 하는 별도의 약정이 없었으면서도 정원석과 정원수의 일부를 가져가려고 한다. 이러한 경우 B의 행위가 정당한 것인지?

일반적으로 교량, 터널, 뚝, 땅에 심어져 있는 나무 등은 토지의 구성부분으로 그 토지와 함께 거래·처분되는 것이 원칙이다. 다만, 나무의 경우에는 '입목에관한법률'에 따라 수목의 집단을 등기하면 토지와는 별도로 매매하거나 저당잡힐 수도 있으며, 또한 명인방법(明認方法)을 갖춘 나무는 토지로부터 분리시켜 별도로 매매할 수도 있다. 그러나 이러한 방법을 갖추지 않은 이상 나무는 토지의 구성부분이 되는 것이다.

위 사례에 있어서도 정원수나 정원석은 주택의 대지와 구별되는 별개의 독립한 물건이 아니라 대지의 구성부분에 불과하다. 따라서 주택의 처분에 따르게 되어 있다. 판례도 "토지상의 과목(果木)은 그 정착물로써 토지의 일부로 간주되며 토지의 소유자나 기타 권원이 있는 자가 특별히 토지에서 분리하여 과목만을 따로 처분한다는 특별한 조치가 없는 한 그 토지와 법률적 운명을 같이 한다."라고 하였다(대법원판결 1971.12.28, 71다2313).

그리고 그 구조나 가격에 비추어 대지와 독립한 물건이라 인정할 수 있더라도 정원의 효용을 높이기 위해 부속되어 있는 물건으로써 민법상의 종물(從物)에 불과하다고 보여진다. 또한 반대의 특약이 없는 한 종물은 주물(主物)의 처분에 따르게 되어 있다.

따라서 위 사례에 있어서도 정원석과 정원수의 일부를 가져가기로 하는 별도의 약정이 없었으므로 정원수와 정원석은 주택 및 대지의 매도에 수반한다 할 것이므로 결국 매수인인 A의 소유가 된다.

■농산물의 토지소유자와 경작자의 소유권

> 농부인 A는 자기 집 옆 공터를 주인 B의 양해 없이 밭을 일구고 호박을 심어 정성껏 가꾸었다. 그런데 주인 B가 나타나 자기 땅에 심은 호박이니 자기 것이라고 주장하였다. 그렇다면 남의 땅에 심은 호박은 누구의 소유일까?

원래 토지에서 경작되거나 재배되는 각종 농작물은 토지의 일부나 토지의 본질적 구성부분으로 간주되어 토지소유자의 것이 된다는 것이 원칙이다.

그러나 우리나라에서는 법원의 판례가 "타인의 토지에서 경작하거나 재배된 농작물만큼은 경작자에게 소유권이 있다."라고 판결하고 있다(대법원판결 1979. 8.28, 79다784). 이 경우에 토지소유자의 승낙이나 양해가 없더라도 마찬가지다.

따라서 농작물은 권한없이 재배하였다 하더라도 그 농작물의 소유권은 경작자에게 있다. A가 호박을 심을 때 B의 양해를 얻지 않은 것은 잘못이지만, 그래도 호박의 소유권은 경작자인 A에게 있는 것이다.

위 사례에서 호박이 심은 사람의 것이라는 결론은 법원의 판례에 따른 것이다. 그러나 우리나라 민법의 태도는 천연과실은 원물에서 분리할 때에 수취할 권리자에게 속한다고 하여(민법제

10조), 씨는 뿌린 자가 거두어들인다는 '생산주의 원칙'을 배제하고, 로마법의 '원물주의 원칙'을 따르고 있다.

■불공정법률행위

A는 30세의 청년인데 B회사의 아파트 공사장에서 일하다가 실족하여 사망하였다. B회사 직원은 A의 부모에게 합의할 것을 권유하므로 3,000만 원을 받고 민·형사상 이의를 제기하지 않는다는 합의서를 작성해 주었다. 장례 후 여러 곳에 알아보니 1억 원 정도는 받을 수 있다고 하는데, 이미 손해배상 문제에 합의하고 합의금까지 수령하였는데 다른 방법은 없는지?

손해배상에 관한 가해자와 피해자측의 합의도 일종의 법률행위이다. 그런데 모든 법률행위는 공정해야 유효한 것이다. A의 부모는 자식이 죽고 장례비까지 걱정해야 하는 상황에서 3,000만 원을 받고 한 합의는 공정하다고 할 수 없을 것이다. 따라서 이 합의는 효력이 없다고 보아야 한다. 그렇지 않으면 궁박한 상태하의 사회적 약자를 보호할 수 없기 때문이다.

민법은 당사자의 궁박, 경솔 또는 무경험으로 인하여 현저하게 공정을 잃은 법률행위는 무효로 한다고 규정하고 있다(제104조). 이를 불공정행위라고 하며 어떤 경우가 불공정한가는 법원이 판단하게 된다.

불공정한 법률행위란 급부와 반대급부 사이의 현저한 불균형이 있어야 하고, 상대방의 궁박, 경솔 또는 무경험을 알고 이를 이용하려는 의도가 있어야 한다.

위 사례의 경우 A의 부모는 합의가 불공정한 법률행위라고 주장하여 받을 수 있었던 1억 원 중 받은 금액을 제외하고 나머지를 청구할 수 있다. 즉 통상적으로 받을 수 있었던 배상금을 청구할 수 있는 것이다.

■진의 아닌 의사표시

> A는 B 고등학교의 교사로 학생들의 수학여행의 인솔교사로 여행을 가게 되었다. 여행 중 학생들이 타교생과 패싸움을 벌여 물의를 빚게 되자 사태수습을 위하여 사표를 제출하였다. 그런데 A는 평소 성실한 교사로 평가받았으므로 사표가 수리되지 않을 것으로 알고 형식상 사표를 제출하였으나 학교에서는 사표를 수리하여 버렸다. 진심의 사표제출이 아니었는데?

의사표시는 진의, 즉 본심에 의한 것일 때 효력이 있다. 따라서 본심에서 우러나온 것이 아니고, 상대방도 이런 점을 알았다고 한다면 그 의사표시는 무효이다.

민법 제107조(진의 아닌 의사표시) ① 의사표시는 표의자가 진의 아님을 알고 한 것이라도 그 효력이 있다. 그러나 상대방이 표의자의 진의 아님을 알았거나 이를 알 수 있었을 경우에는 무효로 한다. ② 전항의 의사표시의 무효는 선의의 제3자에게 대항하지 못한다. 라고 규정하고 있다.

예를 들면 술에 취한 사람이 자기 자동차를 주겠다고 말한 것은 상대방도 본심이 아닌 줄 알았다면 자동차를 주겠다는 의사표시는 효력이 없는 것이다. 그러나 상대방이 본심이 아닌 줄을 몰랐다고 하면 진의가 아닌 의사표시도 유효한 것이 되어 표시된 대로 효력이 발생하게 된다.

따라서 위 사례의 경우 사태수습을 위하여 진의가 아닌 형식상 사표를 냈다는 점을 학교 측이 알 수 없었다면 사표의 수리는 유효하다. 그러므로 사회생활에서의 거취문제는 심사숙고하고 명확하게 하여야만 한다.

■통정허위표시(通情虛僞表示)

> A는 자신의 사업이 잘 되지 않자 곧 부도가 날 것을 우려하여 자신의 집과 임야 1만 평을 외삼촌 B에게 매매형식으로 해서 소유권이전 해 두었다. 그런데 몇 년 후 B는 욕심이 생겨 그 임야를 아무런 사정도 모르는 C에게 팔아 버렸다. A는 위 부동산을 되찾을 수 있을까?

상대방과 짜고 한 법률행위는 무효이다 (민법제108조①).이것을 '통정허위표시'라고 한다. 부도와 파산을 대비하여 믿을 수 있는 제3자에게 재산을 도피시키는 '가장매매'가 전형적인 실례이다. 짜고 한 당사자 간에는 무효이므로 언제든지 반환을 요구할 수 있다. 그러나 이 무효에도 예외와 한계는 있다.

두 사람 사이를 떠나 제3자가 개입될 때의 경우이다. 즉 통정허위표시에 기인한 것을 모르고 거래한 제3자가 있을 때에는 이 선의의 제3자를 보호해야 한다. 선의의 제3자에 대하여는 대항이 불가하다(민법제108조②).

따라서 A는 가장매매로 B에게 넘긴 임야를, 사정을 모르고 취득한 C로부터 돌려받을 방법은 없다. 다만 A는 B에게 손해배상을 받을 수는 있다.

우리 사회에서는 가장매매의 사례가 많다. 그만큼 사람들이 정직하지 않기 때문이다. 가장매매는 무효이므로 당자사 간에는 언제든지 진정한 소유자 앞으로 환원시킬 수 있지만, 선의의 제

3자에게 넘어간 경우에는 불가능하다는 것은 가장매매에 대한 일종의 법적 제재이다.

■사기에 의한 의사표시

> A는 B로부터 곰쓸개가 몸에 좋다는 말을 듣고 사게 되었다. 그런데 그 후에 알고 보니 B가 산돼지 쓸개를 곰쓸개라고 속여 비싸게 판 사실을 알게 되었다. 이 계약을 취소할 수 없는지?

계약, 즉 의사표시는 상대방의 사기나 강박에 의해 이루어지면 이를 취소할 수 있다(민법 제110조). 취소하게 되면 계약은 처음부터 없었던 것이 되므로 각자 지급받은 것은 반환하여야 한다,

그러므로 돼지쓸개를 곰쓸개로 속이는 바람에 비싼 값에 사게 되었다면 산 사람은 사기를 이유로 이 계약을 취소 할 수 있다.

민법은 사기나 강박과 같은 행위 때문에 법률적 의사표시를 한 사람에게는 취소권을 인정하여 보호하고 있다.

또 사기나 강박을 한 사람은 경우에 따라 형사상 사기죄나 공갈죄의 처벌을 받을 수도 있을 것이다.

■대리행위

> A는 호주로 이민을 갔다. 그곳에서 친구 B에게 서울에 있는 집을 팔아 달라고 편지로 부탁을 하였다. B는 이 편지만으로 A의 재산을 처분할 수 있을까?

사회생활에 필요한 법률행위는 반드시 본인만이 할 수 있는

것은 아니다. 법률행위는 대리인을 시켜서 대리인이 본인의 이름으로 대리를 할 수 있다.

대리인에는 미성년자의 부모와 같이 그 대리권이 법률에 의하여 부여된 법정대리인과, 본인의 위임이나 부탁에 의하여 이루어지는 임의대리인이 있다. 대리에 의하여 법률행위가 이루어지면 그 효과, 즉 결과는 본인에게 귀속된다. 그래서 다른 사람에게 대리를 부탁할 때, 반드시 위임장이라는 형식이 요구되는 것은 아니다.

위 사례의 경우처럼 편지로도 대리권을 부여할 수도 있다. 그러나 실제에 있어서는 대리인의 자격을 증명하기 위하여 위임장과 인감도장이 필요하기도 하다. 그러므로 본인이 아닌 대리인과 계약이라는 법률행위를 할 때의 상대방은 대리인의 자격과 권한, 범위를 확인하여야 할 것이다.

민법 제114조(대리행위의 효력)

① 대리인이 그 권한 내에서 본인을 위한 것임을 표시한 의사표시는 직접 본인에게 대하여 효력이 생긴다.

■권한을 넘은 표현대리(表見代理)

> A는 사업자금이 부족하여 B에게 자기 집을 담보로 하여 사채를 마련해 줄 것을 부탁하였다. 그런데, B는 A의 위임장, 등기필증을 이용해서 대리인 자격으로 그 집을 C에게 팔아 버렸다. A는 C에게 등기이전 된 집을 되찾으려고 하는데, 그 방법이 없을까?

표현대리(민법제126조)란 대리인에게 대리권이 없음에도 불구하고 마치 있는 것과 같은 외관이 있고, 그러한 외관의 발생에 관하여 본인이 어느 정도 원인을 주고 있는 경우에, 그 무권대리행위에 대하여 본인이 책임을 지게 함으로써 그러한 외관을 신뢰한 선의·무과실의 제3자를 보호하고, 거래의 안전을 보장하며, 나아가서는 대리제도의 신용을 유지하려는 것이다.

위와 같이 권한을 넘는 대리행위를 하였을 때 민법에서는 일단 유효하다고 본다. 즉 상대방 C로서는 대리인이 그만한 법률행위를 할 자격과 권한이 있다고 믿었고, 이렇게 믿는 데 과실이 없는 경우이다.

본인의 위임장, 등기필증 등 필요한 서류를 가지고 있었다면 누구라도 그 사람에게 대리권이 있다고 믿을 수밖에 없는 것이다. 따라서 이와 같은 경우를 대리권을 넘은 법률행위라고 하는데, A는 B가 그 범위를 넘어 처분했다 하더라도 그 결과를 감수하여야 할 수밖에 없다.

다만 A로서는 B를 상대로 배임죄로 형사고소하거나, 손해배상을 청구하는 구제방법이 있을 것이다.

■점유로 인한 소유권 취득

> A는 B에게 3,000평의 밭을 매수하여 농사를 짓고 있다. 그러나 그 토지는 3,200평이었다. A는 이 사실을 모르고 21년간 농사를 짓고 있는데 뒤늦게 B가 찾아와서 200평은 자기의 토지 이므로 돌려 달라고 하는데 어떻게 하면 될까?

민법제245조 제1항은 "20년간 소유의 의사로 평온, 공연하게 부동산을 점유한 자는 등기함으로써 그 소유권을 취득한다"라고 규정되어 있다.

A는 그 밭이 당연히 자기의 소유로 알고 점유하였으므로 등기를 하면 200평의 토지에 대해서도 소유권을 취득하게 된다.

따라서 A는 B에게 200평에 대한 점유취득시효를 주장할 수 있다.

참고로 동산에 대한 소유권의 취득기간은 5년이다. 단 점유가 선의이며 과실 없이 개시된 경우에는 5년을 경과함으로써 그 소유권을 취득할 수 있다(민법 제246조 제2항).

■소멸시효

A는 B에게 10년 전에 1년 후 받는다는 약속하에 돈 1,000만원을 차용증을 받고 빌려주었다. 그러나 그동안 B의 형편이 어려워 독촉하지 못하였다. 그러나 11년 6개월이 지난 지금은 변제할 형편이 되는데도, 변제하지 않고 있다. 이 돈을 돌려받을 방법은 없을까?

권리자가 권리를 행사할 수 있는데도 불구하고 일정기간 동안 이를 행사하지 않으면 권리자체를 소멸시키는 제도가 '소멸시효제도'이다.

남에게 돈을 빌려 준 경우 채권자의 권리는 갚기로 한 때로부터(빌려 준 때로부터가 아니다) 10년이 경과하면 소송을 하더라도 이길 수 없다.

소멸시효제도가 있는 이유는, 일정기간 권리를 행사하지 않는 사람, 즉 권리 위에서 잠자는 자에게는 법이 보호할 필요가 없고, 또 장기간의 시간이 경과하면 증거의 소실 등으로 과거의 법률관계를 증명하거나 재현하기 어렵기 때문이다.

그러나 소멸시효제도가 있다고 해서 의무를 부담하고 있는 사람이 이를 악용해서는 안 될 것이다. 왜냐하면 사람은 법률에게도 충성을 해야 하지만 도덕, 윤리 그리고 양심의 요청과 명령에도 봉사하여야 하기 때문이다.

시효가 지난 채무도 도덕상으로는 갚을 의무가 있다. 다만 채권자가 강제이행의 청구(소의 제기)를 할 수 없을 뿐이다.

■소멸시효의 예외

> A는 15년 전 친구 B로부터 대지 50평을 사서 집을 건축하여 살고 있었는데, 피차 믿는 사이라 소유권이전등기를 하지 않고 있었다. 그런데 B가 사망하자 그의 후손들이 A가 15년 전에 산 땅이 B명의로 되어 있으므로 상속등기를 해 버렸다. 또한 B의 후손들은 A에게 그 땅을 다시 사든지 아니면 내놓으라고 하는데, 구제 방법은?

부동산을 사고 잔금까지 치렀다면 산 사람은 판 사람에게 소유권이전등기청구권을 행사할 수 있다.

그런데 이 권리도 10년간 행사하지 않으면 시효로 소멸한다. 그러나 예외적으로, 부동산을 사고 등기를 받지 못했다고 하더라도 그 부동산을 인도 받아 점유하고 있으면 점유하고 있는 한, 이 권리는 시효로 소멸하지 않는다는 것이 대법원의 판결이다. 즉 "부동산 매수인의 등기청구권은 형식주의를 취하고 있는 현행 민법하에서는 채권적 청구권에 해당되나, 매수인이 매매목적물을 인도(명도) 받은 경우에는 다른 채권과는 달리 소멸시효에 걸리지 않는다."(대법원판결 1976.11.6, 76다148)라고 하였다.

따라서 위 사례에서는 A는 B의 후손들에게 소유권을 이전해 달라고 청구할 수가 있다. 다만, 후손들이 이 부동산을 제3자에게 처분하면 등기청구는 불가능하게 된다.

우리 사회는 개인주의, 합리주의, 그리고 권리개념이 발달하지 못하고, 농경사회 유교사상의 영향으로 인정, 의리, 체면이 사고를 지배하는 사회이다. 그래서 부동산을 팔고 사고도 그에 따른 등기절차는 등한히 하는 경우가 적지 않았다.

이 사례에서는 다행히 매수한 부동산을 인도 받아 점유, 사용하고 있기 때문에 구제될 수 있지만, 그렇지도 못한 경우 그리고 매수한 사람의 후손이 처분하였다면 구제 방법이 없게 된다.

■단기소멸시효

A는 음식점을 경영하는데 B가 1년 전에 먹은 식대를 받지 못하여 걱정하고 있다. A가 식대를 받을 수 있는 방법은?

술값, 음식값, 숙박료, 하숙비 등의 외상은 1년이 지나면 받을 수 없다. 이처럼 권리자가 권리를 행사할 수 있는데도 일정기간 행사하지 않으면 권리자체가 소멸할 수가 있는데, 이것을 '소멸시효제도'라고 한다.

소멸시효제도 중 위의 경우처럼 비교적 경미한 권리는 1년 내에 행사하지 않으면 소멸한다고 해서 '단기소멸시효'라고 한다(민법 제164조).

민법상 모든 권리마다 소멸시효 기간이 있다. 권리자는 그 기간 내에 의무자에게 이행을 청구해야 한다.

단기소멸시효에 걸리는 권리들은 대개 경미한 금액일 수 있다. 이러한 경미한 금액에 대해서는 소액사건심판법에 의해 재판절차가 신속하게 이루어진다. 따라서 단기소멸시효에 걸리는 채권을 갖고 있는 사람은 소송이 어렵고 번거롭다고 생각하지 말고 이 제도를 이용하면 될 것이다.

제 3 장

물권법 사례

■부동산물권의 변동

A는 소유하고 있는 주택을 B에게 팔려고 하는데 등기가 안 되어 있다고 한다. 등기가 안 되어 있다면 팔 수는 없을까?

민법에는 "부동산에 관한 법률행위로 인한 물권의 득실변경은 등기하여야 그 효력이 생긴다."라고 규정함으로써(제186조), 성립요건주의(형식주의)의 원칙을 정하고 있다.

등기가 요구되는 부동산물권은 소유권·지상권·지역권·전세권·저당권의 5종이다. 민법이 인정하는 부동산물권에는 그 밖에도 점유권과 유치권이 있으나, 이들의 변동에는 등기를 요하지 않는다. 그러나 상속·공용징수·판결·경매 기타 법률의 규정에 의한 부동산물권의 변동에는 등기를 요하지 않는다(민법 제187조 본문). 즉 이러한 경우에는 등기를 갖추지 않더라도 법률상 당연히 변동의 효과가 발생한다. 그러나 취득자가 그와 같이 등기 없이 취득한 물권을 다시 처분하려면 (양도 또는 제한

물권 설정) 미리 자기 앞으로 그 물권의 취득을 등기하고, 그 후에 처분에 관한 등기를 하여야만 한다(제187조 단서).

상속의 경우는 피상속인의 사망으로 상속은 개시된다(제997조). 따라서 피상속인이 가지고 있었던 부동산물권은 그가 사망하는 순간에 법률상 당연히 상속인에게 이전한 것이 된다.

공용징수의 경우는 공익사업을 위하여 국민의 특정재산권을 법률의 힘에 의하여 강제적으로 취득하는 것이다.

판결의 경우는 판결에는 피고에게 일정한 급부를 명하는 이행판결, 기존의 법률상태에 관한 유권적 선언인 확인판결, 그리고 판결의 확정으로 법률관계 변동의 효과가 생기는 형성판결이 있다. 이 중 형성판결만이 제187조에서 말하는 판결에 해당한다. 물권변동이 일어나는 시기는 형성판결이 확정된 때이다.

경매의 경우는 국가기관이 행하는 공경매만을 가리킨다.

공경매에는 민사집행법의 강제집행절차에 의한 경매(강제경매와 임의경매)와, 국세징수법 등에 의한 공매가 있다.

강제경매는 집행권원이 필요하며, 임의경매에는 집행권원을 요하지 아니한다. 임의경매에는 저당권, 질권, 전세권 등 담보물권의 실행을 위한 이른바 실질적 경매와 민법 상법 기타 법률의 규정에 의한 환가를 위한 이른바 형식적경매가 있다.

기타의 법률 규정에 의한 경우로는 신축건물의 소유권취득·법정지상권의 취득·용익물권의 존속기간 만료에 의한 소멸·법정저당권의 취득 등이다.

법률행위에 의하지 않는 변동 중 등기를 요하지 않는다는 원칙의 예외로는 점유취득시효에 의한 부동산물권의 시효취득은 법률행위에 의한 변동은 아니지만, 등기를 하여야만 그 물권을 취득하게 된다(민법 제245조, 제248조 참조).

따라서 A는 자기 앞으로 등기를 마친 후 B에게 매도하면 될 것이다.

■부동산등기

A는 아파트를 매입하여 등기를 하려고 하는데 어떤 등기를 해야 할까?

일반적으로 등기라 함은 등기부라고 부르는 공적장부에 일정한 사항을 기재하는 것으로써, 부동산등기를 비롯하여 법인등기·상업등기 등 여러 가지가 있다. 그중 부동산등기는 국가기관(등기공무원)이 부동산에 관한 권리관계를 부동산등기부에 기재함을 말한다.

부동산등기부에는 토지등기부와 건물등기부가 있으며(부동산등기법 제14조), 1필(筆)의 토지 또는 1동의 건물에 대하여 1용지를 사용한다. 그러나 1동의 건물을 구분한 건물에 있어서는 1동의 건물에 속하는 전부에 대하여 1용지를 사용한다(동법 제15조).

등기의 종류에는 ① 보존등기와 권리변동의 등기, ② 본등기와 예비등기가 있다.

① 보존등기와 권리변동의 등기

보존등기는 미등기의 부동산에 관하여 그 소유자의 신청으로 처음으로 행하여지는 소유권의 등기이다.

권리변동의 등기란 소유권의 보존등기를 기초로 하여 그 후에

행하여지는 권리변동 즉 소유권의 이전, 제한물권 설정 등의 등기이다.

② 본등기와 예비등기

본등기는 등기 본래의 효력(물권변동의 효력)을 발생하게 하는 등기이며, 여기에는 기입등기, 변경등기, 회복등기, 말소등기가 있다.

기입등기는 새로운 등기원인에 기하여 일정한 사항을 등기부에 기입하는 등기로서, 보통 등기라고 하면 이를 가리킨다.

변경등기는 기존의 등기의 일부를 변경하는 등기이다. 그 가운데서 등기사항에 착오 또는 오류가 있어서 등기와 실체관계가 일치하지 않아 이를 갱정하는 것을 특히 갱정등기(更正登記)라고 한다(부동산등기법 제71조, 제72조).

회복등기는 일단 소멸한 등기를 회복하는 것으로서, 이에는 등기부의 전부 또는 일부가 멸실한 때에 이를 회복하는 멸실회복등기와 부당히 말소된 구등기의 전부 또는 일부를 회복하는 말소회복등기가 있다(부동산등기법 제75조, 제76조 제79조~제81조 참조).

말소등기는 기존의 등기의 기재를 말소하는 등기이다(부동산등기법 제166조 이하).

예비등기는 장차 본등기를 하기 위한 준비로서 하는 등기이며, 가등기와 예고등기가 있다.

가등기는 부동산물권 변동을 목적으로 하는 청구권을 보전하려 할 때와, 그러한 청구권이 시한부 또는 정지조건부이거나 기타 장래에 있어서 확정될 것인 때에 할 수 있다(부동산등기법

제3조).

가등기는 등기로서의 완전한 효력은 없으나, 뒷날에 본등기를 하면 그 본등기의 순위는 가등기의 순위에 의하여 되므로(부동산등기법 제6조), 본등기의 순위를 보전하여 준다.

예고등기는 등기원인의 무효 또는 취소로 인한 등기의 말소나 회복의 소가 제기된 경우, 이를 제3자에게 경고하기 위하여 수소법원의 촉탁으로 행하여지는 등기이다(부동산등기법 제4조, 제39조). 따라서 A는 권리변동의 등기, 즉 소유권이전등기를 하여야 할 것이다.

■부동산등기부의 구조

부동산등기부의 구조와 등기부는 어떤 방법으로 볼까?

구등기부는 한자를 사용하고 세로쓰기를 하여 읽기가 불편하였으나 새로이 편성된 등기부는 한글과 가로쓰기를 사용하므로 읽기가 매우 쉬워졌다. 신등기부에는 그 작성당시에 효력이 없는 과거의 권리관계는 기재하지 않으므로 오래된 권리관계까지 알아보려면 폐쇄된 등기부를 열람 또는 폐쇄등기부등본을 교부받아야 한다. 토지등기부와 건물등기부는 따로 있으므로 집을 사려면 양쪽을 다 보아야 한다. 등기부는 ① 등기번호란, ② 표제부(아파트 등 집합건물의 경우에는 동 건물의 표제부와 점유부분의 표제부의 2개로 구성되어 있음), ③ '갑구', ④ '을구'의 4부분으로 되어 있다.

① 등기번호란에는 토지나 건물대지의 지번이 기재되어 있다.

② 표제부에는 토지와 건물의 내용, 즉 소재지(예: 서울특별시

중구 서소문 1), 면적(예: 100㎡), 용도(예: 대지, 임야, 주택, 창고), 구조(예: 2층, 목조건물) 등이 변경된 순서대로 적혀 있다. 다만, 집합건물의 경우에는 대지권이 있는지 살펴보아야 하고 별도등기 표시가 있는 경우에는 토지등기부도 확인해야 한다.

③ '갑구'는 소유권에 관한 사항이 접수된 일자 순으로 적혀 있다. 맨 처음 기재된 것이 소유권보존등기(최초의 소유자)이고, 소유권이전등기가 계속되어 간다. 각 등기사항 중 변경되는 것이 있으면(예컨대 소유자의 주소변경) 변경등기(부기등기)를 한다. 만약에 소유권이전등기가 무효라고 하여 제3자가 소송을 걸어오면 법원에서 등기부에 예고등기를 해 두는 것이 보통이다. 소송결과 무효가 확정되어 소유권이전등기 말소등기를 하면 이전등기를 하기 전의 상태로 돌아간다. 그 외에 가압류등기, 가처분등기, 강제경매 등이 있으며 이러한 등기 후에 소유권이전등기를 하면 경매되거나 가처분권자의 권리행사에 따라 소유권을 잃을 수 있다. 가등기는 순위보전의 효력이 있으므로 나중에 본등기를 하게 되면 가등기보다 늦게 된 등기는 원칙적으로 무효가 되므로 주의하여야 한다.

④ '을구'는 소유권 이외의 권리, 즉 저당권, 지상권 같은 제한물권에 관한 사항을 기재한다. 특히 주의할 점은 근저당권설정등기인데 채권최고액이란 것이 있어서 등기부에 기재된 최고액을 한도로 부동산의 가격에서 담보책임을 지게 되므로 실제 채무액이 얼마인가를 따로 파악하여야 한다.

등기부를 볼 때 가장 중요한 점은 '갑구'와 '을구'에 기재된 가등기, 소유권이전등기, 저당권설정등기 등의 등기의 전후와 접수일자(접수번호)를 잘 살펴보아야 한다. 전후(순위번호)에 의하여, 그리고 '갑구'와 '을구' 간에는 접수번호에 의하여 등기권리가 결정되기 때문이다.

■등기부의 공신력

> A는 B가 1년 전부터 짓기 시작한 건축물을 C 명의로 소유권 이전등기가 되어 있는 것을 등기부등본을 통하여 확인하고 C로부터 집을 사게 되었다. 그런데 B가 나타나 C가 서류를 위조하여 A에게 판 것이니 말소하라는 소송을 제기하였다. 소유권은 누구에게 있을까?

사람마다 주민등록이 있듯이 모든 부동산마다 등기부가 있다.

부동산을 팔려면 파는 사람이 소유자인지의 여부를 확인하는 방법은 해당등기소에 가서 등기부등본을 열람하거나 발급받아 보는 것이다. 그런데 등기부에 어떤 사람이 소유자로 등재되어 있다고 하더라도 이 등기부에는 절대적 공신력은 없다.

위 사례의 경우처럼, C가 서류를 위조하여 자기명의로 이전등기 한 뒤 A에게 팔아 넘긴 것이라면(물론 이런 사실은 B가 입증할 책임이 있다) A가 아무리 등기부를 확인하고 C 소유로 믿었더라도 소유권을 취득하지 못한다.

이처럼 우리나라 등기부에는 그것을 믿은 그대로의 효력을 부여한다는 의미의 공신력이 인정되어 있지 않다. 다만 이 사례에서 C와 A가 합쳐서 또는 누구든지 단독으로라도 등기를 낸 지 10년이 넘고 또 점유한 지 10년이 넘으면 그때는 '취득시효' 제도에 의하여 소유권취득이 보장된다.

위 사례에서 A는 C에게 손해배상을 청구하는 방법과 형사고소할 수 있는 구제 방법이 있다.

법률지식

물권변동의 공시와 공신의 원칙

1. 물권변동의 공시

동산은 물건을 인도함으로써 물권의 변동이 발생한다. 부동산은 등기를 하여야 물권변동이 발한다. 이와 같은 인도와 등기를 공시(公示)방법이라고 한다. 즉 외부에서 물권에 관한 사항과 권리관계를 인식할 수 있도록 표시를 하는 것이다. 이와 같은 공시방법은 거래에 있어서 제3자와 일반인을 보호하기 위한 것이다.

2. 공신의 원칙

공신(公信)이란 공시되어 있는 상태를 믿고 거래한 자는 그러한 공시가 실제의 권리관계와 일치되지 않더라도 그 신뢰에 맞게 실체상의 권리를 취득하도록 하는 원칙이다. 우리나라의 경우에는 부동산에 관하여는 공신의 원칙을 인정하지 않는다.

■가등기의 효력

A는 B의 집을 사기 위하여 계약금을 주고 계약을 한 후 우선 가등기를 해 두었다. 그런데 C가 대금을 다 지불하고 먼저 소유권이전등기를 해 버렸다. 소유자는 누구일까?

A는 C보다 잔금을 늦게 지불하였으나, 계약금을 준 후 '가등기'를 하였으므로, 중간시기에 C가 본등기를 먼저 했다고 하더라도 A의 본등기가 우선하게 된다. 등기 실무상으로는 A가 가등기에 기해서 본등기를 하게 되면 등기소에서는 그 중간의 C

의 본등기는 직권으로 말소해 버린다. 부동산이 이중으로 매매된 경우에는 계약일자의 선후에 관계없이 먼저 본등기를 한 사람이 소유자가 되지만, 가등기를 먼저 한 사람이 있으면 본등기를 먼저 했다고 하더라도 대항할 수 없다.

가등기제도는 우리 사회에서 빈번하게 이용되고 있다. 가등기를 해 두면 본등기를 할 때 남보다 순위가 앞서게 되므로, 부동산을 사는 사람은 반드시 등기부를 열람하거나 등기부등본을 발급받아 파는 사람이 아닌 제3자의 가등기가 되어 있는지를 확인하여야 할 것이다.

■상속받은 부동산의 소유권

회사원 A는 고향에 조상 대대로 내려오는 산이 있다. 그런데 최근 부동산 시세가 폭등하자 재산가치가 있다 싶어 살펴보니 아직 할아버지인 B 명의로 등기되어 있었다. 이 산에 대하여 A는 소유권을 주장할 수 있을까?

부동산에 관한 법률행위는 등기를 해야 소유권 취득의 효력이 생긴다. 그러나 이러한 원칙에 대한 예외가 있는데 바로 '상속'의 경우이다. 상속은 사망과 동시에 개시된다. 가령 아버지가 돌아가시면 돌아가신 순간 아버지의 재산은 상속권자(처와 자식들)에게 이전되는 것이다. 즉 사망과 동시에 아버지('피상속인'이라고 부른다)의 부동산 소유권은 상속권자에게 이전되는 것이지 나중에 상속등기를 함으로써 상속등기시에 상속재산의 소유권을 취득하게 되는 것이 아니다.

이와 같이 상속이나 공용징수, 판결, 경매의 경우에는 등기하지 않더라도 소유권을 취득한 것으로 보는데, 이것을 '법률의 규정에 의한 물권변동' 사유라고 한다. 또 상속은 대개 상속등기를 하게 되지만 언제까지 해야만 한다는 법규는 없다.

따라서 상속등기는 언제라도 할 수 있다. 다만 상속으로 취득한 재산을 제3자에게 처분할 때에는 상속등기를 해야만 한다(민법제187조).

조상으로부터 물려받은 땅은 상속재산이므로 이 경우처럼 상속등기를 아직 하지 않았다고 하더라고 소유권자는 상속인인 A이다.

■부동산 이중매매

> A는 사업이 부진하여 고향에 있는 산을 B에게 팔았다. B는 이 산을 과수원으로 만들려고 철조망을 쳐 두었다. 그런데 얼마 있지 않아 땅값이 오르자 A는 C에게 더 많은 돈을 받고 위 산을 이중으로 처분하였다. 등기는 물론 C가 먼저 받았는데 이중으로 매매된 이 산의 소유자는 누구일까?

부동산의 소유권은 매매계약만으로 취득하는 것이 아니고, 등기를 함으로써 취득한다. 이것이 1960년에 제정되어 시행되고 있는 현행민법의 원칙이다(그 이전에는 매매계약만으로 소유권을 취득한다고 보았다). 소유자가 같은 물건을 각각 다른 사람에게 두번 판 경우를 '이중매매'라고 하는데, 이 경우에는 누가 먼저 샀는지를 묻지 않고 먼저 등기를 한 사람이 소유권자가 된다. 부동산을 사고도 등기를 받지 못한 사람은 판 사람에게 손해배상청구권만 갖게 된다.

다만 이 사건의 경우 C가 가령 B가 먼저 산 것을 알고도 소유자 A를 부추겨서 자기에게 팔게 한 경우라면 비록 먼저 등기를 했어도 이 등기는 무효가 되는 경우도 있다.

위 사례의 경우, B는 A에게 손해배상을 청구할 수밖에 없다. 또 A를 배임죄로 형사고소 할 수도 있다.

배임행위란 타인의 사무를 처리하는 자로서 임무에 위배하는 행위를 말한다. 부동산의 이중매매에 있어서 매도인이 중도금 또는 잔금을 받고도 이중으로 매도한 경우에는 배임죄가 성립한다.

■자력구제

> 회사 경리과 직원 A는 은행에서 현금 500만 원을 찾아 밖으로 나오는 순간 오토바이를 탄 날치기에게 돈가방을 날치기 당하여 택시로 추격하였으나 놓치고 말았다. 속이 상하여 근처 커피숍에서 커피를 마시고 있는데 그 날치기가 커피숍으로 들어오는 것을 보고 격투 끝에 돈가방을 찾게 되었다. 그런데 격투 중 그 날치기가 부상을 입게 되었는데 A의 행동은 정당할까?

자기의 소유물이나 점유물을 침탈당할 때에는 소유자 또는 점유자가 스스로 현장에서 또는 추적하여 가해자로부터 탈환할 수 있다. 이를 '자력구제'라고 한다(민법제209조 참조).

그러나 이 사례에서는 이미 현장 또는 추적 중인 상태는 아니다. 정말 우연히 만나게 된 날치기인데 이를 경찰에 신고하여 체포할 시간적 여유가 없었다. 이런 경우에 소유자의 실력행사는 어느 정도 그 정당성을 인정하는 것이 법의 정신일 것이다.

따라서 A의 실력행사는 그 불가피성과 정당성이 인정되어야 할 것이다. 다만 날치기에게 중상을 입힌 경우라면 마땅히 치료비 등 배상을 하여야 할 것이지만, 치료를 요하지 않는 가벼운 부상을 입힌 경우에는 민사상 배상책임도 없다고 보아야 한다. 즉 상대방에게 약간의 손해를 입혀도 위법성이 조각되므로 불법행위로 인한 손해배상 책임은 없다.

소유자나 점유자에게 법이 인정하는 자력구제권은 어디까지나 예외적인 조치이다. 필요한 범위를 넘는 행사는 경우에 따라서는 불법행위가 될 수도 있다.

■이웃에서 나는 악취와 소음으로 인한 피해 구제 방법

> A가 거주하는 건물 옆에는 낮은 담장을 사이에 두고 종합병원의 쓰레기장 및 영안실이 위치하고 있어 악취뿐만 아니라, 조객들의 곡성으로 생활에 큰 지장을 초래하고 있다. 이 경우 구제 방법이 있을까?

민법에서는 "토지소유자는 매연, 열기체, 액체, 음향, 진동, 기타 이와 유사한 것으로 이웃토지의 사용을 방해하거나, 이웃거주자의 생활에 고통을 주지 않도록 적당한 조처를 할 의무가 있다."라고 규정하고 있다(제217조).

그리고 판례는 "시체실은 그곳에 안치한 시체로부터 발산하는 악취의 확산방지나 제거를 위한 조치, 유족이나 조객들의 곡성이 외곽에 전파되지 않도록 하는 조치, 시체봉구시에 시체의 일반인에의 노출방지조치 등을 하지 않고 그대로 계속 사용한다면, 이웃이 받게 되는 피해와 고통은 사회통념상 일반적으로 요구되는 수인(受忍)의 정도를 초과한 것이다."(대법원판결 1974. 12.24, 68다1489)라고 하였다.

참고로 공해로 인한 불법행위에 있어서의 인과관계에 관하여는 당해행위가 없었더라면 결과가 발생하지 아니하였으리라는 정도의 개연성, 즉 침해행위와 손해와의 사이에 인과관계가 존재하는 상당 정도의 가능성을 입증하여야 한다.

따라서 A는 병원에 대하여 방해요인의 예방 내지 제거를 청구할 수 있을 것이다.

■주위토지통행권

> A집은 왼쪽, 오른쪽 그리고 뒤쪽이 모두 다른 집들로 막혀 있고 앞쪽에 공터가 있어서 그곳을 통해 큰길로 통행하며 살아왔다. 그런데 최근에 위 공터의 토지를 매수한 B가 찾아와 그곳에 집을 짓기로 하여 통로를 내줄 수 없다고 하는데, A는 그곳을 통과하지 않으면 큰길로 나갈 수 있는 방법이 없다. A가 통로를 얻어 큰 길로 통행할 수 있는 방법은?

민법은 인접하는 부동산 상호 간의 이용을 조절하기 위해서 각 소유자가 가지는 권리를 어느 정도 제한하고, 각 소유자에게 협력의무를 부담시키는 여러 가지 규정을 두고 있다.

즉, 민법에는 "어느 토지와 공로 사이에 그 토지의 용도에 필요한 통로가 없는 경우에 그 토지소유자는 주위의 토지를 통행 또는 통로로 하지 아니하면 공로에 출입할 수 없거나 과다한 비용을 요하는 때에는 그 주위의 토지를 통행할 수 있고 필요한 경우에는 통로를 개설할 수 있다. 이 경우 통행권자는 통행지소유자의 손해를 보상하여야 한다."라고 규정하고 있다(제219조).

위 사례의 경우에도 위 규정이 정한 법적 요건에 해당한다고 보여지므로 A는 주위토지인 B 소유의 토지를 통행할 수 있고,

필요한 경우에는 통로를 개설할 수 있다. 다만 이로 인하여 B가 입게 되는 손해를 가장 줄일 수 있는 장소와 방법의 선택 및 B에 대한 손해배상의 문제가 제기된다. 따라서 만일 B가 일방적으로 통로를 폐쇄하거나 지나치게 좁은 통로만을 남겨 두는 경우에는 법원에 통행방해의 배제를 구하는 소송을 제기할 수도 있으며, 긴급한 경우에는 통행방해배제의 가처분을 신청할 수도 있을 것이다.

참고로 위와 같이 일단 주위토지통행권이 발생되었다고 하여도 나중에 그 토지에 접하는 공로가 개설됨으로써 주위토지통행권을 인정할 필요성이 없어질 때에는 그 통행권은 소멸하게 된다(대법원판결 1998.3.10, 97다47118 참조). 그리고 주위토지통행권은 사람이 겨우 통행할 수 있는 정도로 제한되는 것이 아니고, 통행자가 주택에 출입하여 일상생활을 영위하는 데 필요한 범위의 노폭까지 인정된다.

■수지제거권

A와 B는 앞뒷집에 살고 있다. 그런데 A의 집 안에 심어 놓은 모과나무와 장미넝쿨이 B의 집 담을 넘어와서 햇빛을 가리게 되자, 여러 번 제거해 줄 것을 요청하였으나 이를 묵살하므로 B는 담을 넘은 나뭇가지를 모두 잘라 버렸다. A가 와서 나무값을 변상하라고 하는데, 이를 변상해야 할까?

경계를 넘은 나뭇가지는 우선 소유자에게 제거청구를 할 수 있고, 소유자가 이에 응하지 않으면 직접 제거할 수 있다(민법 제240조). 이때에는 아무런 손해배상책임도 없다. B는 여러 번 가지를 제거해 달라고 요구하여도 묵살 당한 사실이 있으므로 직접 제거할 권리가 있다.

그러나, 경계를 넘은 나무뿌리는 사전에 아무 말 없이 직접 자를 수 있다. 나무뿌리의 경우 일부 제거해도 나무의 생명에 큰 영향을 주지 않기 때문이다. 다만 이러한 권리는 B의 토지소유권을 보장하기 위한 것이므로 B에게 아무런 손해가 없는데도 A에게 손해를 줄 생각으로 한 행동이라면 권리남용이 된다.

수목가지의 경우 수목뿌리와 달리 임의로 제거할 수 없고, 먼저 제거청구를 하여야 하며, 경계를 넘어 온 나무뿌리는 요구 없이 일방적으로 자를 수 있다.

■토지를 깊게 파 인접주택에 붕괴위험이 있는 경우의 구제 방법

> A는 자기 소유의 단독주택에서 살고 있는데, B 회사가 A의 집 부근에서 예방공사를 하지 않을 채 굴착공사를 함으로써 A의 집 벽면에 금이 가고 붕괴위험이 있어 수차에 걸쳐 손해배상을 요구하였으나 시정되지 않고, 현재는 굴착공사를 완료한 후 아파트 지상골조공사를 하고 있는데 구제 방법이 없을까?

"토지소유자는 부근의 토지지반이 붕괴될 정도로 자기의 토지를 심굴(깊게 파냄)하지 못한다."라는 민법의 규정(제241조)에도 불구하고 토지의 소유자가 방어공사를 하지 아니한 채 아파트 건축을 위해 심굴 굴착 공사를 할 경우, 인접 토지소유자는 대지 일부가 아래로 내려앉는 것과 건물균열 등의 위험을 입증하여 토지굴착금지청구권과 소유물방해예방 또는 소유물방해제거청구권에 기한 공사중지가처분을 법원에 신청할 수 있다.

그러나 위 사안은 굴착공사를 완료한 후 지상골조공사를 하고 있으므로, 이러한 경우에 있어서 공사중지가처분은 통례상 허용되지 아니하고(대법원판결 1981.3.10, 80다2832 참조), B 회사를 상대로 손해배상청구만이 가능하다.

■경계선상의 건축

A는 서울 강남에 대지를 매수하여 건축을 하려고 하는데 이웃한 B의 경계로부터 얼마나 떨어져서 건축을 해야 하고 또한 경계선 위에 건축을 할 수는 없을까?

경계선에 관하여는 그 지방에서 특별한 관습이 없으면, 경계선으로부터 0.5미터 이상의 거리를 두고 건축해야 한다(민법제242조). 이 부분은 법률에 의하여 제한 받는 것이다.

그러나 다른 관습이 있거나 옆집의 B와 합의하여 서로 벽을 붙여서 건축하기로 하였다면 일정한 거리를 두지 않아도 된다.

그런데 B가 모르는 사이에 A가 일방적으로 0.5미터의 거리를 두지 않고 경계선 상에 건축한 경우에는 B는 당연히 철거를 요구할 수 있다. 그러나 공사착수 후 1년이 지났거나, 이미 완공되었을 경우에는 손해배상청구만 할 수 있을 뿐이다.

참고로 경계선 위에는 건축도 할 수 없을 뿐 아니라 건축은 건축법상의 제약을 받게 된다. 이웃의 일조권도 침해해서는 안 되고, 건축공사로 이웃에게 손해를 주어서도 안 되는 것이다.

■법정거리를 두지 않고 건물을 신축하는 경우 철거청구의 가능 여부

A는 B의 토지경계에 바싹 붙여 건축을 하고 있기 때문에 일조권 침해 등 많은 피해가 예상된다. 이 경우 B는 A에 대하여 위 건물의 철거청구 등이 가능할까?

민법에는 "건물을 축조함에는 특별한 관습이 없으면 경계로부터 반 미터 이상의 거리를 두어야 한다."라고 규정하고 있고, 인접 토지소유자는 이를 위반한 자에 대하여 건물의 변경이나 철거를 청구할 수 있다. 그러나 "건축에 착수한 후 1년을 경과하거나 건물이 완성된 후에는 손해배상만을 청구할 수 있다."라고 규정하고 있다(제242조).

따라서 B는 A를 상대로 위 기간 내에 건물의 변경 또는 철거청구소송을 제기하면 될 것이다. 다만, 건축공사의 완성도에 따라서 위와 같은 청구가 권리남용에 해당되는지 문제될 수도 있다. 그리고 위와 같은 청구를 하여도 공사는 계속 진행되므로 이를 방지하기 위하여 법원에 공사중지가처분신청을 하여 공사중지의 강제집행을 해 두는 것이 좋을 것이다.

그러나 이처럼 경계선 부근의 거리제한에 위반하지 않고 단순히 일조권 침해 등을 이유로 건축공사의 금지 또는 중지를 청구할 수 있는지에 관하여 판례는 "인접대지에 건물이 건축됨으로 인하여 입는 환경 등 생활이익의 침해를 이유로 건축공사의 금지를 청구하는 경우, 그 침해가 사회통념상 일반적으로 수인(受忍)할 정도를 넘어서는지의 여부는 피해의 성질 및 정도, 피해이익의 공공성, 가해행위의 태양(態樣), 가해행위의 공공성, 가해자의 방지조치 또는 손해회피의 가능성, 인·허가관계 등 공법상 기준에의 적합여부, 지역성, 토지이용의 선후관계 등 모든 사정을 종합적으로 고려하여 판단하여야 한다."(대법원판결 1997.7.22, 96다56153). 이웃토지상의 건물로 인하여 직사광선이 차단되는 불이익을 받는 경우에 그것이 사회통념상 일반적으로 인용할 정도를 넘지 않는 한 이를 감수할 것이므로 이로 인하여 입는 정도의 고통은 감내하여야 한다."(대법원판결 82.9.14, 80다2859)라고 하여 거리제한을 준수하여 건물을 축조한 경우에는 공사중지가처분 요건을 엄격하게 하고 있다.

■차면시설 의무

A의 집 옆에 B가 새 집을 건축하였다. B의 집은 A의 집 담으로부터 2미터가 안 되는 거리이고 방 창문이 마주 보고 있어서 안이 다 보인다. 차면시설을 요구할 수 있을까?

B는 A의 권리를 보호해 주어야 하므로 자기의 창 앞에 적당한 '차면시설'을 해야 한다. 만약 B의 집이 먼저 건축된 것이라면 A가 스스로 차면시설을 해야 한다. 이러한 차면시설 설치의무는 경계로부터 2미터 이내의 거리에서 이웃주택의 내부가 들여다보이는 창이나 마루를 설치했을 때이다.

이때의 차면시설은 어떠한 것인가? 만약에 B가 창 앞에 검은 유리로 차면시설을 해서 A는 이를 믿고 자유롭게 문을 열어 놓고 지냈는데, 나중에 알고 보니 A는 안 보이고 B는 보이는 특수유리였다면 적당한 차면시설이라고 할 수 없다. 기준은 A의 권익보호에 있어야 하는 것이다.

민법상 차면시설을 설치할 의무는 '경계로부터 2미터 거리'라는 최소한의 기준거리를 두고 있지만, 설사 이 기준거리를 넘었다고 하더라도 이웃의 내부를 들여다볼 수 있게 건축을 해서는 안 된다(민법제243조).

이것이 법과 도덕의 정신이다.

■선의취득

> 농부인 A는 해외여행을 가면서 사육하던 송아지를 B에게 부탁하고 출국하였는데, B는 급히 돈이 필요하여 이웃마을의 C에게 이 송아지를 팔았다. C는 위 사실을 모르고 B로부터 송아지를 샀다. 여행에서 돌아온 A는 그 송아지를 내어놓으라고 하는데?

C는 B가 소유권자가 아닌 사실을 모르고 샀고 그 점에 과실이 없으므로 정당하게 소유권을 취득하였다. 이처럼 평온, 공연하게 동산을 양수한 사람이 선의, 과실이 없이 그 동산을 점유한 경우에는 양도인이 정당한 소유자가 아니어도 즉시 그 동산의 소유권을 취득하게 된다(민법 제249조). 그러나 모든 물건의 거래행위가 그러한 것은 아니다. 즉 부동산은 해당되지 아니하고, 동산의 경우만 해당된다. 물론 송아지는 동산이다.

선의취득제도는 부동산의 경우는 등기부를 보면 소유자가 누구인지 알 수 있지만, 동산의 경우는 자동차, 중기 등 일부를 제외하면 그러한 공부가 없고, 단지 점유로서 소유여부를 믿을 수밖에 없기 때문에 그러한 점유의 외관을 신뢰한 사람을 보호하려는 취지에서 나온 제도이다. 따라서 A의 송아지를 B가 권한 없이 C에게 팔았기 때문에 원칙적으로 B와 C 사이의 매매는 무효이지만, C는 그러한 사실을 몰랐고 또 모든 사실에 과실이 없으므로 선의취득제도에 따라 C가 소유권을 취득한다.

참고로 남의 물건을 보관하게 된 사람이 양해 없이 판 경우에는 횡령죄가 성립하고 손해배상의무가 생기게 된다. A는 송아지의 소유권을 잃었으므로 B를 상대로 형사고소나 손해배상청구를 하여야 한다.

■매장물의 발견

> A는 건축공사장 인부인데 B의 집 건축을 위하여 기초공사를 하던 중 그곳에 묻혀 있던 금괴를 발견하였다. 이 금괴의 소유권은 누구에게 있을까?

토지에 묻혀 외부에 쉽게 발견될 수 없는 상태에 있고 현재 누구의 소유인지도 분명치 않은 물건을 '매장물'이라고 한다. 그런 매장물이 발견된 경우에 그 소유권은 과연 어떤 절차를 거쳐, 누가 취득하게 될까?

민법(제254조)과 유실물법에 의하면, 매장물은 발견자가 경찰서에 신고·제출하여야 하고, 공고를 거쳐 1년 내에 소유자가 나타나지 않으면 발견자가 소유권을 취득하게 된다. 그러나 발견장소가 자기 소유 토지가 아닌 타인의 토지였을 경우에는 토지 소유자와 절반씩 나누게 되어 있다. 다만 발견된 매장물이 소위 '문화재'에 해당되는 경우에는 발견자나 토지 소유자의 소유로 되지 않고, 국유 즉 국가소유로 된다.

매장물의 소유권자가 나타나거나, 매장물이 문화재로 판명될 경우에는 발견자와 토지 소유자는 그 매장물의 진정한 소유권자나 국가에 대하여 적당한 보상을 청구할 수 있다(유실물법 제13

조).

따라서 위 사례에서는 A는 B와 소유권을 반분하여야 한다.

참고로 매장물은 대부분이 문화재이고, 이 사례와 같이 발견자가 차지할 수 있는 경우는 많지 않다. 그래서 '문화재보호법'에서는 매장문화재의 발굴이나, 발견시에 신고불이행을 처벌하고 있다.

■타인의 임야에 심은 유실수의 소유권

A는 자기소유 임야의 인접지를 자기소유 임야로 잘못 알고 감나무 등 유실수를 심었다. 그 후 B가 그 임야 소유자라고 하면서 그곳의 출입을 막고 과실도 수확하지 못하게 하였다. 이럴 경우, A가 심은 유실수의 소유권은?

민법에는 부동산의 소유자는 타인의 권원에 의하여 부속된 것을 제외하고는 그 부동산에 부합한 물건의 소유권을 취득한다고 규정하고 있으며(제256조), 판례도 "타인의 토지상에 권원 없이 식재한 식목의 소유권은 토지소유자에게 귀속하고 권원에 의하여 식재한 경우에는 그 소유권이 식재한 자에게 있다."(대법원 판결 1980.9.30. 80도1874 참조)라고 하였다.

위 사례의 경우 A는 B 소유의 임야가 자기 소유인 것으로 잘못 알고 유실수를 심은 것이므로 그 유실수는 B 소유의 임야에 권원 없이 부합된 것이어서 B의 소유가 된다. 단 민법 제261조에 의하여 부합으로 인하여 손해를 보았으므로 부당이득에 의한 규정에 의하여 부당이익반환청구를 할 수 있을 것이다.

참고로 농작물(벼, 약초, 양파, 마늘, 고추 등)에 대해서는 적법한 경작권한 없이 타인의 토지에 농작물을 경작하였더라도 그 경작한 농작물은 경작자에게 소유권이 있는 것이며 그 수확도 경작자만이 할 수 있다는 판례가 있다(대법원판결 1968.6.4, 68다613, 614; 1979.8.28, 79다784 등 참조).

■공유물의 사용, 수익

A와 B는 친구 간으로 공동으로 상가건물을 매수하였다. 매수 비용은 A가 40%, B가 60%를 부담하였다. A는 관리비가 많이 들어 남는 것이 없다며 B에게 수입금을 주지 않는데, B가 취할 수 있는 방법은?

물건(동산, 부동산)을 2인 이상이 공동으로 소유하는 형태를 '공유'라고 한다. 공유자는 각자 지분이 주어지는데 약정이 없으면 지분은 서로 균등한 것으로 본다. 결국 공유자는 자기 지분만큼 공유물을 소유하게 되는 것이다(민법제262조).

공유물에 대한 공유자의 권리는 자기 지분 비율만큼 공유물을 사용하거나 공유물에서 발생하는 이익을 가질 수 있다.

위 사례와 같이 A와 B의 지분 비율이 4 : 6이라면 공유물에서 나온 월세는 건물관리비를 뺀 순이익에 대해 4 : 6으로 귀속되는 것이다. 따라서 B는 A에게 자기 지분만큼의 순이익의 배당을 청구할 권리가 있다. 그리고 공유자 간의 신뢰나 이해관계가 무너져 지분 비율대로 사용·수익이 사실상 불가능할 때에는 공유관계를 해소하는 수밖에 없을 것이다. 공유관계를 해소하는 '공유물의 분할'이라고 한다.

■전세권의 효력

> A는 B의 아파트에 전세보증금 1억 원을 주고 전세권설정등기를 하였다. 계약 당시 B의 사업이 부진하여 이미 3,000만 원의 세금이 체납되어 아파트가 압류되어 있었으나, 아파트의 시세가 1억 원 이상 되고 전세권설정등기를 하였으므로 안심하고 있었는데, B의 아파트가 다른 채권자의 경매에 의하여 1억 2천만 원에 낙찰되고 말았다. A의 전세보증금 1억 원을 어떻게 받을 수 있을까?

전세권이란 흔히 말하는 주택임대차와는 다르다. 전세금을 주고받는 것은 같지만 전세권은 전세권설정등기가 되어 있는 물권이고, 주택임대차는 등기 없이 이루어지는 채권관계인 것이다.

전세권설정등기가 설정되면 전세권자는 그 목적물의 교환가격에서 전세금을 우선적으로 변제 받을 수 있다. 이것을 전세권의 우선변제적 효력이라고 한다. 다만 이 원칙도 전세권설정등기보다 먼저 경료된 압류권자나 저당권자가 있으면 후순위가 된다는 예외가 있다.

따라서 위 사례에서는 전세권자인 A는 낙찰된 금액(이를 매득금이라고 한다)에서 전세권설정등기보다 앞서 체납된 세금 3,000만 원을 뺀 나머지, 즉 9,000만 원에 대해서 다른 채권자보다 우선하여 변제 받게 된다. 또한 전세권자인 A는 전세목적물을 다른 사람이 경매 청구한 경우에 별도로 경매청구하지 않아도 경매 매득금에서 우선변제권이 인정되므로, 별도로 취할 조치는 없다.

민법 제303조(전세권의 내용)

① 전세권자는 전세금을 지급하고 타인의 부동산을 점유하여 그 부동산의 용동에 좇아 사용·수익하며, 그 부동산 전부에 대하여 후순위 권리자나 기타 채권자보다 전세금의 우선변제를 받을 권리가 있다.

법률지식

전세권과 임대차의 차이점

1. 전세권은 물권이고 등기함으로써 성립하므로(민법제186조) 대항력이 있으나, 임대차는 채권으로 등기를 요하지 않으나(제621조), 등기한 경우에는 대항력이 발생한다. 즉 임차(전세)계약서를 등기하면 전세권과 동일한 효력이 있다.

2. 전세권자는 설정자의 동의 없이 양도·임대·전전세 할 수있으나(제306조),임차인은 임대인의 동의 없이는 양도·전대할 수 없다(제629조)

3. 전세권에서는 목적물의 경매권과 우선변제권이 있으나(제318조), 임대차에서는 원칙적으로 이러한 권리가 없다.

4. 전세권의 존속기간은 10년을 넘지 못하나(제312조), 임대차에서는 20년을 한도로 한다(제651조)

5. 전세권에 있어서는 유익비만 청구할 수 있으나(통설), 임대차에 있어서는 필요비·유익비 모두를 청구할 수 있다(제626조)

참고로 전세권은 우리나라의 독특한 용익물권으로 중요한 의미를 갖고 있으나 실무상은 채권적 전세가 다수를 차지하고, 우리나라도 은행금리의 하락으로 채권적 전세도 점점 줄어들고 월세를 지급하는 임차권의 비중이 증가하고 있다. 그러나 주택임대차의 경우 전세권의 규정을 많이 준용하고 있어 전세권의 법리는 중요하다.

■담보물권의 효력

> A는 B의 집과 대지에 저당권을 설정하고 1억 원을 빌려주었다. B는 그 집에 화재보험을 들어 두었다. 그런데 그 집에 화재가 발생하여 집이 손실되어 보험금 7,000만 원이 나올 예정인데, 이 보험금은 누가 받게 될까?

저당권이란 채무자나 제3자가 어떤 채무의 담보로 부동산을 제공하면 이 부동산을 채권자가 인도 받지는 않고 그 부동산의 교환가치(시세)만을 권리로서 확보하는 물권을 말한다. 그리고 이 저당권은 반드시 등기부에 저당권이라고 표시하여 등기를 하게 된다. 그런데 저당권의 대상인 부동산 중 건물이 화재로 소실되면 저당권자의 입장은 어떻게 되는가 하는 것이 문제이다.

또한 저당권의 목적물인 집이 화재로 보험금이 나오게 된다면 이 보험금에 대해서도 저당권의 효력이 미친다고 보고 있다. 이것을 '저당권의 물상 대위성'이라고 부른다. 이러한 효력이 인정되는 이유는 저당권이란 목적물의 교환가치를 저당권자에게 부여하고, 사용가치나 목적물 그 자체는 채무자에게 존속시키는 제도인데 목적물이 화재로 소멸하더라도 그 교환가치를 대표하는 것이 그대로 존재하게 되면(이 사례에서는 보험금이 있게 되면) 이 가치의 대표물에도 존속시키는 것이 합당하기 때문이다.

따라서 빚이 청산되지 않고 있는 한 보험금은 당연히 저당권자가 차지할 수 있게 된다. 그러나 화재보험금이 당연히, 자동적으로 저당권자에게 지급되는 것은 아니다. 저당권자는 저당권에 기해서 채무자의 화재보험금에 대한 법적 조치를 취해야 한다.

민법 제356조(저당권의 내용)

저당권자는 채무자 또는 제3자가 점유를 이전하지 아니하고 채무의 담보로 제공한 부동산에 대하여 다른 채권자보다 자기채권의 우선변제를 받을 권리가 있다.

법률지식

저당권(抵當權)

저당권은 채권자가 채무자 또는 제3자(물상보증인)로부터 점유를 옮기지 않고 그 채권의 담보로 제공된 목적물(부동산)에 대하여 일반채권자에 우선하여 변제를 받는 약정담보물권(민법 제356조 이하)이다.

저당권의 특징으로는 저당권은 질권과 달라 목적물을 유치하지 않고, 저당권 설정자는 계속 사용·수익할 수 있으므로 기업시설의 담보화에 유용하고 근대적 금융에 유용하다.

질권(質權)

질권은 채권자가 그 채무의 담보로서 채무자(또는 제3자 - 이른바 물상보증인)로부터 인수한 물건(또는 권리)을 채무의 변제가 있을 때까지 유치하고 그 변제를 간접적으로 강제하고 변제가 없는 경우에는 그 물건으로부터 우선적으로 변제를 받을 수 있는 담보물권(민법 제329조~제355조)이다.

질권은 채권자와 질권설정자와의 계약(질권설정계약)에 의하여 성립한다. 저당권과 함께 이른바 약정담보물권의 하나이다.

질권의 특성으로는 질권은 약정담보물권이며 이 점에서 유치권과는 다르고, 저당권과 같으나 목적물의 점유를 채권자에게 옮겨서 이에 유치적 효력을 주는 점과 목적물이 동산인 것이 보통이기는 하나 그 목적물의 범위가 광범한 점에서 저당권과 다르다.

질권은 목적물의 교환가치에 의하여 우선 변제를 받을 권능을 가지고 있으므로 유치적 효력과 함께 극히 강력한 담보력을 발휘한다.

질권의 종류에는 동산질과 권리질이 있다. 동산질은 일상생활에서 가장 보통으로 설정되는(양복, 시계 등의 입질) 것이고, 권리질은 채권, 주식 등의 입질 같은 것이다.

질권은 기업이나 영업상의 자금획득수단은 아니고, 일상생활상의 서민금융의 수단으로써 기능한다.

■저당권

A의 옆집에 살고 있는 B는 A에게 돈 1,000만 원을 빌려 달라고 하면서 집문서를 담보로 맡기겠다고 한다. 이렇게 하고 돈을 빌려주면 안전할 것인지, B는 부채가 많은 것 같은데 다른 방법은 없을까?

등기필증을 잡고 있는 것만으로는 그 집에 대한 아무런 권리가 주어지지 않는다. 말하자면 담보의 효과를 거둘 수 없다. A가 보다 안전하려면 B집에 대해 저당권설정등기를 해 두어야 한다.

이처럼 채무자가 채무의 담보로 제공한 부동산에 대해 채권자가 권리를 설정해 두고, 약속한 때에 갚지 않으면 그 부동산을 경매해서 자기 돈을 우선적으로 회수할 수 있는 제도를 '저당권'이라고 부른다(민법제356조 참조).

은행이 돈을 빌려 줄 때는 채무자가 제공한 부동산에 저당권을 설정하고 있고, 개인 간의 돈거래에 있어서도 자주 이용되고 있다.

저당권 설정자는 피담보채권의 채무자인 것이 보통이나 제3자

(물상보증인)도 가능하다. 하지만 소유저당은 인정되지 않는다. 저당권자는 저당물 이외에 채권자로서 채무자의 일반재산에 대해 강제집행이 가능하다.

위 사례에서는 A는 B에게 저당권설정등기청구소송을 제기하여야 한다. B는 등기필증이 없어도 부동산을 매도할 수 있기 때문이다.

제 4 장

채권법 사례

제 1 절 채권총칙

■금전거래에 있어서 확실한 이행확보방법

A는 B로부터 1,000만 원을 빌려 달라는 제의를 받았다. 친분상 돈을 빌려주기는 해야겠는데, 변제기에 확실하게 받을 수 있는 방법은?

금전거래에 있어서 채무자가 갚을 날짜에 갚지 않을 경우 채권자는 돈을 받기 위해 법원에 소송을 제기하여 판결을 받아 강제집행을 해야 한다. 이를 위해서는 차용증 작성 등(그렇지 못할 경우 증인 확보 등) 증거 서류가 필요하다. 소송은 많은 시간과 비용이 들 뿐만 아니라, 승소판결을 받고서도 돈을 받지 못하는 경우가 많으므로 이를 예방하기 위하여 ① 채무자 B의 부동산에 저당권을 설정하는 방법, ② 채무자 B의 동산이나 부동산에 양도담보를 설정하는 방법, ③ 채무자 B의 부동산에 대물변제예약을 하는 방법, ④ 그리고 금전소비대차계약공정증서 또는 약속어음공정증서를 작성하는 방법 등이 있으므로, 이 방법들 중에서 당사자의 사정에 따라 선택하면 될 것이다.

위의 방법들 중에서 저당권설정, 부동산양도담보, 대물변제예약의 경우에는 당사자 사이에 설정계약을 한 후 등기를 하여야 하고, 동산양도담보 및 금전소비대차계약공증, 약속어음공증의 경우에는 공증인사무소에서 공증의뢰를 하면 된다.

법률지식

채권확보를 위한 담보제도

채권담보란 채권의 실현을 확보하는 것을 말한다. 채권자는 채무불이행에 대비하여 채권의 실현을 확보하기 위한 수단을 강구할 필요성이 있다.

채권담보의 종류에는 인적담보의 방법과 물적 담보의 방법이 있는데 이 두 가지를 실제로 병용하는 경우가 많다.

1. 인적담보란 채무자 이외의 자에게도 채무를 부담시켜 채권을 확보하는 제도이다. 그 채무자 이외의 자가 임의로 이행하지 않는 경우에는 그의 일반재산에 대하여 강제집행을 할 수 있다. 따라서 채권이 실현될 가능성이 높아진다. 인적담보로는 민법상 보증채무와 연대채무가 있다.

2. 물적담보란 채무자 또는 제3자(물상보증인)의 특정 재산을 채권의 담보로 하는 것이다. 채무자가 이행하지 않는 경우 채무자 또는 제3자의 특정재산을 경매에 의하여 금전으로 환가하여 그 대금으로부터 우선적으로 채권의 변제를 받는 것이다(담보 물권의 소유권을 취득하여 만족을 얻을 수도 있다)

물적담보에는 유치권, 질권, 저당권 그리고 관습법상의 양도담보 제도가 있다.

참고로 **양도담보(讓渡擔保)**란

담보물 자체를 채권자에게 양도하는 방법에 의한 물적담보제도이다. 이는 민법이 규정하고 있는 담보제도는 아니지만 경제적 필요에 의하여 많이 이용되고 있는 제도이다.

■아파트 위층에서 물이 새는 경우의 구제 방법

> A는 아파트에 거주하는데 위층의 배관일부가 파손이 되었는지 A의 아파트 천장으로 물이 스며 나오고 있어 위층 거주자에게 보수를 요구하였으나 차일피일 시간만 끌고 있다. 이 경우 대처방법은 없을까?

위와 같은 경우 먼저 하자부분의 보수와 관련되어 위층 거주자가 이를 거부하고 있다면 A는 소유권에 기한 방해제거를 청구할 수가 있는데, 민법 제389조의 규정에 의하여 법원에 채무자 비용으로 제3자가 처리하도록 하는 청구를 할 수 있다. 즉, 법원의 대체집행결정에 의하여 그 보수를 제3자로 하여금 강제로 할 수가 있는 것이다.

그리고 그 수리비용은 배관이 집합건물의 소유 및 관리에 관한 법률에 의거 전유부분으로 보느냐 공유부분으로 보느냐에 따라 달라질 수가 있다(집합건물의소유및관리에관한법률 제53조, 제54조, 제56조, 제57조 참조). 통상 급수·가스 등의 간선부분은 공용부분으로 보게 되지만 지선부분은 전유부분으로 보게 되는데, 위 배관 또한 지선에 해당되는 전유부분인 것 같으므로 그 비용 또한 위층 소유주가 부담해야 할 것이다.

참고로 전유부분이란 단위 세대당 독립된 주거생활을 영위할 수 있도록 구획된 부분을 말하며 천장, 바닥 및 벽 위의 마감부분과 주요구조부가 아닌 내부칸막이 벽, 현관문 몸체와 문틀, 시건장치 및 계량기(전기 · 수도 · 가스)를 포함한 이후, 세대 내의 창 등이다.

■과실상계

> A는 자기승용차를 운전하여 퇴근하는 중에 횡단보도가 아닌 곳에서 행인이 뛰어드는 것을 뒤늦게 발견하고 급정거를 하였으나 충격으로 전치 3주를 요하는 상해를 가했다. A가 부담해야 할 손해의 범위는?

자기의 불법행위로 말미암아 다른 사람에게 손해를 가할 때에는 그 손해를 배상하여야 한다. 그런데 피해자에게도 어떤 잘못이 있다면 이러한 피해자의 과실은 손해배상 과정에서 어떻게 평가해야 할 것인가? 피해자의 잘못은 손해의 '발생' 단계에서 있을 수도 있고, 또는 손해의 '확대'에 관하여도 있을 수 있다.

민법은 피해자에게도 손해의 발생 또는 손해의 확대에 관하여 잘못이 있으면 손해배상의 책임 여부를 정하거나 금액을 정할 때에 참작하도록 하고 있다. 이것을 '과실상계'라고 한다(제396조).

위 사례에서 피해자는 횡단보도 아닌 곳을 건넌 잘못이 있다. 그래서 배상금액을 정함에 있어서 이러한 피해자의 과실비율만큼을 손해액에서 공제하게 된다. 예를 들어 피해자의 손해가 100만 원이고 과실이 2할 정도라면 가해자에게는 80만 원의 배상을 명하게 되는 것이다. 피해자가 과실이 있으면 자기과실 비율에 해당하는 손해는 피해자가 부담해야 하는 과실상계제도가 있음으로 인해서 "법은 만인 앞에 공평하다."라는 말을 들을 수 있는 것이다.

불법행위(특히 교통사고)에 있어서 정도의 차이는 있으나 대개 피해자에게도 과실은 있다고 할 수 있다. 그러나 당사자 사이의 합의과정에서는 대개 과실상계가 거론되지 않고, 소송에서만 문제가 되고 있다. 소송에서 과실상계는 당사자가 주장하지 않아도, 법원이 직권으로 과실여부와 과실비율을 참작하고 있다.

■채무면탈 목적으로 아내에게 소유권을 이전한 행위의 취소

> A는 B에게 1,000만 원을 빌려주었는데, B는 변제기일이 지났는데도 갚지 않아 부동산을 가압류하려고 등기부를 열람해 보니 그의 배우자인 C에게 소유권이 이전되어 있었다. 이 경우 구제책은?

위와 같은 경우 민법은 채권자취소권이라는 제도를 두어 채권자를 보호하고 있다(제406조). 이는 악의의 채무자에 대항하는 채권자의 보호를 위한 규정이다.

위 사례에서 특별한 사정이 없는 한, B가 배우자 C에게 매매형식으로 소유권을 이전한 것은 변제회피의 목적으로 채권자를 속여 손해를 주는 행위로 보여지므로, A가 B를 상대로 B·C 사이의 매매취소를 청구하여 C 명의의 소유권이전등기를 말소시키고, B 명의로 소유권을 회복시킴과 동시에 B를 상대로 대여금채권에 대한 판결을 받아 그 재산에 강제집행하여 구제받아야 할 것이다. 그리고 채권자취소권은 취소원인을 안 날로부터 1년, 법률행위가 있은 날로부터 5년 내에 행사하여야 한다.

또한, 특별한 사정없이 동거하는 부부 간에 토지를 매도하고 소유권이전등기를 경료함은 이례에 속하는 일로서 가장매매로 추정하는 것이 경험칙에 비추어 타당하다고 한 판례가 있다(민법 제108조: 대법원판결 1978.4.25, 78다226 참조). 위 사례의 경우 B와 C가 부부 사이이므로 통정허위표시가 문제될 수도 있을 듯하다.

따라서 위 사례의 B와 C가 통정하여 허위로 위 부동산의 소유권을 이전한 경우라면 그 소유권이전은 무효라고 할 것이므로 A는 B의 채권자로서 채권자대위권을 행사하여 C의 소유권이전등기말소를 청구하여 원상회복 시킨 후 그 부동산에 강제집행할 수 있을 것이다.

■보증채무

> A는 자동차를 할부로 구입하려고 친구 B에게 보증을 서 달라고 하여 자동차 회사에 보증을 서 주었다. 그런데 A는 그 차로 여행을 다니다가 교통사고를 내어 구속되었다. 그러나 자동차 회사에서는 B에게 남은 할부대금을 대신 갚으라고 통고해 왔다. A에게는 집도 있고 다른 재산도 있다. 보증을 선 B는 그 돈을 갚아야 할까?

사회생활을 하다 보면 보증을 서야 하는 경우가 종종 있다. 은행융자, 자동차의 할부구입 등에 보증을 세워야 하는 것은 거의 필수적인 절차이다.

보증인은 주채무자보다 앞서서 갚아야 하는 것은 아니다. 보증인은 채권자가 자기에게 이행을 요구할 때 먼저 주채무자에게 청구하라고 요구할 권리(최고의 항변)가 있고, 채권자가 이에 따라 주채무자에게 먼저 청구하고 그 다음에 자기에게 청구하면 이번에는 주채무자가 갚을 재산이 있고 강제집행하기도 쉬우니 주채무자 재산에 먼저 집행하도록 요구할 권리(검색의 항변)가 있다.

그러나 실제로 주채무자가 아무런 능력이 없는 경우라야 보증인에게 청구하는 것이 대부분이므로 보증인의 위와 같은 권리는 유력한 자기방어 수단이라고는 볼 수 없다.

민법 제428조(보증채무의 내용)

① 보증인은 주채무자가 이행하지 아니하는 채무를 이행할 의무가 있다.

② 보증은 장래의 채무에 대하여도 할 수 있다.

민법 제437조(보증인의 최고, 검색의 항변)

채권자가 보증인에게 채무의 이행을 청구한 때에는 보증인은 주채무자의 변제 능력이 있는 사실 및 그 집행이 용이할 것을 증명하여 먼저 주채무자에게 청구할 것과 그 재산에 대하여 집행할 것을 항변할 수 있다. 그러나 보증인이 주채무자와 연대하여 채무를 부담한 때에는 그러하지 아니하다.

■연대보증

A는 친구 B가 조그마한 상점을 내려고 하는 데 신용금고에서 돈을 빌릴 때 보증을 서 달라고 간청하자 보증을 서 주었다. 그러나 B는 융자금 5,000만 원으로 사업을 하다가 실패하였다. 상호신용금고에서는 A에게 B에 대한 융자금에 연대보증을 하

였으므로 전액 갚으라고 하는데, A가 다 갚아야 할까?

연대보증은 단순한 보증과 달리 최고(催告)의 항변권과 검색의 항변권이 인정되지 않고, 주채무자가 채무를 갚지 못하면 주채무자와 연대하여 갚기로 한 보증을 말한다. 보증계약서에 '연대하여'라는 문구가 있으면 그 보증은 연대보증으로 보게 된다. 상인 간의 거래에서는 연대보증이 대부분이다.

따라서 위 사례에서 A는 비록 인정에 못 이겨 해 준 보증이지만 그 형태가 연대보증인 이상 주채무자의 능력유무에 상관없이 전액을 갚을 채무가 있는 것이다. 물론 보증인이 단순보증이든 연대보증이든 채권자에게 갚은 돈을 주채무자에게 청구할 수 있다. 이를 '보증인의 구상권'이라고 한다. 그러나 보증인이 보증책임을 이행한 뒤 원래의 채무자에게 구상권을 행사할 수 있다고 해도, 완벽한 구제방법은 못 된다. 보증인이 물어낼 정도라면 주채무자는 대부분 아무재산도 없게 된 뒤이기 때문이다.

참고로 최고·검색의 항변권을 행사할 수 없는 경우로는 ① 연대보증인, ② 주채무자가 파산선고를 받을 때(주채무자에게 변제자력이 없으므로), ③ 주채무자의 행방을 모를 때(집행이 용이하지 않으므로), ④ 보증인이 항변권을 포기할 때 등이다.

■보증인의 구상권

A는 친구 B가 은행에서 사업자금 3억 원을 융자받는 데 보증을 서 달라고 하여 보증을 섰다. 그런데 B의 사업은 잘 되지 않고 은행융자금을 갚을 시기는 다가오고 있는데, A는 어떤 조치를 취해야 할까?

보증인은 연대보증을 하였든 그냥 단순한 보증을 하였든 자기가 주채무자를 대신해서 갚은 경우에, 그 금액을 주채무자에게 받아 낼 권리가 있다. 이것을 '구상권'이라고 한다.

그러나 이 구상권은 언제나 사후 구상이 원칙이나 언제나 보증인이 먼저 채무를 갚고 난 뒤에야 가능한 것은 아니고 미리 행사할 수도 있다. 즉, 보증을 부탁받아 해 준 경우에 주채무를 갚아야 할 때가 다가오면, 보증인은 아직 대신 갚지 않은 경우라도 자기의 구상권의 보전을 위해서 주채무자에 대하여 구상권을 행사할 수가 있는 것이다. 구상권 행사 방법은 주채무자의 재산을 동결시키는 조치를 취하면 된다. 이를 가압류라고 한다.

위 사례에서 A는 B의 재산을 동결시켜 자기 구상권을 미리 확보해 둘 수 있다.

■사채업자가 변제 받기를 거부한 경우의 구제 방법

> A는 6개월 전 사채업자 B로부터 5,000만 원을 차용하면서 A 소유의 부동산에 근저당설정을 하였다. A는 형편이 어려워 이자를 제대로 지급하지 못했는데, 변제기에 이르러 그 동안 지급하지 못한 이자와 원금을 변제하려고 하니 B는 A의 계산과 맞지 않는 터무니없는 금액을 요구하며 변제 받기를 거부하였다. A는 혹시 부동산이 경매처분이라도 당할까 걱정이 되어 B와 수차례 접촉을 시도하였으나, 그때마다 B는 요구금액을 변제해야 근저당권을 말소해 주겠다고 한다. 이런 경우 A가 대처할 방법은 무엇일까?

일부 악덕 사채업자 중에는 담보물을 헐값에 취득할 목적으로 변제기일에 일부러 만나 주지 않거나 무리한 요구를 내세우는 등의 수법으로 채무자로 하여금 변제기일을 넘기게 하여 담보물을 처분하는 경우가 있는데, 이럴 때는 변제공탁(辨濟供託)제도를 이용하면 된다.

변제공탁제도라 함은 채권자가 변제를 받지 아니하거나 받을 수 없는 때, 또는 변제자가 과실 없이 채권자를 알 수 없는 경우에 채권자를 위하여 변제의 목적물을 공탁소에 임치하여 채무를 면하는 제도를 말한다(민법 제487조).

변제공탁의 효과로 변제가 있었던 것과 같이 채무는 소멸하고, 채권자는 공탁물인도청구권을 취득한다. 공탁물인도청구권은 본래의 급부청구권에 갈음하는 것이므로, 그 권리의 성질·범위는 본래의 급부청구권과 동일해야 하고, 따라서 본래의 급부에 선이행 또는 동시이행의 항변권이 부착된 경우는 채권자가 먼저 자기의 급부를 해야 공탁물을 수령할 수 있다(민법 제491조, 공탁법 제9조). 그리고 질권·저당권이 공탁으로 인하여 소멸한 때를 제외하고는 채권자가 공탁을 승인하거나 공탁소에 대하여 공탁물을 받기를 통고하거나 공탁유효의 판결이 확정되기까지 변제자는 공탁물을 회수할 수 있고(민법 제489조), 착오로 공탁을 한 때나 공탁의 원인이 소멸한 때에도 공탁물을 회수할 수 있다(공탁법 제8조 제2항).

위 사례의 경우 B가 변제 받기를 거부하고 있으므로, A는 원금과 약정이자를 채무이행지, 즉 지참채무(持參債務)이므로 B의 주소지를 관할하는 지방법원에 설치된 공탁소에 공탁하여 B에 대한 채무를 면할 수 있다(민법 제488조). 그리고 채무가 소멸하면 근저당권도 당연히 소멸하나(근저당권의 부종성) A의 부동산에 경료된 근저당권설정등기가 자동적으로 말소되는 것은 아니므로, A는 B를 상대로 우선 근저당권처분금지가처분을 하고, 근저당권설정등기말소등기청구의 소를 제기해야 할 것이다.

■공탁

> A는 B의 작품(그림)을 300만 원에 주문하면서 계약금으로 150만 원을 지불하였다. 그 후 B는 그 작품은 500만 원은 받아야 되겠다면서 돈을 더 달라고 한다. A는 약속한 대로 계약이행을 촉구하고 있는데 이 그림을 인수받을 방법은 없을까?

이 경우에는 민법의 공탁제도를 이용하면 된다. '공탁'이란 채무자가 자기의 금전채무를 이행하려고 하는데 채권자가 받지 않거나 받을 수 없을 때에 법원에 이를 보관시킴으로써 자기 채무를 이행한 것으로 간주하는 제도를 말한다. 즉, 채권자의 귀책사유를 묻지 않고 객관적인 사유가 존재하면 공탁이 가능하고, 채권자가 미리 수령을 거절하면 구두제공을 할 필요없이 공탁할 수 있다.

채권자가 받지 않는다고 해서 채무자가 아무런 법적 대응을 하지 않고 있다면 오히려 채권자가 채무불이행이라는 이유로 계약을 해제해 채무자만 낭패를 보게 되기 때문에, 채무자의 보호를 위해서 채권자로 하여금 받은 것과 마찬가지의 효과를 주기 위해 고안된 제도이다. 공탁은 이처럼 어떤 채무를 이행하기 위한 공탁, 즉 변제공탁이 대부분이다. 공탁이 되면 채권자가 이 공탁금을 찾든지 말든지 일단 변제받은 것으로 간주된다. 공탁에는 ① 채무소멸을 위한 공탁(변제공탁), ② 채무담보를 위한 공탁(담보공탁), ③ 단순히 보관의 의미로 하는 공탁(보관공탁),

④ 기타 특수한 목적으로 하는 것(특수공탁) 등이 있다.

위 사례에서 A는 B에게 원래 약정한 그림 값 중 잔금 150만원을 공탁하면 그림을 찾을 수 있다.

■합의금으로 공탁된 공탁금을 찾는 방법

형사사건의 가해자가 합의가 되지 않는다고 합의금을 변제공탁하였는데, 그 합의금을 찾을 경우 어떠한 효과가 발생할까?

교통사고나 폭행사고 등이 발생한 경우 그 가해자는 피해자와 합의가 성립되지 않으면 일정금액을 일방적으로 공탁하고 그 공탁통지서를 받은 피해자는 그 공탁금이 자기의 손해를 충분히 배상할 만큼이라면 별문제가 없겠으나, 그 이상의 손해배상을 청구하고자 하는 경우에 공탁금을 찾아야 할지 여부를 놓고 망설이는 경우가 있다.

이때 주의할 점은 가해자가 채무를 전부 갚는다는 조건, 즉 채무의 전부변제임을 밝히고 공탁한 경우 피해자가 채권의 일부로 수령한다는 등의 특별한 유보의사표시를 하지 않고 공탁금을 수령하게 되면 채무자의 의도대로 전부변제의 효과가 발생한다는 점이다. 이것을 방지하기 위해서 공탁금을 찾을 때, 공탁공무원이나 채무자에 대하여 적극적으로 합의금의 일부라는 등의 이의유보의사표시를 해야 한다(민법 제487조 ; 대법원판결 1983.6.28, 83다카88, 89 참조).

참고로 위와 같은 경우에 가해자는 "공탁사건에 관하여 공탁자는 피공탁자의 동의가 없으면 형사사건에 관하여 불기소결정이 있거나, 종국재판이 확정될 때까지 공탁금에 대한 회수청구권을 행사하지 않기로 신고한다."라는 내용의 공탁금회수제한신고서를 제출하여 공탁공무원의 확인을 받아 형사재판부에 제출함이 보통인데, 이 경우 형사사건에 불기소결정이 있거나, 종국재판이 확정된 후에는 가해자가 공탁금을 회수할 수 있으므로 공탁금은 이의유보의사를 표기하고 수령한 후 피해자가 불충분하다고 생각하는 나머지 피해액을 민사소송으로 해결하여야 할 것이다.

민법 제487조(변제공탁의 요건, 효과)

채권자가 변제를 받지 아니하거나 받을 수 없는 때에는 변제자는 채권자를 위하여 변제의 목적물을 공탁하여 그 채무를 면할 수 있다. 변제자가 과실 없이 채권자를 알 수 없는 경우에도 같다.

제 2 절 계약

■사정변경의 원칙

A는 이민을 가기 위하여 집을 B에게 매도했는데, 갑자기 어떤 사정 때문에 이민을 갈 수 없게 되었다. 그래서 A는 중도금까지 받은 후에 이민을 가지 못하게 되었으니 B에게 계약을 해제하자고 하자 B는 이를 거절하고 있다. A의 예상치 못한 사정변경으로 인하여 계약을 해제할 수 있을까?

어떤 법률행위 당시에 있었던 환경 또는 그 행위를 하게 된 기초가 되는 사정이 법률행위 성립 이후에 현저하게 변경되어 그 법률행위대로 이행하는 것이 공평하지도 않고 또 신의성실의 원칙에 비추어 부당하다고 인정되는 경우에는 그 법률행위를 변경하거나 폐기할 수 있다는 것을 '사정변경의 원칙'이라고 한다.

이 원칙은 오늘날 세계 각국이 명문의 법률규정이나 또는 판례로 인정하고 있다. 그런데 우리나라에서만큼은 이러한 원칙의 법률은 물론 법원의 판례로도 인정하지 않고 있다.

그러므로 위 사례에서는 아무리 사정이 변경되어도 B가 동의하지 않는 한 A의 일방적인 계약해제는 불가능하다. 따라서 상대방이 동의하게 되면 계약이 해제되지만, 그것은 또 하나의 계약일 뿐이고, 이 사정변경의 원칙이 적용되기 때문은 아니다.

중도금까지 받은 이상 계약해제는 불가능한 것이며, 단 사정변경을 이유로 하는 것도 불가능하므로 상대방을 설득해 보는 방법밖에는 없다.

■부동산 매입시 주의할 점

집을 매입할 때의 절차 및 주의할 점은 무엇일까?

부동산을 매입하려면 해당지번 및 지적을 확인하고 등기부등본, 토지대장(임야인 경우 임야대장), 건축물대장, 도시계획확인원, 용도지역확인원 등을 열람한 후 현장과 대장을 비교하여야 한다.

특히 매도인이 실제소유자인지도 파악하여야 하며, 상대방이 보여주는 등기부등본만을 믿어서는 안 된다.

또한, 단시일 내에 권리자가 여러 번 바뀌는 등 권리변동관계가 빈번하고 복잡한 것은 일단 의심을 하고 확인할 필요가 있으며, 여러 가지 담보물권이나 예고등기, 가등기가 설정되어 있는 것은 가급적 매입하지 않는 것이 현명하다.

그리고 재산세납세자와 소유자가 다른 경우 이유를 확인하는 것이 좋으며, 대금지급시 영수증을 반드시 받아야 한다.

등기부는 중도금, 잔금 지급시마다 그 직전에 확인하는 것이 좋다.

마지막으로 잔금지급과 동시에 매도인으로부터 등기권리증, 인감증명 등 등기에 필요한 서류를 넘겨받아 이를 토대로 소유권이전등기절차를 60일 이내에 밟아야 한다(부동산등기특별조치법 제2조 제1항).

■동시이행항변권

> A는 자기 집을 B에게 매도하게 되었다. 계약금, 중도금까지 받았고 잔금 5,000만 원은 계약일로부터 1개월 뒤에 받기로 약정하였다. 그런데 B는 잔금일에 3,000만 원을 주면서 나머지 잔금은 이 집을 A가 은행에 담보로 제공해서 융자를 받게 해 달라고 하였다. A는 이를 거절하자 그러면 먼저 등기를 넘겨 주면 자기가 은행에 융자받아 잔금을 지불하겠다고 하는데, 잔금을 다 받기 전에 이전등기를 해 주어도 될까?

위 사례와 같은 부동산매매계약처럼 매도인과 매수인이 서로 반대되는 계약상의 의무를 부담하는 형태의 계약을 '쌍무계약'이라고 한다. 예를 들어 계약이 체결되면 한쪽은 대금을 지급할 의무를 지니고, 또 한쪽은 등기를 넘겨주어야 할 의무를 지니게 된다. 그런데 쌍무계약에서 각자의 의무는 '특별히 어느 한쪽이 자기 의무를 먼저 이행한다는 약정'('특약'이라고 한다)이 없는 한, 동시에 이행하도록 되어 있다. '동시에'라고는 하지만 시간상으로 정확히 같은 시간이라는 뜻은 아니다.

이처럼 쌍무계약에서 각자의 의무가 동시이행관계에 있다는 것은 "상대방이 의무를 이행하지 않는 한, 자기도 그 의무를 이행하지 않아도 좋다."라는 뜻이라고도 할 수 있다. 예를 들면 위 사례에서처럼 매수인이 잔금을 주지 않고서 등기이전을 요구할 때 매도인은 잔금을 받기 전까지는 등기이전을 거절할 수 있는 것이다. 그리고 이러한 권리를 '동시이행항변권'이라고 한다.

그러므로 A는 B의 요구를 거절할 수 있다.

민법 제536조(동시이행의 항변권)

① 쌍무계약의 당사자 일방은 상대방이 그 채무이행을 제공할 때까지 자기의 채무이행을 거절할 수 있다. 그러나 상대방의 채무가 변제기에 있지 아니하는 때에는 그러하지 아니하다.

■계약종료 후 임차인이 목적물을 명도하지 않을 경우 임대인의 구제 방법

임차인이 임대차 기간의 만료 후에도 계속 임차건물을 점유하고 있을 경우 임대인의 권리구제 방법은 어떤 것이 있을까?

임대차 계약이 종료되면 임차인은 목적물을 반환하여야 하고, 임대인은 밀린 임차료 및 손해를 공제한 보증금을 반환하여야 하며, 면제특약이 없다면 필요비 및 유익비 등을 반환하여야 하는데, 이것은 동시에 이루어져야 한다.

임대차 계약 종료 후에도 임차인이 목적물을 계속 점유하고 있는 경우, 임대인은 임차인을 상대로 임차인이 법률상 원인 없이 이득을 얻고 있고, 임대인은 그로 인하여 손해를 입었음을 이유로 임차인의 점유로 인한 부당이득반환을 청구할 수 있으며, 이것은 임대차 계약 종료 후에 발생하는 임료상당이 후 것이다. 그런데 그 부당이득의 범위에 관한 판례는 "임차인이 임대차종료로 인한 원상회복의무를 지체한 경우, 임대인의 손해는 이행지체일로부터 임대인이 실제로 자신의 비용으로 원상회복을 완료한 날까지의 임대료 상당액이 아니라, 임대인 스스로 원상회복할 수 있었던 기간까지의 임대료상당액이다."(대법원판결 1990.10.30, 90다카12035)라고 하였다.

다만 임대차 계약 종료 후에도 임차인이 동시이행의 항변권을 행사하여 임차건물을 계속 점유하여 온 것이라면 임차인의 그 건물에 대한 점유는 불법점유라고 할 수는 없으나 그로 인하여 이득이 있다면 이는 부당이득으로서 반환하여야 한다(대법원판결 1992.4.14, 91다45202, 45219 참조).

법률지식

해제(解除)

계약 당사자의 일방의 의사 표시에 의하여 이미 유효하게 성립한 계약의 효력을 소급적으로 소멸시켜 계약이 처음부터 없었던 것과 같은 법률 효과를 발생케 하는 것을 말한다(민법 제544조~제549조, 제551조~제553조).

해지(解止)

계속적 채권관계에 있어서 계약의 효력을 장래에 향하여 소멸케 하는 일방적 행위를 말한다. 임대차·고용·위임과 같은 계속적 채권관계에 있어서는, 그 성질상 법률관계를 소멸시킨다고 하더라도 이를 소급적으로는 할 수 없고, 장래에 대하여서만 소멸케 하는 것이다. 해지는 이 점에 있어서 해제와 다르다.

■계약해제의 방법

> A는 타지방으로 이사를 가게 되어 살고 있는 집을 B에게 팔면서 중도금은 15일 후, 잔금은 30일 후에 받기로 계약하였다. 그러나 B는 잔금지급기일 약속을 이행하지 않고 있다. A는 그 다음날 계약을 해제한다는 통지를 보내려고 하는데, 이로써 계약은 해제된 것일까?

동산매매계약과 같이 계약당사자 쌍방이 서로에게 계약상의 이행의무를 부담하는 계약을 '쌍무계약'이라고 한다. 판 사람은 등기이전 의무를, 산 사람은 대금지급 의무를 부담하는 것이다. 그런데 이 의무들은 특별한 약정이 없는 한 일단 서로 '동시이행관계'에 놓이게 된다. 부동산매매계약에서는 대체로 잔금지급 의무와 등기이전에 필요한 서류제공 의무가 동시이행관계에 있다.

이렇게 동시이행관계에 있는 쌍무계약에서는 계약당사자 일방의 채무불이행이 있다고 하더라도 즉시 계약을 해제할 수 있는 것이 아니다. 즉 먼저 상대방에게 자기 채무의 이행을 제공하고, 동시에 상대방에게는 기간을 정하여 그 기간까지 의무이행을 요구(이를 '최고'라고 한다)하여야 하고, 다음 정해 준 기간까지도 역시 채무의 이행이 없으면 그때 가서야 계약을 해제할 수 있다. 다만 상대방이 미리 이행기에도 이행하지 않을 의사를 표시한 경우에는 최고절차 없이 계약을 해제할 수 있다.

그러므로 A는 B에게 상당기간(보통 1주일 내지 3주일 정도)까지 잔금을 지급할 것을 최고하여야 한다.

민법 제544조(이행지체와 해제)

당사자 일방이 그 채무를 이행하지 아니하는 때에는 상대방은 상당한 기간을 정하여 그 이행을 최고하고 그 기간 내에 이행하지 아니한 때에는 계약을 해제할 수 있다. 그러나 채무자가 미리 이행하지 아니할 의사를 표시한 경우에는 최고를 요하지 아니한다.

■이행불능

A는 B의 아파트를 2억 원에 사서 이사를 하였다. 그런데 수 개월이 지난 후 C가 나타나 자기 아파트를 B가 서류를 위조하여 A에게 팔았다고 하면서 자기 앞으로 등기이전을 요구하였다. 그 후 B는 C의 말이 사실이라며 2억 원을 배상하겠다고 하지만 그 사이 부동산 가격이 뛰어 그 아파트의 시세는 현재 2억 5천만 원이 되었다. A는 손해액을 얼마나 받아야 할까?

채권이 성립한 후에 채무자의 고의 또는 과실 때문에 이행이 불가능한 경우를 '이행불능'이라고 한다.

위 사례의 경우처럼 A는 B로부터 매매계약에 따라 아파트에 대한 소유권이전등기를 받았지만, 원래의 주인인 C의 권리 주장에 따라 말소되거나 또는 말소될 운명이라면 B의 A에 대한 소유권이전등기의무는 이행하기가 불가능한 상태가 된 것이다. 그리고 그 상태는 전적으로 B의 잘못, 즉 귀책사유에 있는 것이다.

채무자가 이행불능상태가 되면 채권자에게 주어지는 권리는 두 가지이다. 하나는 계약해제권이고, 또 하나는 손해배상청구권이다. 그런데 목적물의 시세가 변동이 생긴 경우 손해배상의 시점기준은 이행불능 당시이다.

위 사례에서 이행불능 당시는 A가 등기를 말소해 준 시점이고, 이 시점의 가격이 손해배상기준이 된다. 따라서 2억 5천만

원이 손해배상의 범위인 것이다.

민법 제546조(이행불능과 해제)

채무자의 책임 있는 사유로 이행이 불능하게 된 때에는 채권자는 계약을 해제할 수 있다.

민법 제551조(해지, 해제와 손해배상)

계약의 해지 또는 해제는 손해배상의 청구에 영향을 미치지 아니한다.

■부동산 매수인이 잔금을 지급하지 않을 경우 이행지체로 인한 계약 해제

A는 한달 전에 자기 집을 B에게 1억 원에 매도하기로 계약을 체결하고 계약당일 계약금 1,000만 원을 받았고, 중도금 3,000만 원을 계약 10일 후에, 잔금은 25일 후에 소유권이전 및 주택의 인도와 동시에 지급 받기로 하였다. 그런데 B가 중도금만 지급하고 잔금지급기일에 이르러 잔금을 지급키 어렵다고 한다. A와 B는 계약서에 B가 위약하면 계약금을 몰수당하고 A가 위약하면 교부 받은 계약금의 배액을 상환하기로 하는 특약을 하였다. A가 취할 수 있는 법적 구제방안은 무엇일까?

위 사례의 경우는 B의 이행지체로 인한 계약해제 또는 잔금지급청구가 문제된다. 계약해제란 계약효력을 소급적으로 소멸시켜 계약이 처음부터 존재하지 않았던 상태로 복귀시키는 것을 말한다.

계약해제권은 당사자 계약에 의해 해제권을 유보하는 약정해제권과 법률의 규정에 의해 발생하는 법정해제권의 두 가지가 있는데, 이행지체로 인한 해제권은 계약일반의 공통적인 법정해제권이며, 이는 계약당사자의 일방이 채무를 이행하지 않을 경우에 상대방에게 계약의 구속을 받게 함은 부당하므로 계약을 파기해서 그 구속으로부터 벗어나게 하는 데 의의가 있는 것이다.

따라서 A는 B의 잔금이행지체를 이유로 계약해제하고 다른 사람에게 다시 매도할 수 있다. 여기서 잔금지급기일에 이행이 없다고 하여 바로 계약해제 할 수 있는 것은 아니고, A는 상당기간을 정하여 B에게 잔금이행의 최고(催告)를 하고 B가 그 기간 내에 이행하지 아니하면 계약해제할 수 있는 것이다. 최고방법은 특별한 제한이 없고, 채무의 동일성을 표시하여 일정한 시일 또는 일정한 기간 내에 이행할 것을 요구하는 것으로 충분한데, 향후 이러한 최고 여부가 당사자 간에 다툼이 될 경우를 대비하여 그 증거로 삼기 위해 배달증명부 내용증명우편을 보내는 경우가 많다.

A의 이행최고에도 불구하고 B가 잔금을 지급치 않아 A가 매매계약을 해제하면 계약의 효력은 소급적으로 소멸하여 계약이 처음부터 존재하지 않았던 것과 같은 상태로 복귀하게 되며, 원상회복의무(민법 제548조) 및 손해배상청구권(민법 제551조)이 발생한다. 즉, A는 위약금으로 약정한 계약금 1,000만 원을 제외한 중도금 3,000만 원을 그 받은 날로부터의 이자를 더하여 B에게 반환해야 한다.

계약의 해제는 손해배상의 청구에 영향을 미치지 아니하고(민법 제551조), 이행지체의 경우 채권자는 이행에 갈음한 손해배상을 청구할 수 있으나(민법 제395조), A와 B 사이에 계약금을 수수하면서 위약금 약정을 하였고, 위약금의 약정은 손해배상액의 예정으로 추정되므로(민법 제398조 제4항), B의 이행지체로 인한 손해액이 이미 지급받은 계약금 1,000만 원을 초과하더라도 그 초과액을 청구할 수 없으며(대법원판결 1987.2.24, 86누438; 1988.5.10, 87다카3101 참조), 마찬가지 이유로 A는 실제 손해액을 증명할 필요없이 계약금을 위약금으로 몰수할 수 있는 것이다.

한편, A는 계약을 해제하지 않고, B를 상대로 소유권이전과 상환으로 잔금을 지급하라는 소송을 제기하여 승소판결을 얻은 뒤 강제집행을 하면 본래의 매매계약 목적을 달성할 수 있을 것이다.

민법 제544조(이행지체와 해제)

당사자 일방이 그 채무를 이행하지 아니하는 때에는 상대방은 상당한 기간을 정하여 그 이행을 최고(催告)하고 그 기간 내에 이행하지 아니한 때에는 계약을 해제할 수 있다. 그러나 채무자가 미리 이행하지 아니할 의사를 표시한 경우에는 최고를 요하지 아니한다.

■매매잔금 지급기일에 지급불능이 예상되는 경우

A는 B에게 A 소유의 아파트를 매도하는 매매계약을 체결하고 계약금 및 중도금을 받은 후 잔금은 B의 형편상 지급기일이 10일 후인 약속어음으로 받았는데, 불안하여 여러 방면으로 알아보니 약속어음지급기일에는 지급불능이 예상되는 바, 지급기일 이전에 잔금이행을 최고하고 이행이 되지 않는 경우 부동산매매계약을 해제할 수 있을까?

민법에는 당사자 일방이 그 채무를 이행하지 아니하는 때에는 상대방은 상당한 기간을 정하여 그 이행을 최고하고 그 기간 내에 이행하지 아니한 때에는 계약을 해제할 수 있다고 규정하고 있다(제544조).

위 사례에 관련한 판례를 보면 "당사자 사이에 체결한 매매계약의 잔대금 지급방법으로 제3자 발행의 어음을 교부하면서 이 어음이 모두 지급되면 매수인 앞으로 매매목적물의 소유권이전등기를 경료하기로 약정한 경우에는 동 매매계약의 잔대금 이행기일은 위 어음의 지급기일이라고 봄이 상당하고, 계약해제권의 발생 사유인 이행지체라 함은 채무의 이행이 가능한데도 채무자가 그 이행기를 도과한 것을 말하며 그 이행기 도래 전에는 이행지체란 있을 수 없고, 채무이행의 방법으로 교부한 어음이 지급기일에 지급불능이 예상된다 하더라도 잔대금의 이행기일이 경과하지 않은 이상 기핵의 이익을 보유하고 있다고 할 것이므로 바로 잔대금 지급을 최고하고 계약을 해제할 수 없다."라고 하였다(민법 제544조, 제153조, 제387조, 대법원판결 1982.12.14, 82다카861).

그러므로 A는 어음지급기일(잔금의 이행기일)이 되어야만 어음을 지급제시할 수 있고 그때에 B가 이행하지 않는다면 선택적으로 약속어음금 청구를 하거나 그 원인이 되는 잔대금 채무불이행을 이유로 B에게 최고한 후 매매계약의 해제를 청구할 수 있을 것이다(대법원판결 1972.3.28, 72다119 참조).

■계약금의 성질

A는 자기 소유 아파트를 B에게 2억 원에 팔기로 하고 계약금으로 2,000만 원을 받았다. 그 후 부동산 가격의 폭등으로 아파트 가격이 3억 원으로 올랐다. A는 계약금을 돌려주고 해약하고 싶은데 B는 해약하고 싶으면 계약금의 배를 물어내라고

한다. 이 계약을 해제하기 위해서는 어떻게 해야 할까?

위 사례는 계약시에 받은 2,000만 원의 성질을 무엇으로 볼 것인가에 달려 있다. 보통 매매계약서에는 "매도인은 계약금의 배액을 상환하고, 매수자는 계약금을 포기함으로써 계약을 해제할 수 있다."라고 인쇄·기재되어 있다.

민법의 규정도 그렇게 되어 있다(제565조). 따라서 계약시 주고받은 계약금은 대개 계약이 이행되면 당연히 매매대금의 일부가 되어 대금 중에 포함되지만, 해약될 경우에는 '해약금'으로 보게 된다. 즉 계약금을 준 사람(매수인)은 이것을 포기하고, 받은 사람(매도인)은 받은 계약금의 배액을 돌려주고 계약을 해제할 수 있는 것이다.

위 사례에서도 계약금 2,000만 원은 다른 사정이 없는 한 해약금의 성질을 가졌으므로 배액, 즉 4,000만 원을 물어주어야 해약할 수 있다고 보아야 한다. 그리고 계약금은 보통 매매대금의 10%를 주고받지만, 이것은 사회적 관행에 불과하고, 계약금은 반드시 매매대금의 10%라는 법규정은 없다.

법률지식

계약금

계약을 체결할 때 그 계약에 부수하여 당사자 일방이 상대방에게 교부하는 금전 기타의 유가물을 말한다.

계약금의 종류에는 증약금, 위약계약금, 해약금이 있다.

증약금(證約金)이란 계약체결의 증거로서의 의미를 갖는 계약금으로 계약금의 최소한도의 성질이다.

위약계약금이란 계약의 해제권을 유보하기 위하여 수수한 계약금으로, 민법은 원칙적으로 계약금을 해약금으로 추정한다(민법 제565조 제1항).

해약금의 효력은 ① 당사자의 일방이 이행에 착수할 때까지 교부자는 이를 포기하고 수령자는 그 배액을 상환하여 매매계약을 해제할 수 있다(민법 제565조 제1항). ② 해제에 의하여 채권관계는 소급적으로 소멸하나 원상회복의무는 발생하지 않는다.

계약이 이행되면 수령자는 계약금을 반환해야 한다. 그 이익의 현존여부를 불문하고 언제나 받은 것과 동액을 지급해야 한다.

■부동산 매도인이 중도금까지 받은 후 이중매매한 경우

> A는 B로부터 집을 매수하기로 매매계약을 체결하고 계약금과 중도금까지 지급한 후에 잔금지급일에 잔금을 지급하러 갔더니 B는 그 집을 더 비싼 값에 C에게 매도하였다고 하면서 잔금수령을 거절하고 A가 이미 지급한 계약금과 중도금을 반환하겠다고 한다. A는 어떤 구제방법을 취할 수 있을까?

A는 부동산의 소유권등기 명의가 아직 B명의로 되어 있느냐, 아니면 이미 C 앞으로 이전되어 있느냐에 따라 권리구제 방법이 달라지게 된다.

먼저 부동산의 소유권등기 명의가 아직 B로 되어 있는 경우라면, 민법은 "매매의 당사자 일방이 계약당시에 금전 기타 물건을 계약금, 보증금 등의 명목으로 상대방에게 교부한 때에는 당사자 간에 다른 약정이 없는 한 당사자 일방이 이행에 착수할 때까지 교부자는 이를 포기하고 수령자는 그 배액을 상환하여 매매계약을 해제할 수 있다."(제565조 제1항)라고 규정하여 계약금만 주고받은 단계에서는 당사자는 누구라도 계약금을 포기 또는 계약금의 배액을 상환하면 계약을 해제할 수 있으나, 당사자의 일방이 이미 이행에 착수한 경우(위 사례와 같이 중도금을 지급한 경우도 이에 포함됨)에는 그 상대방은 일방적으로 계약을 해제할 수 없다.

따라서 A로서는 B가 수령을 거부한 매매잔대금을 우선 변제공탁한 뒤 관할법원에 소명자료를 갖추어 부동산처분금지가처분신청을 하고, 아울러 소유권이전등기절차이행청구의 소를 제기하여 승소판결이 확정되면 이를 토대로 A 명의로 소유권을 이전등기 하는 방법으로 권리를 실현할 수 있다.

다음으로는 부동산소유권의 등기 명의가 C 앞으로 이전되어 있는 경우에 대하여 살펴보면, 이미 C 명의로 소유권이전등기가 경료되었다면 특별한 사정이 없는 한, A는 위 부동산에 대한 소유권을 취득할 수 없게 되었다. 이는 B의 책임 있는 사유로 이행이 불능하게 된 때에 해당되므로 A는 계약을 해제할 수 있고(민법 제546조), 계약이 해제되면 A와 B는 서로 원상회복의 의무를 지게 되는데 이 경우 B는 A에게 계약금과 중도금에 이를 받은 날로부터의 이자를 가산하여 반환하여야 한다(민법 제548조). 또한, A는 B에 대하여 계약의 해제로 인하여 입은 손해의 배상을 청구할 수 있다(민법 제551조).

참고로 A로부터 중도금까지 지급 받은 B가 C에게 이중으로 목적물을 매도하여 C명의의 소유권이전등기까지 경료하게 한 행위는 형사적으로 배임죄를 구성하게 된다.

민법 제565조(해약금)

① 매매의 당사자 일방이 계약 당시에 금전 기타 물건을 계약금, 보

증금 등의 명목으로 상대방에게 교부한 때에는 당사자 간에 다른 약정이 없는 한 당사자의 일방이 이행에 착수할 때까지 교부자는 이를 포기하고 수령자는 그 배액을 상환하여 매매계약을 해제할 수 있다.

민법 제546조(이행불능과 해제)

채무자의 책임 있는 사유로 이행이 불능하게 된 때에는 채권자는 계약을 해제할 수 있다.

민법 제548조(해제의 효과, 원상회복의무)

① 당사자 일방이 계약을 해제한 때에는 각 당사자는 그 상대방에 대하여 원상회복의 의무가 있다. 그러나 제3자의 권리를 해하지 못한다.

② 전항의 경우에 반환할 금전에는 그 받은 날로부터 이자를 가하여야 한다.

■해약의 시기

A는 B에게 농장을 1억 원에 팔기로 하고, 계약금으로 1,000만 원과 중도금 4,000만 원을 받고, 잔금은 1개월 후에 받기로 하였다. 그런데 다른 사정이 생겨 이 계약을 해제하려고 하는데 어떤 방법이 있을까?

매매계약은 계약 후라도 판 사람은 계약금의 배액을 물어주고, 산 사람은 계약금을 포기함으로써 해약할 수 있다. 그러나 이런 방식의 해약에도 일정한 시기적 제한이 있다. 즉 상대방이 '이행에 착수하기 전까지'이다.

위 사례에서 B가 A에게 계약금 외에 중도금까지 지급하였으면 그는 벌써 계약이행에 착수한 것은 물론 계약의 종료만을 남겨 놓고 있을 뿐이므로, 산 사람의 권리보호를 위해서 계약금

배액을 물어주는 방식, 즉 해약금 지급으로는 계약을 해제할 수 없다. 간단히 말하면 중도금까지 받았으면 해약금 지급 방식으로는 해약하지 못한다.

이 사례에서는 B가 동의하면 이는 별개의 문제가 되는데 이처럼 계약 당사자가 계약을 해제하기로 합의하고 해제하는 것은 '합의해제'라고 하며, 이 합의해제는 또 하나의 계약이 성립하는 것으로 보게 된다.

참고로 해약금 지급의 경우에는 수령자가 그 배액을 상환함에 있어서는 반드시 현실의 제공이 있어야 한다.

■임대인의 수리의무

A는 B의 집에 월세로 살게 되었는데, 이 집이 워낙 낡아 수리할 곳이 여러 곳이어서 A는 B에게 수리를 요구하였으나 수리를 해 주지 않고 있다. 빌린 집의 수리의무는 누구에게 있는가?

주택을 빌려준 사람, 즉 임대인과 빌린 사람, 즉 임차인 간에는 목적물의 수리를 놓고 분쟁이 있을 수 있다.

위 사례에서처럼 빌린 집이 수리 또는 수선을 해야만 사용이 가능하게 되는 경우에 이 수리의무는 누가 부담하게 되는가에 대하여 민법은 원칙적으로, 수리의무는 "임대인에게 있다."라고 하고 있다. 이 의무는 임대인의 의무로서 너무나 당연한 것이다. 즉 임대인은 목적물을 임차인이 "사용 또는 수익하는 데 필요한 상태를 유지하여야 할 적극적 의무"가 있다(민법 제623조).

따라서 수리하지 않으면 목적물을 사용, 수익할 수 없는 상태가 되었을 때 그 수리의무는 임대인에게 있으며, 천재지변 또는 불가항력으로 목적물이 파손된 경우에도 임대인이 지게 되어 있다. 만일 그럼에도 불구하고 임대인이 이 의무를 이행하지 않으면 이것은 임대인의 계약위반이 되는 것이다. 다만, 목적물을 사용, 수익하는 데 커다란 지장이 없는 통상적인 파손에 대해서는 임차인이 수리하여야 한다. 예컨대 유리창이 깨지거나 방구들이 갈라지는 정도의 파손은 이를 임차인이 수리할 의무가 있게 된다.

만일 임대인에게 수리의무가 있는데도 임대인이 수리해 주지 않는다면 임차인은 자기비용으로 수리하고 수리비를 청구하면 될 것이다.

■임차권의 무단전대

> A는 B가 운영하는 제과점을 인수하기로 하였다. B는 건물주인 C의 제과점을 2년 기한으로 임대하여 제과점을 경영하던 중 기한이 1년 남은 상태에서 A에게 전대를 한 것이었다. A는 B에게 권리금까지 주고 제과점을 인수하였는데, 1개월 후 C가 나타나서 A와 B의 양도양수계약은 인정할 수 없으니 점포를 비워 달라고 하는데, A와 B의 계약은 무효일까?

임대인의 동의가 없는 A와 B의 계약은 무효이다. 민법은 임대인의 동의 없이, 임차인과 양도양수계약을 맺고 점포를 빌리는 사람('전차인'이라고 한다)과의 계약은 그 효력을 인정하지 않고 있다. '임차인이 누구냐?' 하는 문제는 임대인에게 중요한 문제이고, 이는 임대인을 보호하기 위해서다.

임대인의 동의 없이는 임차권의 양도나 전대를 하지 못한다.

임대인의 동의 없이, 임차인이 일방적으로 자기가 임차한 목적물을 다시 제3자에게 빌려주는 경우를 '무단전대', 그리고 임차권을 양도하는 경우를 '무단양도'라고 한다.

무단전대 또는 무단양도가 행해지면 임대인은 우선 임차인에 대하여 계약해지를 할 수 있다. 이 계약해지에 따라 전차인은 임대인의 소유물을 불법 점유하는 셈이 되어 이를 임대인에게 인도해 주지 않으면 안 된다. 이렇게 되면 전차인은 임대인과 임차인 간의 계약에서 정해진 계약기한까지의 목적물 사용의 권리마저 없게 된다. 무단전대나 임차권의 무단양도는 임대인으로부터 계약을 해지 당하는 사유가 되므로, 임차인으로부터 임차하거나 임차권을 양도받으려는 사람은 사전에 반드시 임대인의 동의를 얻어야 한다. 임대인이 동의하지 않는다면 포기하여야 한다.

민법 제629조(임차권의 양도, 전대의 제한)

① 임차인은 임대인의 동의 없이 그 권리를 양도하거나 임차물을 전대하지 못한다.

② 임차인이 전항의 규정에 위반한 때에는 임대인은 계약을 해지할 수 있다.

■임대차계약 기간 만료 전에도 계약해지가 가능한지의 여부

A는 의류판매를 목적으로 점포 1칸을 보증금 900만 원에 월세 10만 원으로 1년 동안 임차하였으나, 영업을 시작한 지 3개월이 지난 후 본인의 사정으로 장사를 계속할 수가 없어서 임대인에게 해지를 요구하였다. 임대인은 나머지 9개월 동안의 월세를 지불해야 보증금을 반환해 주겠다고 하는데?

상가임대차계약의 해지에 관하여 민법에서는 임대차 기간의 약정이 없을 때에는 당사자는 언제든지 계약해지의 통고를 할 수 있고, 임대인이 해지를 통고한 경우에는 임차인이 통고를 받은 날로부터 6월, 임차인이 해지를 통고한 경우에는 임대인이 통고를 받은 날로부터 1월의 기간이 경과하면 해지의 효력이 생긴다. 같은 법 제636조는 임대차기간의 약정이 있는 경우에도 당사자 일방 또는 쌍방이 그 기간 내에 해지할 권리를 보류했을 때에는 같은 법 제635조를 준용한다고 규정하고 있다.

그러므로 위 사례에서와 같이 임대차 기간은 정하였으나 특별히 해지권을 유보한 것이 아니며, 임차인의 개인사정으로 만료기간 전에 계약을 해지하고자 하는 경우에는 임차인이 일방적으로 계약을 해지할 수는 없을 것이다.

민법 제635조(기간의 약정 없는 임대차의 해지통고)

① 임대차기간의 약정이 없는 때에는 당사자는 언제든지 계약해지의 통고를 할 수 있다.

② 상대방이 전항의 통고를 받은 날로부터 다음 각호의 기간이 경과하면 해지의 효력이 생긴다.

1. 토지, 건물 기타 공작물에 대하여는 임대인이 해지를 통고한 경우에는 6월, 임차인이 해지를 통고한 경우에는 1월
2. 동산에 대하여는 5일

민법 제636조(기간의 약정 있는 임대차의 해지통고)

임대차기간의 약정이 있는 경우에도 당사자 일방 또는 쌍방이 그 기간 내에 해지할 권리를 보류한 때에는 전조의 규정을 준용한다

■세탁물 훼손에 따른 손해배상책임의 범위

> A는 세탁소에 여자용 원피스 한 벌을 세탁 의뢰하였는데, 세탁소 주인이 당연히 드라이클리닝해야 할 것을 물세탁함으로써 그 옷을 다시 입을 수가 없게 되었다. 이럴 경우, 세탁소 주인에게 손해배상청구를 할 수 있을까?

먼저 세탁물을 세탁소에 세탁할 것을 의뢰하는 행위는 민법상 도급계약에 해당하므로, 완성된 목적물에 하자가 있는 때에는 도급인이 수급인에 대하여 하자의 보수 또는 하자의 보수에 갈음한 손해배상을 청구할 수 있다(민법 제667조).

따라서 세탁의뢰자가 세탁물을 의뢰하면서 옷감의 질에 관하여 구체적으로 지시 및 지적을 하지 않더라도 세탁업자는 전문업종에 종사하는 자로서 지식, 경험에 의하여 최소한 물세탁해서는 안 되는 옷감과 물세탁해도 원형이 보존되는 옷감을 구별하여 세탁하여야 할 주의 의무가 있다 할 것이므로 세탁업자가 이를 게을리하여 옷에 하자가 발생하였다면 세탁소 주인은 옷감 훼손에 따른 배상책임을 면할 수 없다.

여기서 주의해야 할 점은, 세탁업자에 대한 하자보수 또는 손해배상청구는 옷을 인도 받은 날로부터 1년 이내에 하여야 한다는 점이다(민법 제670조).

또한, 세탁소 주인 A는 소비자보호법 제2조 제2호에서 규정하는 '사업자가 제공하는 용역을 소비생활을 위하여 사용하거나 이용하는 소비자'라 할 것이므로 세탁소 주인의 용역제공(세탁행위)으로 인한 손해에 대해 한국소비자보호원에 피해구제의 청구도 할 수 있을 것이다.

법률지식

도급

당사자의 일방(수급인)이 어느 일을 완성할 것을 약정하고 상대방(도급인) 이 그 일의 결과에 대한 보수지급을 약정하는 계약을 말한다.

① 도급의 성질: 유상·쌍무·불요식의 낙성계약으로서 광의의 노무공급계약이지만 고용에 있어서와 같이 노무제공 그 자체가 목적이 아니고 노무로써 일을 완성시키는 점에 본질적이 특징이 있다.

② 도급의 효력: 수급인은 일의 완성과 목적물의 인도 의무를 지며, 도급인은 보수지급의 의무를 진다. 특약이 없는 한 일의 완성까지는 보수를 받을 수 없고, 수급인이 목적물 인도의 의무를 질 때에는 인도와 보수지급은 동시이행의 관계에 선다(민법 제665조).

③ 도급의 종료: 수급인이 아직 일을 완성하기 전에는 도급인은 손해를 배상하고 언제든지 계약을 해제할 수 있다(민법 제673조).

■전 소유자가 체납한 아파트 관리비를 현 소유자가 납부해야 하는지의 여부

A는 법원경매를 통해 아파트 소유권을 취득하였으나 전 소유자의 관리비가 체납되어 있었다. 그런데 전 소유자의 체납관리비를 납부해야 한다는 아파트 관리규약이 있다고 하는데, 전 소유자의 체납관리비를 승계한다는 아파트 관리규정에 따라 관리비를 대신 납부해야 할까?

일반적으로 아파트 관리사무소에서는 체납된 관비를 쉽게 회수하기 위하여 이러한 규정들을 두고 있다. 그리고 공동주택관리령 제9조 제4항에는 “관리규약은 입주자의 지위를 승계한 자에 대하여도 그 효력이 있다.”라고 규정하고 있다.

아파트의 전소유자의 연체관리비 지급채무를 아파트를 승계취득한 현 소유자에게 인수시키는 것을 내용으로 하는 이러한 관리규정은 당사자의 승낙없이 타인의 채무를 강제로 인수시킬 수 없다는 민법상의 채무인수의 기본법리에 어긋난다고 볼 수 있다.

이에 대하여 법원은 “승계인(신규 입주자)으로 하여금 전 입주자의 관리비 체납사실을 미리 알 수 있도록 하는 아무런 제도적 장치도 없고 승계되는 체납관리비의 액수의 한도도 없는 상황에서, 승계인의 의사여하 또는 그 선의, 악의를 불문하고 전 입주자의 체납관리비를 승계하도록 하는 것은 공동주택의 효율적 관리와 대다수 입주자들의 이익보호의 목적을 이루기 위한 수단으로서의 적정성을 갖추지 못하였을 뿐만 아니라 피해의 최소성 원칙에도 어긋나 기본권 제한의 한계로서의 비례원칙을 일탈하여 승계인의 재산권의 본질적 내용을 침해하는 것.”이라고 하였다(서울지법항소부 판결 2000.5.17, 99나94209; 같은 법원 판결 2000.3.16, 99나92449; 같은 법원 판결 2000.3.31, 99나79262 참조).

그러나 이에 관련한 대법원의 판례는 “집합건물의소유및관리에관한법률 제18조를 해석하면 그 취지에 따라 관리규약이 제정된 것으로 볼 수 있어… 집합건물의 공용부분은 전체공유자의 이익에 공여하는 것이어서 공동으로 유지, 관리해야 하고 그에 대한 적정한 유지, 관리를 도모하기 위하여는 소요되는 경비에 대한 공유자간의 채권은 이를 특히 보장할 필요가 있어 공유자의 특별승계인에게 그 승계의사의 유무에 관계없이 청구할 수 있도록 특별규정을 둔 것으로서 … 승계되는 채무의 범위를 공용부분 관리비에 한정하려는 규정으로 보아야 할 것이다. … 이 사건 아파트의 특별승계인이 된 원고는 전입주자의 체납관리비 중 공용부분에 관하여는 이를 승계하여야 한다고 봄이 타당하다."라고 하였다(대법원판결 2001.9.20, 2001다8677 참조).

그러므로 위 사례의 경우 신소유자에게는 전소유자의 체납관리비 중 공용부분에 관하여는 이를 승계하므로 그 부분의 관리비는 납부하여야 할 것이고, 그 외 부분, 즉 전유부분에 대하여는 승계의무가 없으므로 체납관리비를 납부할 의무가 없다.

제3절 사무관리

■사무관리

> A는 B와는 앞뒷집에 살고 있다. B가 가족과 함께 해외여행을 간 사이에 비가 많이 와서 B의 집 하수구가 넘쳐 방안이 침수될 위기에 놓였다. A는 B의 하수구를 고쳐서 침수의 위기를 모면하였다. A는 하수구 수리비 10만 원을 B에게 청구할 수 있을까?

사회생활 중에서는 부탁 없이도 다른 사람의 사무를 처리해 주는 경우가 있을 수 있다. 이것을 민법에서는 '사무관리'라고 하는데, 예를 들면 위 사례와 같은 경우, 이웃 사람이 출타 중에 수금하러 온 전기요금 등과 같은 요금을 대신 지급해 주는 경우, 집을 잃은 어린이를 보호하고 음식물을 제공하는 경우 등을 들 수 있다. 이러한 일들은 얼핏 생각하면 이웃 간의 인정이나 도덕상의 의무를 수행하는 것에 불과하다고 할 수도 있겠으나, 이런 일들이 반드시 법률과 관계없는 것으로 보아서는 안 된다.

이처럼 법률상의 의무도 없이 다른 사람의 사무를 처리하는 사무관리가 일단 행해지면, 관리하는 사람은 위임이 있었던 것과 마찬가지로 본인이 관리할 수 있을 때까지 성실하게 관리를 계속할 의무가 있고, 이 관리는 본인에게 가장 이익이 되는 방법으로 해 주어야 한다. 그리고 본인의 의사에 반하는 경우에는 중지하여야 한다. 한편 본인은 관리하는 사람이 비용을 지출한 경우 그 비용을 물어 줄 의무가 있게 된다.

위 사례에서 A의 행동은 전형적인 사무관리라고 할 수 있고, 따라서 B는 그 비용 10만 원을 물어 줄 법률상 의무가 있다.

제734조(사무관리의 내용)

① 의무 없이 타인을 위하여 사무를 관리하는 자는 그 사무의 성질에 좇아 가장 본인에게 이익 되는 방법으로 이를 관리하여야 한다.

② 관리자가 본인의 의사를 알거나 알 수 있는 때에는 그 의사에 적합하도록 관리하여야 한다.

제 4 절 부당이득

■부당이득

A는 B의 상가점포를 보증금 5,000만 원에 월세 50만 원의 기한 1년의 조건으로 빌려서 옷가게를 하게 되었다. 그런데 장사가 되지 않아 6개월 만에 문을 닫게 되었다. A는 B에게 해약을 제안하고 보증금을 돌려 줄 것을 요구하였으나 다른 사람이 세를 들어야 보증금을 돌려주겠다고 하여 그때까지 가게를 열어 놓고 있는데, B는 월말이 되자 월세를 달라고 한다. 월세를 주어야 할까?

이 사례는 부당이득에 관한 문제이다.

임대차 계약이 해지되면 임차인의 점포를 비워 줄 의무와 임대인의 보증금을 내 줄 의무는 소위 '동시이행관계'에 놓이게 된다. 그리고 임차인은 보증금을 받을 때까지는 점포를 사용, 즉 점유할 권리(유치권)가 있다. 그러나 점포를 임대하면 월세라는 이득이 생기는 것이다. 임차인은 이 월세에 해당하는 이득은 자신이 가질 수 없다. 이처럼 정당한 원인 없이 생기는 이득을 '부당이득'이라고 하며, 이 부당이득은 그로 인해 손해를 본 사람에게 이득자가 반환해야 한다.

매매계약이 해제되면 매매대금을 받은 사람이 부당이득이 되므로 지급한 사람에게 이것을 반환하여야 하는 이치도 마찬가지이다.

부당이득은 우리의 사회 생활에서 빈번하게 일어나는 현상인데, 이 제도가 있음으로써 분쟁을 해결할 수 있는 것이다.

그러므로 A는 B에게 월세를 주어야 할 것이다.

제741조(부당이득의 내용)

법률상 원인 없이 타인의 재산 또는 노무로 인하여 이익을 얻고 이로 인하여 타인에게 손해를 가한 자는 그 이익을 반환하여야 한다.

제 5 절 불법행위

■제조물 책임

A는 슈퍼를 경영하는 소매상인데 B라는 제조회사의 포장된 식품을 소비자 C에게 팔았다. 그런데 그 내용물이 불량하여 C가 신체장해를 일으켰다. 이 경우 C는 재산이 별로 없는 소매상인 이외에 제조회사인 B 회사에 배상을 청구할 수는 없을까?

제조자가 소매상을 통하여 판매한 상품(제조물)에 어떤 결함 내지 하자가 있기 때문에 소비자 등이 인적·재산적 손해를 입은 경우, 제조자에게 그 배상책임을 부담하게 하려는 것이 제조물책임이론이다.

제조물책임을 인정하기 위한 법적 구성은 현행법상 우선 상품의 하자에 착안하여 매도인의 하자담보책임의 적용을 생각할 수 있고, 또 하나는 불완전이행 내지 적극적 채권침해의 이론이다. 그러나 피해자인 소비자와 제조자 사이에 계약관계가 존재하지 않기 때문에 그러한 구성은 쉽지 않다. 물론, 위 사례에서 소비자인 C는 소매상인 A에게 매도인의 담보책임 또는 불완전이행(적극적 채권침해)에 의한 책임을 물을 수 있고, 소매상이 다시 제조자인 B에게 구상할 수 있다.

그러므로 소비자 C가 B 제조업자에게 직접 배상책임을 물을 수 있으려면, 제조자의 과실을 문제삼아서 민법 제750조의 일반불법행위에 의한 해결을 하여야 하는데, 그 문제점은 첫째, 무엇을 상품의 하자로 볼 것인가에 관한 판례를 보면 "제품에 하자가 있는지 여부를 판단하는 기준은 … 안전성과 내구성을 갖추지 못한 결함 내지 하자로 인하여 소비자에게 손해가 발생한 경우에는 계약상의 배상의무와는 별개로 불법행위로 인한 배상의무를 부담한다."라고 하였다(대법원판결 2000.2.25, 98다15934 참조).

둘째, 하자의 입증문제인데, 하자발견의 전문적 지식이나 훈련을 필요로 하는 경우가 많으므로 피해자의 입증은 곤란한 점이 있다.

셋째, 제조자의 과실문제인데, 상품에 하자가 생기는 것은 보통 제조 내지 검사에 있어서의 제조자의 과실에 의하는 것이므로, 하자의 존재가 인정되는 경우에는 과실의 존재를 인정할 수 있을 것이다(대법원판결 1979.12.26, 79다1772 참조).

위 사례에 있어서 매수인인 소비자 C는 소매상인 A에 대하여 매도인의 담보책임 또는 불완전이행에 의한 책임을 물을 수 있는 한편, 제조자인 B에 대하여 불법행위에 의한 손해배상을 물을 수 있을 것이다.

참고로 제조물책임법(2000.1.12, 법률 제6109호)에 의하면 2002.7.1, 이후 제조업자가 공급한 제조물에 대하여 제조물의 결함으로 인하여 발생한 손해에 대하여는 제조업자 등에 대하여 손해배상책임을 물을 수 있게 되었다. 그리고 소비자보호법(2001.3.28, 법률 제6431호)에서는 물품 및 용역의 사용 또는 이용으로 인하여 입은 피해에 대하여 신속·공정한 절차에 의하여 적절한 보상을 받을 권리를 규정하고 있다(제3조 5호). 소비자는 물품의 사용 및 용역의 이용으로 인한 피해의 구제를 한국소비자보호원에 청구할 수 있고(제39조 제1항), 한국소비자보호원 내의 소비자분쟁조정위원회의 분쟁조정의 내용은 재판상의 화해와 동일한 효력을 가지므로(제45조 제4항) 피해보상을 받기가 용이하게 되었다.

민법 제750조(불법행위의 내용)

고의 또는 과실로 인한 위법행위로 타인에게 손해를 가한 자는 그 손해를 배상할 책임이 있다.

■제조자가 판매한 상품에 결함이 있을 경우의 제조물 책임

A는 약 800평의 비닐하우스에서 오이를 재배하는 농민으로서 B가 운영하는 비료가게에서 유기질비료 500포를 구입하여 시비하였는데, 위 비료를 시비한 후 고사현상이 나타나 오이수확을 거의 하지 못하여 2,000만 원 상당의 피해를 보았다. B는 C가 운영하는 비료대리점에서 위 비료를 구입하였다고 하고, C는 위 비료의 제조회사인 D 회사의 전문대리점이라고 한다. A는 누구에게 위 피해를 배상 받을 수 있을까?

제조물의 결함으로 말미암아 소비자에게 손해가 발생한 경우 제조자나 판매자에게 계약책임이나 불법행위책임을 물을 수 있다. 그런데 계약책임의 경우 직접계약관계가 없는 제조자와 중간판매상 등에게 책임을 물을 수 없는 단점이 있으며, 불법행위책임의 경우 제조자 등의 고의·과실 및 가해행위와 손해발생 사이의 인과관계 등을 입증하기 힘든 단점이 있다.

선진국에서는 이러한 소비자들의 피해를 구제하기 위하여 이른바 제조물책임이론을 개발하여 입법화하고 있다. 이는 제조물의 결함으로 인하여 그 물건의 사용자나 제3자에게 인적·물적인 손해가 발생한 경우에, 그 제조자나 유통 관여자에게 손해배상의 책임을 지우는 것을 말한다. 우리나라의 경우에는 아직 입법화되지 못하고 있는 실정이며, 법원도 입증책임을 완화하는 몇몇 판례들을 내놓고 있으나(대법원판결 1979.12.26, 79다1772; 1992.11.24, 92다18139 참조), 제조물책임을 인정하여 확립된 판례는 없다. 따라서 아직까지 제조물책임법이 입법화되지 않은 현 상태에서 A는 B, C, D의 과실과 제품의 하자 등을 입증할 수 있는 자료를 준비하여 B, C, D를 상대로 손해배상을 청구할 수 있을 것이다.

A가 실질적인 배상을 받기 위하여는 배상능력이 있는 C와 D를 상대로 승소하여야 한다. 한편, 위와 같은 소송 이전에 소비자는 소비자보호법에 따라 물품의 사용 및 용역의 이용으로 인한 피해의 구제를 한국소비자보호원에 청구할 수도 있을 것이다(소비자보호법 제39조). 한국소비자보호원에서는 소비자피해보상기준에 따라 당사자에 대하여 합의를 권고하고 분쟁을 조정할 수 있으며 이에 승복하지 않으면 법원에 소송을 제기할 수도 있다.

■실화로 인한 손해배상의 책임

> A는 점포 1칸을 소유하고 있는데 2개월 이상 점포를 폐쇄하고 있던 중, A의 점포에서 화재가 발생(경찰조사결과 화재원인은 누전이었음)하여 인근점포 1칸이 타 버렸다. A는 그 손해배상 책임을 져야 할까?

일반적으로는 과실에 의하여 타인에게 손해를 가했을 때에는 그 손해를 배상할 책임이 있으나 실화의 경우에는 '중대한 과실'이 있을 때에 한하여 그 손해배상책임이 있다(실화책임에관한법률). 통상 '보통의 과실'과 '중과실'에 관하여, 살펴보면 보통의 과실은 다소간 주의를 결한 경우이고, 중과실은 현저하게 주의를 결한 것, 즉 통상인에게 요구하는 정도의 주의를 하지 않더라도 약간의 주의를 한다면 손쉽게 위법, 유해한 결과를 예견할 수 있는 경우임에도 이를 간과한 경우 등과 같이 거의 고의에 가깝도록 현저하게 주의를 결한 상태(대법원판결 1983.2.8, 81다428; 1996.10.25, 96다30113 참조)라고 설명되나, 그 구별을 이론적으로 밝힌다는 것은 곤란하고, 실제의 구체적인 경우에 따라서 판정하는 수밖에 없으며 종국적으로는 재판을 통하여 법관이 판단하게 되는 것이다.

그러므로, A가 손해배상의 책임을 지게 되는지의 여부는 A에게 위 화재의 발생에 대하여 중과실이 있었음이 인정되느냐에 따라서 결정되게 되는 바, 위 점포에서 누전으로 인한 화재의 발생이 쉽게 예견될 수 있었느냐에 따라 A의 중과실여부가 인정된다고 할 것이다.

민법 제750조(불법행위의 내용)

고의 또는 과실로 인한 위법행위로 타인에게 손해를 가한 자는 그 손해를 배상할 책임이 있다.

실화책임에관한법률(법률 제607호)

민법 제750조의 규정은 실화의 경우에는 중대한 과실이 있을 때에 한하여 이를 적용한다.

■사용자 책임

A는 아파트 단지 내의 슈퍼마켓을 경영하면서 B를 배달사원으로 고용하였다. 그런데 B는 근무시간 중 슈퍼마켓의 오토바이를 타고 자기 일을 보러 갔다가 돌아오는 길에 동네아이와 충돌하는 교통사고를 야기하였는데, A가 손해배상을 해야 할까?

다른 사람을 사용 또는 고용하여 어떤 사무에 종사하게 할 때에 사용자는 '피용자가 그 사무집행과 관련하여 제3자에게 입힌 손해'를 배상할 책임이 있다. 이것을 '사용자책임'이라고 한다.

사용자에게 손해배상책임이 인정되는 이유는 피용자는 대개 배상능력이 없기 때문에 피해자를 보호하기 위해서이고, 또 하나는 남을 고용하여 사업을 하는 사람은 그만큼 이익을 얻고 있으므로, 피용자가 타인에게 준 손해도 사용자 자신이 부담하는 것이 공평하다고 보기 때문이다.

사용자 책임이 성립되기 위해서는 사고가 피용자의 사무집행과 관련이 있어야 한다. 그런데 이 관련은 외형상으로 관련이 있으면 충분하고, 반드시 피용자의 업무범위 내일 필요는 없다.

위 사례의 경우 A에게 고용된 B의 업무는 오토바이로 배달하는 것이지만, B의 사고는 업무에 이용되는 오토바이의 운전에 의한 것이므로 외형상 사무집행과 관련이 있다고 볼 수 있는 것이다. 그러므로 A는 B의 사고에 대하여 손해배상을 해야 할 것이다.

제756조(사용자의 배상책임)

① 타인을 사용하여 어느 사무에 종사하게 한 자는 피용자가 그 사무집행에 관하여 제3자에게 가한 손해를 배상할 책임이 있다. 그러나 사용자가 피용자의 선임 및 그 사무감독에 상당한 주의를 한 때 또는 상당한 주의를 하여도 손해가 있을 경우에는 그러하지 아니하다.

② 사용자에 갈음하여 그 사무를 감독하는 자도 전항의 책임이 있다.

■미성년자의 불법행위에 대한 친권자의 책임

A의 딸인 B는 고등학교 1학년으로 같은 학교 불량 서클 상급생 여러 명에게 집단폭행을 당하여 전치 4주 상당의 상해를 입었다. 그런데 학교측에서는 사건이 학교 밖에서 발생한 것이니 책임을 질 수 없다고 하고, 가해자 부모들은 서로 상대방에게 책임을 전가시키고 있다. 이런 경우 A의 딸에 대한 치료비 등을 받아 낼 방법은 없을까?

미성년자가 타인에게 손해를 가한 경우에 그 행위의 책임은 변식(辨識)할 지능이 없을 때에는 배상의 책임이 없고(민법 제753조), 이 경우 민법 제755조에 따라 부모 등 법정감독의무가 있는 사람이 감독의무를 다하였다는 입증을 하지 못하는 한, 미성년자의 행위에 대하여 손해배상책임을 지도록 되어 있다.

반면에 위 사례에서는 가해자가 고등학교 2, 3학년생이라면 그 행위의 책임을 변식할 지능(책임능력)이 있는 경우로 보여지므로, 미성년자가 책임능력이 있는 경우 부모 등 감독의무자는 미성년자의 행위에 대해 책임을 져야 하는지 문제된다.

이에 관하여 사고 당시 만 18세 남짓 된 고등학교 3학년에 재학 중인 학생에게는 사회통념상 자기행위에 대한 책임을 변식할 지능이 있었다고 볼 수 있으므로 그 친권자에게는 위 아들의 불법행위에 대하여 책임이 없다는 판결도 있었으나(대법원판결 1989.1.24, 87다카2118 참조), 그 후의 판례는 민법 제755조에 의하여 책임능력 없는 미성년자를 감독할 법정의무 있는 자 또는 그에 갈음하여 무능력자를 감독하는 자가 지는 손해배상책임은 그 미성년자에게 책임이 없음을 전제로 하여 이를 보충하는 책임이고, 그 경우에 감독의무자 자신이 감독의무를 해태하지 아니하였음을 입증하지 못하는 한 책임을 져야 하지만, 한편 미성년자가 책임능력이 있어 그 스스로 불법행위책임을 지는 경우에도 그 손해가 당해 미성년자의 감독의무자의 의무위반과 상당인과관계가 있으면 감독의무자는 일반불법행위자로서 손해배상책임이 있다고 하였으며(대법원판결 1994.8.23, 93다60588; 1989.5.9, 88다카2745 참조), 이러한 책임은 피감독자인 미성년자의 책임과 병존하는 것이라고 하여야 할 것이다.

그리고 이 경우에 입증책임에 관한 판례는 "감독의무 위반사실 및 손해발생과의 상당인과관계의 존재는 이를 주장하는 자가 입증하여야 한다."라고 하였다(대법원판결 1994.2.8, 93다13605 참조).

따라서 위 사례의 경우 가해자가 불량 서클에서 활동하고 있는 점으로 미루어 볼 때, 가해자의 부모들이 일반적 감독 및 교육을 게을리하여 사고가 발생한 것으로 인과관계가 인정될 여지가 있어 손해배상청구를 할 수 있을 것이다.

민법 제753조(미성년자의 책임능력)

미성년자가 타인에게 손해를 가한 경우에 그 행위의 책임을 변식할 지능이 없는 때에는 배상의 책임이 없다.

민법 제755조(책임무능력자의 감독자의 책임)

① 전 2조의 규정에 의하여 무능력자에게 책임 없는 경우에는 이를 감독할 법정의무 있는 자가 그 무능력자의 제3자에게 가한 손해를 배상할 책임이 있다. 그러나 감독의무를 해태하지 아니한 때에는 그러하지 아니하다.

② 감독의무자에 갈음하여 무능력자를 감독하는 자도 전항의 책임이 있다.

■동물점유자의 책임

A는 자전거에 짐을 싣고 오르막길을 올라가고 있는데, B가 맹견을 몰고 맞은편 도로가를 따라 내려오는가 싶더니 갑자기 맹견이 달려들어 A의 좌측 허벅지를 물어 전치 3주의 상해를 입게 되었다. 손해배상을 받을 수 있을까?

민법에는 "동물의 점유자는 그 동물이 타인에게 가한 손해를 배상할 책임이 있다. 그러나 동물의 종류와 성질에 따라 그 보관에 상당한 주의를 해태(懈怠)하지 않았을 때에는 그러하지 아니하다."라고 규정하고 있다(제759조 제1항). 그러므로 동물점유자인 B는 그 보관상에 상당한 주의를 태만히 하지 않았다는 입증을 하지 못하는 한 동물점유자로서의 책임을 면할 수 없을 것이다.

그러나 피해자로서도 상당한 주의를 하였더라면 피해를 면할 수 있었거나 줄일 수 있었을 때에는 그 범위에서 피해자 과실도 참작될 것이다.

■호의동승과 손해배상액의 감경

A는 가족들과 함께 등산을 하고 하산하여 버스를 기다리다가 마침 자가용 승용차를 운전하고 지나가는 직장동료 B를 만나 그 자동차에 동승하여 귀가하던 중 B의 운전부주의로 자동차가 가로수를 충돌하는 사고가 발생하여 흉추압박골절의 부상을 당했다. 보험회사에서는 A가 위 자동차에 무상으로 호의동승하였다는 이유를 내세워 치료비 등 손해배상액 중 30%를 감액지급하겠다고 한다. 이러한 보험회사의 주장은 타당한 것일까?

위 사례는 자동차 소유자의 승낙하에 무상으로 호의동승한 경우 손해배상액이 감경되느냐 하는 문제이다.

이에 관한 판례는 "피해자가 사고차량에 무상으로 동승하였다가 사고를 당한 경우에 동행의 목적, 호의동승자와 동행자와의 인적관계, 피해자가 차량에 동승한 경위 등 여러 사정에 비추어 사고차량의 운전자에게 일반의 교통사고와 같은 책임을 지우는 것이 신의성실원칙이나 형평의 원칙에 비추어 매우 불합리한 것으로 인정되는 경우에는 배상액을 감경할 사유로 삼을 수 있다 할 것이나 사고 차량에 단순히 호의로 동승하였다는 사실만으로 감경사유로 삼을 수 없다."라고 하였다(대법원판결 1992.11.27,

92다24561).

그리고 위 사례와 같은 경우에 있어서 신의성실의 원칙에 비추어 보아도 호의동승자가 손해의 일부를 스스로 부담해야 할 사정이 없다고 하였다(대법원판결 1987.12.22, 86다카2994 참조). 그러므로 A도 손해배상액을 감액 당할 이유가 없다고 보여진다.

제 5 장

가족법 사례

■가족법 개정의 주요 내용

민법 중 친족법 부분이 개정되었다고 하는데 그 내용은 무엇인가요

2005. 2. 3. 헌법제판소의 호주제에 대한 헌법불합치 결정 이후 2005. 3. 31 법률 제7427호로 공포된 민법 일부 개정 법률에 따라 호주제 폐지, 부성원칙의 수정, 친양자 입양제도, 성·본 변경제도 등이 반영되어 개인의 존엄과 양성평등의 헌법이념을 구체화한 가족관계등록제도가 2008. 1. 1부터 시행됨으로써 호주제를 근간으로 한 호적법이 가족관계의등록등에관한법률로 대체되었다.

개정된 민법의 내용은 다음과 같다.

① 호주제도의 폐지(종전 민법 제778조 내지 780조, 제782조 내지 796조 삭제) 가족의 범위가 수정되고 본적, 분가의 개념이 없어지며 입부혼인제도도 폐지되었다.

② 자녀의 성과 본에 관하여는 부의 성과 본을 따르는 것을 원칙으로 하되, 부모가 혼인 신고시 모의 성과 본을 따르기로 협의한 경우에는 모의 성과 본을 따른다. (민법제 781조 1항)

③ 부, 모 또는 자의 청구에 의하여 법원의 허가를 받아 자녀의 성과 본을 변경할 수 있다.(제781조6항)

④ 친양자 제도를 신설하였다. 종전의 친족관계는 종료시키고 양친과 양자를 친생자관계로 하며, 15세 미만의 친양자가 양친의 성과 본을 따르게 할 수 있게 되었다.(제908조의 2 내지 제908조의 8)

⑤ 동성동본 금혼제도를 폐지하고 8촌 이내의 혈족 및 6촌 이내의 인척(배우자의 혈족의 배우자는 4촌 이내), 그리고 6촌 이내의 양부모계 혈족 및 4촌 이내의 양부모계 인척이었던 자 간의 근친혼을 금지한다.

⑥ 여성의 재혼금지기간 폐지

⑦ 처의 친생부인의 소제기권을 인정하였다. 즉 부뿐 아니라 모도 친생부인의 소를 제기할 수 있고, 제소기간도 친생부인의 사유를 안 날로부터 2년 내에 제기할 수 있게 하였다.

⑧ 피상속인과 상당기간 동거하며 부양한자에게도 기여분을 인정하였다(제1008조의 2)

■부모 동의가 없어도 혼인할 수 있는 연령

A는 21세의 대학생이다. 고등학교의 재학 중인 18세의 B와 사랑하게 되어 결혼을 약속하게 되었다. 그러나 A의 부모님은 B가 나이가 어리므로 혼인할 수 없다고 한다. 이럴 경우 두 사람은 혼인할 수 있는지 또 B가 20세가 되어도 부모가 반대

한다면 어떻게 될까?

만 18세가 된 사람은 혼인 할 수 있다(민법제807조). 다만 미성년자인 경우에는 부모의 동의를 얻어야 한다(808조). 따라서 B가 18세라면 부모의 동의가 있어야만 혼인할 수 있다.

만일 부모 동의 없이 혼인 하였다고 하더라도 당사자 또는 법정대리인은 그 혼인을 취소할 수 있다(민법제 816조 1호 제817조). 그러나 B가 포태하였다면 혼인적령이 되지 못했더라도 취소 할 수 없다(민법 제 819조). 그러나 B가 20세가 되었다면 부모의 동의 없이도 자신의 의사만으로 혼인할 수 있다.

■혼인신고의 방법

A와 B는 결혼식을 올리지 않고 같이 살기로 합의하고 신혼여행을 다녀왔다. 결혼식을 올리지 않았는데도 혼인신고가 가능한지 그리고 결혼식을 올리지 않고 혼인신고만 해도 법률상 부부가 되는지

혼인 신고는 반드시 결혼식을 하여야만 할 수 있는 것은 아니다. 결혼에 대한 당사자의 의사의 합치가 있다면 혼인신고를 할 수 있으며 혼인신고를 하면 법률상 부부로 인정된다. 혼인신고는 당사자 쌍방과 성년자인 증인 2명이 연서한 서면으로 한다(민법 812조 2항).

신고는 구술로서도 할 수 있고 우송 할 수도 있다. 혼인 신고서는 담당공무원에 의하여 수리 되면 효력이 발생하기 때문에 가족 등록부에 반드시 기재되어야 하는 것은 아니다(대법원 판결 1991년 12월 12월 10일 91므 344).

■미성년자도 혼인하면 성인취급

A는 19세로서 부모의 동의를 얻어 18세의 B와 결혼하였으며 6개월 후 아이를 낳았다. A와 B는 자기들의 아이에 대해서 자기의 부모의 동의 없이 친권을 행사할 수 있는지, 그리고 미성년자보호법의 적용을 받지 않는지, 선거권을 행사를 할 수 있는지

미성년자가 혼인하면 성년으로 본다(민법제826조의2). 이것은 사법(司法)에서 그렇다는 것이지 공법 기타사회 법규(공직선거권·미성년자보호법·근로기준법)에 대해서도 성년으로 대접받는 것은 아니다.

A와 B는 자기의 자에 대해서 자기 부모의 동의 없이 친권을 행사할 수 있고 부모의 동의 없어도 단독으로 유효하게 법률행위를 할 수 있다. 그러나 공법 기타 사회 법규에서는 여전히 미성년자로서 보호를 받는다. 다만 선거권은 만 19세부터 행사할 수 있다.

■동성동본 간 혼인가능 여부

A는 B와 3년 이상 교제해 왔으나 동성동본이라 혼인을 하지 못하고 있다. 혼인할 수 있는 방법은 없는지?

종전 민법은 동성동본인 혈족 사이에서는 혼인하지 못한다고 규정하였었다. 그러나 위 조문이 헌법재판소의 헌법불합치 결정으로 인하여 2005년 3월 31일 민법을 개정하게 되었다. 개정법

에 따라 8촌 이내의 혈족 사이, 6촌 이내의 인척(혈족의 배우자, 배우자의 혈족) 배우자의 4촌 이내의 혈족의 배우자인 인척이거나 이러한 인척이었던 자 사이, 6촌 이내의 양부모계(養父母系)의 혈족이었던 자와 4촌 이내의 양부모계의 인척이었던 자 사이가 아니라면 혼인할 수 있게 되었다(민법제809조).

■아내가 자식 등록금으로 빌린 돈에 대한 남편의 법적책임

> 남편 A가 외국의 출장을 가 있는 동안 부인 B는 자식의 등록금을 위하여 C로부터 500만원을 차용하였다. C는 A에게 500만원을 갚으라고 요구하고 있다. A는 그 돈을 갚아야 하는가?

민법상 부부간에는 일상의 가사에 관하여 서로 대리권이 있고(민법제827조 1항), 부부의 일방이 일상의 가사에 관하여 채무를 부담하는 경우에는 다른 일방도 이로 인한 채무에 대하여 연대책임이 있다(민법 제 812조).

구체적으로 어떠한 법률행위가 일상의 가사에 속하는가 하는 것은 일률적으로 판단할 수 있는 것은 아니지만 일반적으로 식료품, 일용품, 교육비, 의료비 등은 일상가사의 범위에 속한다. 따라서 B가 자식의 등록금을 빌린 행위는 일상가사 행위로 볼 수 있기 때문에 A는 B와 연대하여 변제할 책임이 있다.

■처가 남편 명의의 차용증을 작성 교부한 경우 남편이 갚아줄 의무가 있는지의 여부

> A는 B로부터 500만 원을 빌려 쓰고 갚지 않는다고 대여금청구소송을 제기 당하였다. 그 경위를 알아본 결과 A의 처 C가

A의 인감도장을 관리하고 있을 때, A의 사업자금으로 쓴다며 A가 실제로 차용증을 작성하고 서명날인한 것으로 속여 B에게 차용증을 건네주고 위 돈을 차용한 후 도박으로 탕진했음이 판명되었다. A는 C가 B로부터 돈을 빌렸는지, 빌렸다면 어떤 용도로 사용하였는지, 법원으로부터 대여금청구소장부본을 송달 받기 전까지는 전혀 몰랐다. 이 경우 A가 위 차용금을 갚아 줄 의무가 있을까?

위 사례의 경우 처의 행위가 일상가사대리권의 범주에 포함되는지 여부가 문제된다. 민법상 부부 간에는 일상의 가사에 관하여 서로 대리권이 있고(민법제827조), 또한 부부의 일방이 일상의 가사에 관하여 채무를 부담한 경우에는 다른 일방도 이로 인한 채무에 대하여 연대책임이 있다(민법제832조).

구체적으로 어떠한 법률행위가 일상가사에 관한 법률행위에 속하는가 하는 것은 민법상 규정이 없어 판례나 학설에 의존할 수밖에 없지만, 통상 부부의 가정생활에서 필요로 하는 행위, 식료품이나 일용품의 구입, 광열비, 의료비, 교육비 등의 지출에 관한 사무를 일상가사행위의 범주에 속하는 것으로 볼 수 있다.

그런데 위 사례에서 C는 A로부터 차용증 작성에 관한 위임을 받은 바 없이 임의로 차용증을 작성하여 A의 이름을 쓰고 인장을 찍어서 A가 차용한 것처럼 이를 B에게 건네주어 돈을 차용한 후 도박에 사용한 행위는 일상가사의 대리권의 범위를 넘어선 행위이므로 A는 원칙적으로 B에게 위 차용금을 변제할 책임이 없을 것으로 보인다.

■노모에 대한 부양의무자와 부양범위

A의 어머니는 70세로 아직 건강한데, 6개월 전 며느리와 언쟁 끝에 둘째 아들 B집으로 가게 되었다. 그러자 B는 어머니의 생활비로 월 500,000원씩 보내달라고 하는데, A의 형편으로는 감당하기 어렵다. 이 경우 B에게도 어머니의 생활비를 부담시킬 수 있는가?

민법 제974조는 직계혈족 및 배우자간이나 기타 생계를 같이 하는 친족간에는 서로 부양할 의무가 있다고 규정하고 있다.

따라서 부모가 노령이 되어 부양을 필요로 하는 경우 부양의무자인 자녀들 사이에는 일단 모두가 동순위로 부양의무를 지게 되고, 자녀인 이상 장남이든 차남이든 또 출가한 딸이나 양자로 간 자도 똑같이 부양의무가 있다. 다만 각자의 부양능력에는 부양의 정도와 순위에 따라서 구체적으로 차이가 있다.

부양의 방법에는 부양의무자로 하여금 부양권리자와 동거하면서 부양하는 인수부양(引受扶養)과 동거하지 아니하는 것을 전제로 단순히 부양료 등을 지급하는 급여부양(給與扶養)이 있다. 인수부양은 부양권리자의 의사, 부양의무자의 주택사정, 다른 동거가족들과의 관계 등을 신중히 고려하여야 하고, 일반적으로 선택되는 부양방법은 금전급여부양이라고 할 수 있으며, 정기급 형태가 보통이지만 당사자의 의사를 고려하여 일시불을 명하는 것도 불가능한 것은 아니다.

위 사례의 경우 매월 500,000원의 부양료가 문제인데, 어머니의 부양료는 A의 자력과 B의 자력 그리고 그밖에도 형제가 있다면 그들의 자력을 비교해 보고 그 자력에 따라 분담을 결정하여야 한다. 한편, 어머니가 필요로 하는 생활비에 관하여서도 매월 500,000원이 상당한가의 여부를 고려할 필요가 있다. 부양료는 부양을 받을 자의 생활정도와 부양의무자의 자력, 제반 사정을 참작하여 정하여지게 된다.

■재산상속에 있어서 법정상속인의 상속순위

> A는 처자와 노부모, 동생이 있는데, 교통사고를 당하여 사망하였다. 이 경우 A의 재산 및 교통사고배상금의 상속관계는 어떻게 되는가?

상속의 순위에 관하여 민법제1000조는 "① 상속에 있어서는 다음 순위로 상속인이 된다. 1. 피상속인의 직계비속 2. 피상속인의 직계존속 3. 피상속인의 형제자매 4. 피상속인의 4촌 이내의 방계혈족

② 전항의 경우에 동순위의 상속인이 수인인 때에는 최근친을 선순위로 하고 동친 등의 상속인이 수인인 때에는 공동상속인이 된다.

③ 태아는 상속순위에 관하여는 이미 출생한 것으로 본다"라고 규정하고 있다. 이를 구체적으로 살펴보면 다음과 같다.

제1순위는 사망한 자의 직계비속(直系卑屬), 즉 자(子), 손자 등이다. 이 경우 자연혈족(친자식), 법정혈족(양자), 혼인중의 출생자, 혼인 외의 출생자, 남자, 여자를 구별하지 아니하며, 태아는 상속순위에 있어서 이미 출생한 것으로 본다.

제2순위는 사망한자의 직계존속(直系尊屬), 즉 부모, 조부모

등이다. 직계존속은 부모(친가), 모계(외가), 양가, 생가를 구별하지 아니하며, 양자인 경우 친생부모와 양부모는 모두 같은 순위이다.

제3순위는 사망한 자의 형제·자매이며, 제4순위는 사망한 자의 4촌 이내의 방계혈족이다.

같은 순위의 상속인이 여러 명인 때에는 촌수가 가까운 사람이 선순위가 되고, 같은 촌수가 여러 명인 경우에는 공동으로 상속하게 된다.

또한, 배우자(혼인신고 된 배우자)의 경우에는 피상속인(사망한 자)의 직계비속 또는 피상속인의 직계존속과 같은 순위, 직계비속과 직계존속이 모두 없을 경우에는 단독으로 상속을 하게 된다(민법 제1003조).

따라서 위 사안의 경우 상속 순위는 A의 자식과 배우자가 공동으로 제1순위의 상속인이 되므로 A의 노모와 동생은 상속인이 될 수 없다.

다만, A의 노모와 동생은 아들 또는 형이 사망함으로 인한 정신적 고통에 대한 위자료청구권을 그들 고유의 권리로서 가지게 될 것이다(대법원판결 1999.6.22. 선고 93다7046 참조).

■공동상속인의 상속분 계산

A·B부부에게는 A의 부모와 갑과 을, 형제 병과 정이 있고, 장남 C, 결혼한 차남 D, 결혼한 딸 E와 미혼인 딸 F가 있다. A가 1억1천만 원의 재산을 남겨두고 아무런 유언도 없이 사망한 경우 상속을 받을 수 있는 사람은 누구이며, 그 상속인의 각각의 상속분은 얼마씩인가?

공동상속인 사이의 상속분을 지정하지 않은 경우에는 법정상속분에 의한다(민법제1009조). 그리고 동순위의 상속인이 수인인 경우에는 그 상속분은 균등하게 배분한다.

위 사례의 경우 제1순위 상속인인 배우자 B와 피상속인의 직계비속 C·D·E·F가 있기 때문에 A의 부모 갑과 을, 형제 병과 정은 상속인이 될 수 없다. 자녀의 경우 상속분은 남과 여, 장남과 차남, 기혼과 미혼을 불문하고 상속분은 동일하다. 다만 배우자의 경우에만 직계비속과 공동으로 상속하는 때에는 직계비속의 상속분의 5할을 가산한다. 따라서 B·C·D·E·F의 상속분의 비율은 1.5:1:1:1:1이다.

처의 상속분은 3천만원(1억1천만원×3/11)이고, 처 이외의 공동상속인 C·D·E·F의 상속분은 각각 2천만원(1억1천만원×2/11)씩이다.

■상속포기

> A는 사업을 하다 실패하여 많은 채무를 지고 채권자들로 부터 독촉을 받아 오던 중 얼마 전 사망하였다. A의 아들 B는 A가 남긴 채무를 갚을 수 있는 형편이 안 되는데 어떻게 하면 되는가

상속에 관한 민법 제997조는 "상속은 사망으로 인하여 개시된다."라고 규정하고 있고, 같은 법 제1005조는 "상속인은 상속 개시된 때로부터 피상속인의 재산에 관한 포괄적 권리의무를 승계한다. 그러나 피상속인의 일신에 전속한 것은 그러하지 아니하다."라고 규정하고 있다.

그러므로 일반적으로 부모의 사망과 동시에 자식들은 상속인이 되어 부모명의의 토지나 집과 같은 부동산이나 은행예금 등의 적극적 재산은 물론, 부모가 다른 사람에 대하여 부담하고 있는 대여금채무, 보증채무 등의 소극적 재산도 상속받게 된다. 즉 일신전속적인 권리를 제외하고는 부모가 가지고 있던 모든 권리·의무를 포괄적으로 물려받게 된다.

그러나 부모가 남긴 상속재산 중 적극적 재산보다 소극적 재산이 더 많아 자식들이 이 같은 권리·의무의 승계, 즉 상속을 받지 않으려면 상속개시 있음을 안 날로부터 3월 이내에 피상속인의 최후 주소지 관할 법원에 상속포기신고를 하면 된다(민법 제1019조 1항).

상속 포기를 하면 피상속인의 사망으로 일단 발생한 상속의 효력, 즉 권리·의무의 승계는 부인되고 처음부터 상속인이 아니었던 것과 같이 되며, 일단 상속을 포기한 후에는 포기를 다시 취소하지 못한다(민법 제1024조 제1항, 제1042조).

제 2 편

민사소송법 및 민사집행법

제 1 장

민사소송법 및 민사집행법의 개념

사법(私法)질서는 개인에게 권리를 부여함과 동시에 의무를 부담시키고 있다. 대다수의 사람들은 사법의 규정대로 타인의 권리를 존중하고, 의무를 이행하지만 때로는 권리가 침해되고 의무이행이 제대로 되지 않는 경우가 있다. 이는 당사자의 심성과 관계가 있지만, 무자력이나 상대방과의 의견차이가 그 원인이 될 때도 있다.

원시시대에는 권리자의 실력에 의한 실현인 자력구제가 원칙적인 수단이었지만, 국가권력이 확립된 이 시대에는 그럴 수 없고 소송이라는 수단을 통하여 권리실현의 목적달성을 할 수 있는 것이다.

민사소송은 사권의 존재를 확정하여 사인을 위하여는 사권의 보호, 국가적 견지에서는 사법질서의 유지를 목적으로 하는 재판절차이다.

1. 민사소송은 사법상의 권리관계를 그 대상으로 한다. 그러나

대등한 사인 간의 생활관계에서 생긴 것이라도 권리관계가 아닌 사실관계는 민사소송의 대상이 되지 아니한다.

2. 민사소송은 널리 사법상의 권리관계의 확정·보전·실현 등 세 가지를 과제로 하는 절차이다.

3. 민사소송은 재판상의 절차이다. 권리 소송에 해당하는 절차는 일정한 목적을 향하여 진전되는 과정을 뜻한다.

민사소송은 국가기관인 법원이 판결을 목적으로 대립하는 원·피고를 참여시켜 전개하는 모든 소송행위의 통합적인 과정이며, 재판상의 절차이다.

민사소송의 특징으로는 민사소송은 일반적·강제적 그리고 공권적 분쟁해결제도이며, 형사소송은 사인에 대한 국가의 형벌권의 존재여부의 확정을 목적으로 하는 점에서, 사법상의 권리관계의 확정을 목적으로 하는 민사소송과 구별된다.

제 2 장

민사사건 처리 절차

1. 민사소송의 개요

사람들 사이에 이해관계가 충돌하여 분쟁이 생길 경우 국가기관인 법원이 분쟁당사자 사이에 개입하여 그 분쟁을 조정·해결해 주는 절차를 민사소송이라고 한다.

민사소송을 제기하는 사람을 원고, 그 상대방을 피고라고 한다.

소송제기 법원은 원칙적으로 피고의 주소지를 관할하는 법원에 소송을 제기해야 하지만 여러 가지 예외가 인정되고 있다.

2. 민사소송제기 방법

민사소송을 제기하려면 소장을 작성하고 인지를 붙여서 관할법원에 제출하여야 한다. 소장에는 당사자, 청구취지, 청구원인을 기재하여야 한다.

당사자는 원고, 피고를 말하는데, 그들의 주소, 성명을 명확히 기재하여야 한다.

청구취지는 원고가 판결을 통하여 얻으려고 하는 결론을 말하며, 청구원인은 민사소송을 제기하게 된 이유를 말한다.

소장에는 소송목적가액의 0.5~0.35% 상당(소송물가액에 따라 결정됨)의 인지를 붙이거나 은행에 현금으로 납부하여야 하며, 피고의 수만큼 소장 부본을 만들어 제출하고, 법정송달료도 함께 예납하여야 한다.

3. 소송의 진행

1) 소장부본의 송달

민사소송이 제기되면 재판장은 소장 부본을 피고에게 송달하여 피고를 상대로 어떠한 소송이 제기되었는가를 미리 알려 준다.

2) 재판진행 절차

① 자백과 부인

변론기일에 출석하여 원고는 청구원인의 사실을 주장하고, 피고는 이에 대하여 인정(자백)하거나 부인하는 답변을 하게 된다. 이때 주의할 점은 답변을 하지 않으면 자백하는 것으로 취급되고, 모르겠다고 하는 것은 부인하는 것으로 취급된다.

② 항변

피고인은 돈을 빌린 사실은 있으나(자백) 그 후에 갚았다는 식으로 새로운 사실을 주장할 수 있는데 이를 항변이라고 한다. 이 항변에 대하여 원고는 자백, 부인 등의 답변을 하여 소송이 진행된다.

③ 주장 및 답변의 방법

위와 같은 주장, 답변 등은 원고·피고가 변론기일에 출석하여 구두로 하는 것이 원칙이나 서면으로 제출할 수도 있다. 이를 준비서면 또는 답변서(피고의 최초준비서면)라고 한다.

실제로는 간단한 주장, 답변을 제외하고는 미리 서면으로 준비하여 제출하는 것이 좋다.

3) 입증

주장 또는 항변사실에 대하여 상대방이 부인하거나 모르겠다고 답변하면 주장 또는 항변을 한 자가 이를 입증하여야 한다.

4) 변론기일 불출석에 따른 불이익

법원으로부터 변론기일에 출석하라는 통지를 받고도 특별한 사정없이 출석하지 않으면 다음과 같이 불이익을 받게 된다.

① 원·피고 중 어느 한쪽이 소환(공시송달 제외)을 받고도 출석하지 아니하면 출석한 쪽이 주장하는 사실을 자백한 것으로 간주되므로(단 불출석하더라도 준비서면으로 제출한 답변은 인정됨) 불리한 판결을 받을 가능성이 크다.

② 쌍불취하

쌍방이 모두 2회에 걸쳐서 적법한 소환을 받고도 출석하지 아니하거나 변론을 하지 아니한 때에는 그 후 1개월 내에 기일지정신청을 하지 아니하면 소가 취하된 것으로 간주된다.

4. 소송절차의 종료

1) 판결

법원이 심리를 완료한 때에는 변론을 종결하고 선고기일을 정하여 판결을 선고한다.

2) 소의 취하 등

원고가 판결확정 전에 소를 취하하면 소송은 종결되며, 청구의 포기(원고가 스스로 자신의 소송상 청구가 이유없음을 자인하는 것), 인낙(피고가 원고의 청구가 이유 있음을 승인하는 것), 당사자 간의 화해 등으로도 소송은 종결된다.

5. 상소

1심에서 패소판결을 받았으나 불복하는 경우에는 판결을 송달받은 날로부터 2주일 이내에 항소장을 작성하여 1심법원에 제출하면 판결이 확정되지 않고 항소심재판을 받게 되며, 이 경우의 인지액은 1심의 1.5배이다.

항소심판결에 불복하는 경우에는 대법원에 상고할 수 있다. 이 경우의 인지액은 1심의 2배이다.

6. 재판의 확정과 강제집행

1) 개요

당사자는 판결이 확정된 경우, 소송기록이 있는 법원에서 판결확정증명을, 확정전 판결 중 가집행선고가 있는 판결인 경우에는 판결정본송달증명을 받고, 판결에 집행문을 부여받아 이를 집행근원으로 하여 강제집행을 함으로써 소송의 목적을 달성하게 된다.

2) 금전채권에 관한 강제집행 절차

① 집행권원 확보

승소판결문, 가집행선고가 있는 미확정판결, 인낙조서, 화해조서, 조정조서, 지급명령, 공정증서 등 집행권원을 준비하여야 한다.

② 집행문부여

위와 같은 집행권원에 집행문을 부여받아야 한다. 판결에 대하여는 법원직원이, 공정증서에 대하여는 공증인이 집행문을 부여할 수 있다.

③ 강제집행절차

- 위의 서류를 갖추어 관할법원에 속하는 집행관사무소에 집행을 위임하여야 한다.
- 동산의 경우 집행관이 현장에 가서 압류를 하며, 부동산의 경우 법원이 경매개시결정을 하고 이 사실을 부동산등기부에 기재한다.
- 압류물이 현금이면 직접 채권에 충당할 수 있으나 다른 것이면 경매하여 현금화하여야 한다.
- 채권자가 여러 명일 경우 채권자끼리 협의가 되면 집행관이 분배·지급하고, 협의가 안 될 경우에는 법원이 법에 의하여 우선변제를 받을 수 있는 채권자에게 우선 지급하고 일반채권자들의 채권액에 비례하여 분배·지급하게 된다.
- 부동산경매의 경우 채권자들 사이의 협의가 없고, 법원이 바로 배당한다.

7. 기타 소송관련제도

1) 소액심판제도

소액사건심판이란 지방법원지원 및 시·군 법원에서 소액의 민사사건을 간편한 절차에 따라 신속하게 처리하기 위하여 소액사건심판법에 따라 재판하는 제도이다.

소액사건이라 함은 소송물 가액이 2,000만 원을 초과하지 아니하는 금전 기타 대체물이나 유가증권의 일정한 수량의 지급을 목적으로 하는 민사사건이다. 소액사건심판의 특징으로는 소장을 제출하지 않고 법원 공무원에게 구술하여 소를 제기할 수 있고, 당사자 쌍방은 임의로 법원에 출석하여 변론할 수 있으며, 이 경우 채권자는 소액사건심판법의 적용을 받을 목적으로 청구를 분할하여 그 일부만 청구할 수는 없다. 그리고 기일이 신속히 진행된다.

2) 민사조정제도

① 조정신청의 의의

법원이 양당사자 간의 중재자로 나서서 설득하고 중재하여 원만한 합의에 도달하게 하는 것이 조정제도이다.

② 조정의 신청

조정은 제소 전 또는 제소 후 변론시에 언제든지 신청할 수 있다. 법원은 조정이 신청되면 조정기일을 잡아 양당사자를 소환하게 된다.

③ 조정의 절차

기일에 당사자가 출석하면 조정법관 또는 조정위원과 양당사자가 비공개된 곳에서 합의하여 조정하게 된다. 조정이 성립되면 그 자체로 판결과 동일한 효력을 갖지만, 당사자 중 1인이 불출석하거나 출석하더라도 조정이 성립되지 않으면 조정의 효력은 발생하지 않는다.

④ 강제조정

법원은 양당사자가 합의하지 않아도 법원이 적당하다고 인정하는 선에서 강제적으로 사건을 조정할 수 있다. 조정조서를 송달받은 지 14일 이내에 이의의 제기가 없으면 임의조정의 성립과 동일한 효과가 있다.

⑤ 직권조정제도

재판 진행 중 당사자의 신청이 없어도 재판부가 직권으로 조정에 회부할 수 있다.

〈제1심 민사소송 절차도〉

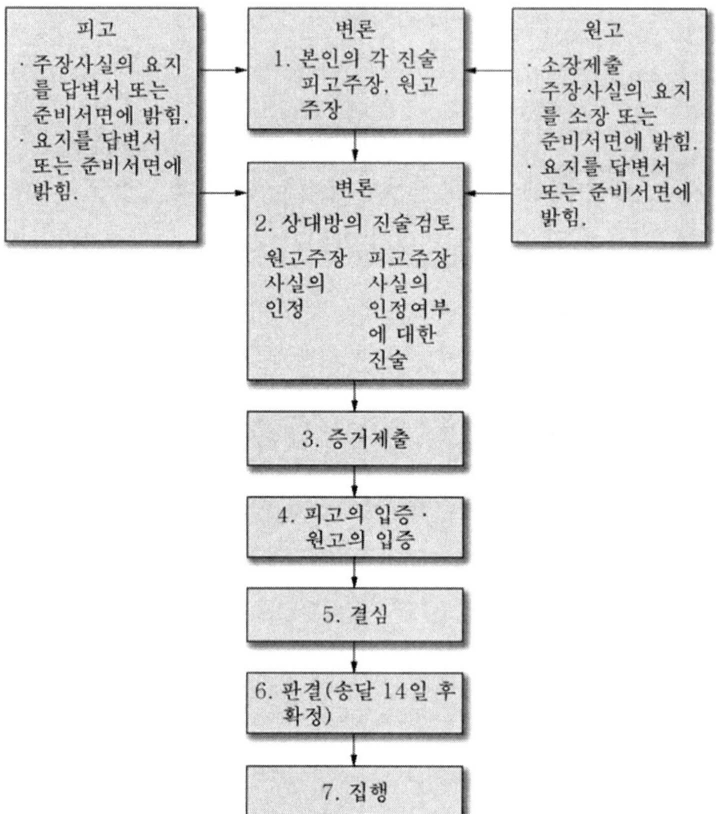
피고
· 주장사실의 요지를 답변서 또는 준비서면에 밝힘.
· 요지를 답변서 또는 준비서면에 밝힘.
변론
1. 본인의 각 진술
피고주장, 원고주장
원고
· 소장제출
· 주장사실의 요지를 소장 또는 준비서면에 밝힘.
· 요지를 답변서 또는 준비서면에 밝힘.
변론
2. 상대방의 진술검토
원고주장 사실의 인정
피고주장 사실의 인정여부에 대한 진술
3. 증거제출
4. 피고의 입증 · 원고의 입증
5. 결심
6. 판결(송달 14일 후 확정)
7. 집행

〈민사소송 절차 개요도〉

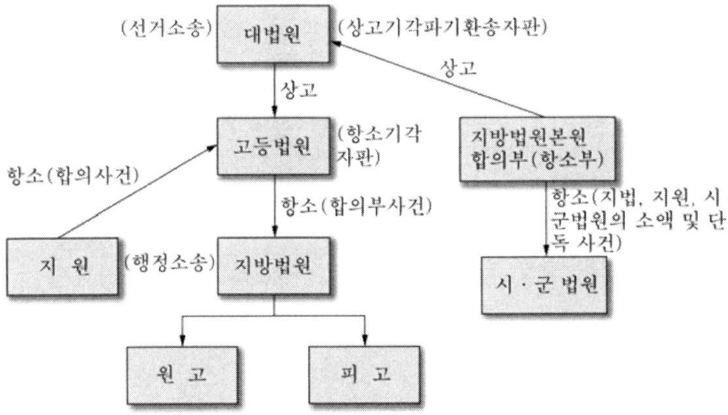
(선거소송)
대법원
(상고기각파기환송자판)
상고
상고
고등법원
(항소기각 자판)
지방법원본원 합의부(항소부)
항소(합의사건)
항소(합의부사건)
항소(지법, 지원, 시·군법원의 소액 및 단독 사건)
지 원
(행정소송)
지방법원
시·군 법원
원 고
피 고

제 3 장

민사소송법 사례

■대여금 청구 소송을 할 수 있는 법원

> A는 몇 년 전 서울에서 살면서 이웃에 살던 B에게 500만 원을 빌려 준 일이 있다. 그 후 A는 그 돈을 받지 못한 채 부산으로 이사를 와서 살고 있다. 소송을 하여 그 돈을 받으려고 하는데 소송은 B의 주소지인 서울소재 법원에 제기해야 한다는데 A의 주소지인 부산에서 소송을 진행할 방법은 없을까?

민사소송법에 의하면, 소는 피고의 보통재판적(普通裁判籍) 소재지 법원의 관할에 속하고 사람의 보통재판적은 주소에 의하여 정한다고 규정하고 있으므로, 민사소송은 피고의 주소지를 관할하는 법원에 제기하는 것이 원칙이다.

그런데 위 원칙을 엄격히 관철할 경우 사건의 내용이나 성질상 전혀 관계가 없는 곳이 관할로 되어 부당한 결과가 생길 수 있어 사건의 내용이나 성질에 비추어 합당한 곳을 관할로 인정하는 특별재판적제도가 규정되어 있다.

재산권에 관한 소에 있어서 '의무이행지'가 그 중 하나이다(민사소송법 제8조). 이와 같이 보통재판적 또는 특별재판적에 의하여 생기는 토지관할이 경합되는 경우에는 원고는 그 중 아무데나 임의로 선택하여 제소할 수 있다(대법원결정 1964.7.24. 64마555 참조).

위 사례에 있어서 특별히 A가 B의 주소지에 가서 위 대여금을 변제 받기로 약정한 사정이 없는 한 A는 B의 주소지 관할법원(서울)과 의무이행지 관할법원(부산) 중에서 임의로 선택하여 소송을 제기할 수 있는 것이다.

따라서 A는 부산에서도 소송을 제기할 수 있다.

다만, 지급명령신청을 하기 위해서는 반드시 채무자인 B의 주소지 법원인 서울소재법원에 지급명령신청서를 내야 한다. 지급명령은 법원에 출석하지 않고 집행근원을 얻을 수 있는 간편한 방법이지만, 채무자의 주소지 또는 사무소나 영업소 그리고 채무자가 계속하여 근무하는 사무소나 영업소를 관할하는 법원의 전속관할이기 때문이다(민사소송법 제463조).

민사소송법 제2조(보통재판적, 普通裁判籍)

소는 피고의 보통재판적이 있는 곳의 법원이 관할한다.

민사소송법 제3조(사람의 보통재판적)

사람의 보통재판적은 주소에 따라 정한다. 다만, 대한민국에 주소가 없거나 주소를 알 수 없는 경우에는 거소에 따라 정하고, 거소가 일정하지 아니하거나 거소를 알 수 없으면 마지막 주소에 따라 정한다.

법률지식

어느 법원에서 재판을 받나?

법원(제1심 법원)은 전국에 산재해 있으므로 어느 지방에 있는 제1심 법원을 택할 것인가가 문제이다. 먼저 상대방과 합의한 법원이 있으면 거기서 재1심 재판을 받을 수 있다. 그러나 이 문제는 합의되기가 쉽지 않고 제1심 법원의 선택에 있어서 지리적 여건 등 이해관계가 대립하게 된다. 민사소송은 원칙적으로 피고의 주소지를 관할하는 법원에 제소하도록 되어 있다.

여기에는 예외규정이 많아 여러 가지 불편이 완화되고 있다.

대여금반환청구소송은 채무이행지가 원고의 주소지이므로 주소지 관할 법원에 제소할 수 있고, 부동산에 관한 소송은 부동산 소재지 법원에도 제소할 수 있다. 교통사고 등 불법행위에 관한 제소는 불법행위가 발생한 지방을 관할하는 법원에도 제소할 수 있다. 당사자가 관할이 없는 법원에 민사소송을 제소하여 오면 그 법원은 관할에 있는 법원에 소송을 이송하게 되어 있다.

형사고소는 피고소인의 주소, 거소 또는 현재지나 범죄지를 관할하는 수사관서에 고소장을 제출하여야 하며, 타관할 고소가 접수되면 관할 검찰청으로 이송하도록 되어 있다.

■채무자가 소송 관계 서류를 송달 받기를 거부할 때의 송달 방법

A는 B에게 500만 원을 월 2푼으로 빌려주면서 변제기일은 1년 후로 정했다. 그런데 B는 이자만 몇 번 지급하였을 뿐 4년여가 지난 지금까지도 돈을 갚지 않아 얼마 전에 소액심판을 청구하였는데, B가 소환장 송달받기를 거부하여 송달이 안 되

고 있다. 이러한 경우에 송달될 수 있도록 하는 방법은 없을까?

송달에 관한 사무는 법원사무관 등이 처리하며, 법원사무관 등은 송달하는 곳의 지방법원에 속한 법원사무관 등 또는 집행관에게 사무를 촉탁할 수 있다.

송달은 실무상 통상 우편에 의하여 실시하고 있는데, 우편에 의한 송달은 우편집배원이 한다. 송달장소는 받을 사람의 주소, 거소, 영업소 또는 사무소에서 하며, 송달할 장소에서 송달 받은 사람을 만나지 못하면 사무원, 피용자 또는 동거인 등에게 서류를 교부할 수 있다. 송달 받을 사람이 정당한 사유 없이 송달 받기를 거부할 때에는 송달할 장소에 서류를 놓아둘 수 있다.

당사자, 법정대리인 또는 소송대리인은 주소 등 이외의 장소(대한민국 안의 장소로 한정한다)를 송달 받을 장소로 정하여 법원에 신고할 수 있다.

위의 사람들이 송달받을 장소를 바꿀 때에는 바로 그 취지를 법원에 신고하여야 한다(민사소송법 제174조~197조 참조).

■형사재판의 사실인정이 민사재판에서도 증명력이 인정되는지의 여부

A는 B로부터 폭행당하여 요추 제1번 압박골절상 등으로 노동력 상실이 예상되는 정도의 상해를 입었고, 형사재판에서 B의 폭행으로 인하여 A의 위 상해가 발생하였다는 것이 인정되어 B는 실형을 선고받았다. 그런데 A가 민사소송을 제기하자 B는 위 상해가 B의 폭행으로 발생된 것이 아니라고 주장하고

있다. 형사재판에서 인정된 사실은 민사재판에서도 그대로 인정될 수 있을까?

형사재판에서 인정된 사실이 민사재판에서도 인정될 수 있느냐의 문제이다.

위 사례와 유사한 사건의 판례를 보면 "원래 민사재판에 있어서는 형사재판의 사실인정에 구속을 받는 것이 아니라고 하더라도 동일한 사실관계에 관하여 이미 확정된 형사판결이 유죄로 인정한 사실은 유력한 증거자료가 되므로 민사재판에서 제출된 다른 증거들에 비추어 형사재판의 사실판단을 채용하기 어렵다고 인정되는 특별한 사정이 없는 한 이와 반대되는 사실을 인정할 수 없다."(대법원판결 1996.5.28. 96다9621)라고 하였다.

따라서 위 사례의 경우에 요추압박골절상이 순전한 기왕증이었다는 등 특별한 사정이 없는 한 민사소송에서도 형사재판에서 인정된 사실이 번복되지 않을 듯하다.

그러므로 A는 B가 폭행행위에 대한 자기책임을 계속적으로 부인할 경우에 형사판결을 증거자료로 활용한다면 소송상 입증에 많은 도움이 될 것이다.

■검찰의 무혐의 결정이 민사재판에 미치는 영향력

A는 B로부터 배추씨를 구입하여 파종하였으나 종자불량으로 인해 배추농사를 망치게 되었다. 그래서 A는 B를 불량종자를 개량된 우수종자라고 속이고 판매했다고 형사고소 하였으나 무혐의처리 되었다. B가 형사사건에서 무혐의처분을 받았으므로 민사상 손해배상청구소송을 제기하는 경우에도 승소하기 어려울까?

민사소송법 제202조는 "법원은 변론전체의 취지와 증거조사의 결과를 참작하여 자유로운 심증으로 사회정의와 형평의 이념에 입각하여 논리와 경험의 법칙에 따라 사실주장이 진실한지 아닌지를 판단한다."라고 규정하고 있다. 그리고 검찰의 무혐의결정의 민사재판에서의 증명력에 관하여, 판례는 "동일한 사실관계에 관한 형사판결은 유력한 증거자료가 되므로 민사재판에서 제출된 다른 증거들에 비추어 형사재판의 사실판단을 채용하기 어렵다고 인정되는 특별한 사정이 없는 한, 이와 반대되는 사실을 인정할 수 없다는 것이 대법원의 확립된 판례이지만, 검찰의 무혐의결정 이유와 배치되게 사실인정을 한 것이 체증법칙에 위배된다거나 대법원의 판례에 반한다고도 볼 수 없다."(대법원판결 1995.12. 26. 95다21884)라고 하였다.

또한 형사재판이나 민사재판은 반드시 검사의 무혐의 불기소처분사실에 대하여 구속받는 것은 아니고 법원은 증거에 의한 자유심증으로써 그와 반대되는 사실을 인정할 수 있다(대법원판결 1987.10.26. 87누493)고 하였다.

따라서 위 사례의 경우에도 단순히 검찰의 무혐의결정 사실만으로 민사사건에서 A가 불리하다고 할 수는 없을 것이며, 실질적인 사실관계가 어떤 것이었느냐에 따라서 재판의 결론이 달라질 수 있을 것이다.

민사소송법 제202조(자유심증주의)

법원은 변론전체의 취지와 증거조사의 결과를 참작하여 자유로운 심증으로 사회정의와 형평의 이념에 입각하여 논리와 경험의 법칙에 따라 사실주장이 진실한지 아닌지를 판단한다.

■변론기일에 불출석한 경우의 구제 방법

> A는 B에 대한 손해배상청구채권이 있어 관할법원에 소제기한 후 본인의 사정으로 2회의 변론기일에 출석하지 못하였다. 그 후 법원으로부터 아무런 연락도 없다. 혹시 재판이 종결된 것은 아닌지, 종결되었다면 그 구제방법은 없는지?

민사소송법 제268조에서는 당사자 쌍방이 변론기일에 출석하지 아니하거나 출석하더라도 변론하지 아니한 때에는 다시 기일을 정하여 당사자를 소환하게 되는데 이때 새로 지정된 기일이나 그 후의 기일에 다시 쌍방이 불출석하거나 출석하여도 변론하지 아니한 때에는 1월내에 기일지정의 신청을 하지 아니하면 소의 취하가 있는 것으로 보게 된다.

따라서 위 사례의 경우 출석하지 아니한 기일의 1개월 내에 소송이 계속 중인 법원에 변론기일 지정신청을 하면 소송이 다시 속행된다. 다만 기일지정신청에 의하여 정한 기일 또는 그 후의 기일에 다시 불출석할 때에는 소의 취하가 있는 것으로 간주될 것이다.

민사소송법 제268조(양쪽 당사자가 출석하지 아니한 경우)

① 양쪽 당사자가 변론기일에 출석하지 아니하거나 출석하였다 하더라도 변론하지 아니한 때에는 재판장은 다시 변론기일을 정하여 양쪽 당사자에게 통지하여야 한다.

② 제1항의 새 변론기일 또는 그 뒤에 열린 변론기일에 양쪽 당사자가 출석하지 아니하거나 출석하였다 하더라도 변론하지 아니한 때에는 1월 이내에 기일지정신청을 하지 아니하면 소를 취하한 것으로 본다.

③ 제2항의 기일지정신청에 따라 정한 변론기일 또는 그 뒤 변론기

일에 양쪽 당사자가 출석하지 아니하거나 출석하였다 하더라도 변론하지 아니한 때에는 소를 취하한 것으로 본다.

④ 상소심의 소송절차에는 제1항 내지 제3항의 규정을 준용한다. 다만 상소심에서는 상소를 취하한 것으로 본다.

■원고가 피고의 주소를 허위의 주소로 하여 승소판결받은 경우의 구제 방법

B는 A에 대한 사소한 감정으로 A에게 손해를 입히기로 마음먹고 마치 A에게 금 5,000만 원의 대여금채권을 가지고 있는 것처럼 서류를 작성하여 이 서류를 증거로 하여 대여금청구소송을 제기하면서 A의 송달주소를 B의 주소로 함에 따라 A는 소장부본을 받아 보지 못하게 되었다. 소송절차는 A의 불출석으로 인한 의제자백으로 금 5,000만 원을 지급하라는 판결이 선고되었으며 판결정본 또한 B 주소로 송달되었다. 판결이 선고된 지 2년이 지난 후 B는 위 판결문으로 A 소유 부동산의 강제집행을 신청하였는데, 대항할 방법은 무엇일까?

판결은 판결정본이 당사자에게 송달되어 14일이 경과되면 그 판결이 확정되고, 확정된 판결은 재심사유가 존재하지 아니하는 한 불복할 수 없다.

따라서 위 사례에서의 문제점은 A에게 송달되어야 할 판결정본이 B가 A의 주소를 허위로 자기의 주소로 기재함에 따라 B에게 송달된 것이 어떤 법적 효과가 발생하느냐에 있다.

이에 대하여 판례는 "원고가 피고의 주소를 허위로 기재하여 소를 제기함으로써 그 허위주소로 소송서류가 송달되어 피고 아닌 원고가 그 서류를 받아 의제자백의 형식으로 원고승소의 제1

심 판결이 선고되고 그 판결정본 역시 허위의 주소로 송달된 것으로 처리되었다면 제1심 판결정본은 피고에게 적법하게 송달되었다고 할 수 없으므로 그 판결에 대한 항소기간은 진행을 개시하지 아니한다 할 것이어서 그 판결은 형식적으로 확정되었다고 할 수 없고, 따라서 소송행위추완의 문제는 나올 수 없고, 피고는 제1심 판결정본의 송달을 받지 않은 상태에 있다."(대법원판결 1994.12.22. 94다45449)라고 하여 송달의 효력이 없음을 확인하고 있다.

따라서 A는 판결정본의 적법한 송달이 있어 형식적 확정이 있었을 것을 전제로 하는 추완항소나 확정된 종국판결에 대하여 하는 재심으로 다툴 수 없고 B를 상대로 강제집행정지신청을 하고 항소를 제기하면 될 것이다.

민사소송법 제173조(소송행위의 추후보완)

① 당사자가 그 책임을 질 수 없는 사유로 말미암아 불변기간을 지킬 수 없었던 경우에는 그 사유가 없어진 날부터 2주 이내에 게을리한 소송행위를 보완할 수 있다. 다만 그 사유가 없어질 당시 외국에 있던 당사자에 대하여는 이 기간을 30일로 한다.

민사소송법 제396조(항소기간)

① 항소는 판결서가 송달된 날부터 2주 이내에 하여야 한다. 다만, 판결서 송달 전에도 할 수 있다.

② 제1항의 기간은 불변기간으로 한다.

법률지식

추완(追完)

① 민법상 필요한 요건을 구비하지 않기 때문에 효력이 생기지 않는 법률행위가 뒤에 요건이 갖추어져서 유효하게 되는 것을 말한다.

② 민사소송법상 불변기간을 도과한 당사자가 그 해태가 자기의 책임에 돌릴 수 없는 사유에 기하는 것을 이유로 하여 기간 내에 행하여야 할 행위를 그 이후에 행하는 것을 말한다. 예를 들면 항소제기기간 후에 항소를 제기하는 것과 같은 것이다.

■주소를 알고도 공시송달신청을 하여 승소판결이 확정되도록 한 경우

> A는 B에게 컴퓨터 1대를 판매하였는데, 며칠이 지나지 않아 컴퓨터가 마음에 들지 않는다면서 환불을 요구하기에 A는 다른 제품으로의 교환은 가능하나 환불은 안 된다고 거절하였다. 그 후 B의 별다른 요구가 없었는데 최근에 B로부터 A를 상대로 소액심판을 청구하여 승소하였으므로 대금을 지급하지 않으면 A의 재산을 강제집행 하겠다는 말을 듣고 법원에 알아본 결과 B는 A의 주소지를 알고 있었음에도 소재불명을 이유로 공시송달 방법으로 승소판결을 받아 그 판결이 확정되었음을 확인하였다. 이 경우 다시 재판하여 다툴 방법이 없을까?

소송관계서류의 송달은 실무상 통상 우편집배원이 실시하고 있는데 공시송달은 송달을 받을 자에게 현실적으로 소송서류를 교부하지 않고 송달의 효력을 발생시키는 제도이므로 엄격한 요건 하에서만 허용된다. 즉, 첫째로 당사자의 주소·거소 기타 송달할 장소를 알 수 없는 경우, 둘째로 외국거주자에 대하여 민사소송법 제191조에 의한 촉탁송달을 할 수 없거나 이에 의하여도 효력이 없을 것으로 인정되는 경우에만 공시송달이 허용된다.

그러나 공시송달의 요건이 갖추어지지 아니하였다고 하더라도 판사의 명에 의하여 공시송달이 된 이상 공시송달의 효력에는 영향이 없다. 따라서 판결정본이 공시송달의 방법에 의하여 피고에게 송달되었다면 공시송달의 요건이 미비되었다고 하더라도 위 판결은 항소기간의 도과로 형식적으로 판결이 확정되어 기판력이 발생한다.

따라서 당사자로서는 그 판결이 확정되어 기판력이 발생하기 때문에 항소로서는 다툴 수 없고, 그 확정판결에 대하여 불복하는 방법을 취하여야 한다. 그 방법으로서는 첫째, 민사소송법 제451조 제1항 제11호의 재심사유, 즉 당사자가 상대방의 주소 또는 거소를 알고 있음에도 불구하고 소재불명 또는 허위의 주소나 거소로 하여 소를 제기한 때에 해당된다고 보아 위 사실을 안 때로부터 30일 이내에 재심청구하는 방법이며, 둘째, 민사소송법 제173조의 당사자가 그 책임을 질 수 없는 사유로 인하여 불변기간을 준수할 수 없었던 경우에는 그 사유가 없어진 후 2주일 내에 해태된 소송행위를 추완할 수 있다는 규정에 따라 항소제기기간이 경과되었다고 하여도 추완항소를 제기하여 다툴 수 있는 방법이 있다.

한편, 민사소송법 제173조에서 말하는 '당사자가 그 책임질 수 없는 사유로 인하여 그 불변기간을 준수할 수 없었던 경우'라 함은 당사자가 불변기간 안에 어떠한 소송행위를 하지 못한 원인이 그 행위의 대상이 되는 재판의 선고 또는 고지를 그의 책임에 돌릴 수 없는 사유로 인하여 알지 못하였을 때 또는 천재지변 기타 이에 유사한 사고로 인하여 그 소송행위를 할 수 없었을 경우를 의미한다(대법원판결 1985.10.18. 85므40 참조).

그러므로 A는 재심청구를 하거나 추완항소를 제기하여 구제받을 수 있을 것이다.

민사소송법 제451조(재심사유)

① 다음 각호 가운데 어느 하나에 해당하면 확정된 종국판결에 대하여 재심의소를 제기할 수 있다. 다만, 당사자가 상소에 의하여 그 사유를 주장하였거나 이를 알고도 주장하지 아니한 때에는 그러하지 아니하다.

② 당사자가 상대방의 주소 또는 거소를 알고 있었음에도 있는 곳을 잘 모른다고 하거나 주소나 거소를 거짓으로 하여 소를 제기한 때

법률지식

기판력(旣判力)

민사소송법상의 기판력이란 재판이 확정된 경우에 동일사항이 다시 소송이 되면, 동일법원은 물론이고, 다른 법원도 그 내용인 판단에 배치되는 판단을 할 수 없고, 당사자도 또한 이와 반대되는 내용을 주장·답변할 수 없는 효력이 발생한다. 이를 기판력 또는 실체적 확정력이라 한다(민사소송법 제216조, 제218조).

■공시최고법원을 기망하여 제권판결을 얻은 경우

A는 B에게 물품대금의 선수금으로 액면 1,000만 원인 약속어음 1매를 교부하였으나 B가 약정된 물품을 납품하지 않으므로 위 어음을 분실한 것으로 공시최고 신청한 후 제권판결을 받

있는 바, B로부터 위 어음을 취득한 C에 대한 구제책은?

약속어음을 사취 당한 경우에는 도난, 분실 또는 멸실된 경우에 해당하지 아니하여 민사소송법 제490조 제2항 제1호에 규정된 법률상 공시최고를 허가하지 아니할 경우에 해당되므로 그 제권판결에 대한 불복의 소를 제기할 수 있을 것이다(대법원판결 1991.2.26. 90다17620 참조). 그러나 이러한 소송은 1월의 기간 내에 제기하여야 한다.

또한, 약속어음의 종전소지인이 자기의 의사에 기하지 아니하고 그 약속어음의 소지를 상실하였다고 하더라도 그 후 그 약속어음을 특정인이 소지하고 있음이 판명된 경우에는 종전소지인은 현소지인에 대하여 그 반환을 청구하여야 하며, 이에 대한 공시최고는 허용되지 아니하고, 종전소지인이 그 약속어음의 소지인을 알면서도 그 소재를 모르는 것처럼 공시최고기일에 출석하여 그 신청의 원인과 제권판결을 구하는 취지를 진술하여 공시최고법원을 기망하고 이에 속은 공시최고법원으로부터 제권판결을 얻었다면, 그 제권판결의 소극적 효과로써 그 약속어음은 무효가 되고 그 정당한 소지인은 그 약속어음상의 권리를 행사할 수 없게 되며, 적법한 소지인임을 전제로 한 이득상환청구권도 발생하지 않게 되는 손해를 입었다고 할 것이므로 전 소지인은 그 약속어음의 정당한 소지인에게 불법행위로 인한 손해를 배상할 책임이 있다(대법원판결 1995.2.3. 93다52334 참조).

그러므로 위 사례에서 C는 제권판결에 대한 불복의 소를 1월의 불변기간 내에 제기할 수 있고, 또한 A를 상대로 손해배상청구를 해 볼 수 있을 것이다.

민사소송법 제490조(제권판결에 대한 불복소송)

① 제권판결에 대하여는 상소를 하지 못한다.

② 제권판결에 대하여서는 다음 각호 가운데 어느 하나에 해당하면 신청인에 대한 소로써 최고법원에 불복할 수 있다.

1. 법률상 공시최고절차를 허가하지 아니한 경우일 때
2. 공시최고의 공고를 하지 아니하였거나, 법률이 정한 방법으로 공고를 하지 아니한 때
3. 공시최고기간을 지키지 아니한 때

법률지식

불변기간(不變期間)

법정기간 중 법규가 특히 불변기간이라는 뜻을 명시하고 있는 것을 말한다. 법원의 재량에 의하여 신축이 허용되지 않으며, 다만 법원의 재판으로서 주소 또는 거소가 원격지에 있는 자를 위하여 부가기간을 정할 수 있고, 당사자의 책임으로 돌아갈 수 없는 사유로 불변기간을 준수할 수 없는 경우에만 추완이 허용된다.

현행소송법에 규정된 불변기간에는 항소기간, 상고기간, 즉시항고기간, 재심제기기간 등이 있다.

■확정된 지급명령에 대한 불복 방법

A는 2년 전 B 전자대리점에서 영업용 대형냉장고를 할부로 구입하여 사용하던 중 고장이 자주 발생하여 할부금 납입을 중지하고 새로운 제품으로 교환을 요구하자 이를 가져간 후 아무런 연락도 없었다. 그런데 어느 날 법원에서 2년 전에 반환했던 냉장고 대금 잔액 200여만 원의 납입을 촉구하는 지급명령이 송달되었으며 이미 이의신청기간도 지나 있었다. 이에 대한 불복방법은?

지급명령이란 당사자가 금전 기타 대체물이나 유가증권의 일정수량의 지급을 목적으로 하는 청구권에 관하여 통상의 판결절차보다 간단·신속하게 집행근원을 얻는 절차를 말한다. 즉, 독촉절차란 소송절차, 조정절차와 함께 법원이 관여하는 주요한 민사분쟁해결절차의 하나로서, 독촉절차에서는 법원이 분쟁당사자를 심문함이 없이 지급명령을 신청한 채권자가 제출한 서류만을 심사하고 지급명령을 내리므로 채권자는 통상의 소송절차처럼 법원의 법정에 출석할 필요가 없고, 그 결과 법정에 출석하는 데에 따른 시간과 노력을 절약할 수 있다(민사소송법 제467조).

또한 독촉절차는 채무자가 주로 대여금, 물품대금, 임대료 등 금전지급채무를 변제하지 않는 경우에 채권자의 일방적 지급명령신청에 의하여 이루어지는 약식의 분쟁해결절차이다. 따라서 채무자가 이의신청을 하면 통상의 소송절차로 이행되지만, 만일 이의신청을 하지 아니하여 지급명령이 확정되면 채권자는 확정된 지급명령에 기하여 강제집행을 신청하여 신속하게 자신의 채권을 만족받을 수 있으므로 신속한 분쟁해결이 가능하다.

그러나 채무자가 이의신청을 하여 소송절차로 이행될 가능성이 있는 경우에는 독촉절차를 이용하기보다는 직접 조정신청 또는 소송을 제기하는 것이 유리하다.

그리고 지급명령이 확정되면 확정판결과 동일하게 집행력이 있기 때문에 채무자가 채무를 성실하게 이행하지 아니하면 확정된 지급명령을 집행근원으로 하여 강제집행을 신청할 수 있다(민사집행법 제56조).

그러나 확정된 지급명령에는 확정판결·조정과는 달리 기판력이 없기 때문에 지급명령 확정 전에 생긴 사유를 원인으로 하여 청구이의의 소를 제기할 수 있다(민사집행법 제44조, 제58조). 따라서 A는 청구이의의 소를 제기하면 강제집행을 당할 위험을 방지할 수 있다.

그러나 유의할 것은 위와 같은 청구에 관한 이의의 소송이 제기되었다 하여도 그것은 강제집행의 개시·속행에는 영향이 없다. 따라서 강제집행을 정지시키기 위하여는 별도로 강제집행정지신청을 하여야 한다.

■소액심판제도

> 청구금액이 적은 민사사건은 법원에 소액심판청구를 하면 간편하게 해결된다는데 소액심판제도는 어떤 것인가?

소액심판제도라 함은 소송을 제기한 때의 소송물가액이 2,000만 원을 초과하지 아니하는 금전 기타 대체물이나 유가증권의 일정한 수량의 지급을 목적으로 하는 제1심의 민사사건에 대하여 일반 민사사건에서보다 훨씬 신속하고 간편한 절차에 따라 심판, 처리하는 제도를 말한다.

이 제도에 의한 소를 제기하려면 법원에 비치된 소장 서식용지에 해당사항을 기입하여 제출하거나 구술로써 제기할 수 있고 원고와 피고 쌍방이 임의로 법원에 출석하여 진술하는 방법으로도 소 제기가 가능하다. 소액사건 심판법의 적용을 받을 목적으로 청구를 분할하여 그 일부만을 청구할 수 없다. 소가 제기되면 법원의 결정으로 소장부본이나 제소로서 등본을 첨부하여 피고에게 청구취지대로 이행할 것을 권고할 수 있다(제5조의3). 재판은 1회의 변론기일로 심리가 종결되는 것을 원칙으로 하고 있다(다만, 사안에 따라서는 수회의 변론기일이 정해지는 경우도 있음)(7조).

따라서 원고는 보통 최초의 변론기일에 모든 증거방법을 제출하게 되며 최초기일 전이라도 증거신청이 가능하게 된다. 원고가 제출한 소장은 지체없이 피고에게 송달을 하여야 한다.

소액사건심판에서는 일반 민사사건의 재판과는 달리 당사자의 배우자, 직계혈족, 형제·자매 또는 호주는 법원의 허가없이 소송대리인이 될 수 있고, 소송대리인은 당사자와의 신분관계 및 수권관계를 서면으로 증명하여야 하므로(제8조) 대리인이 소송을 수행할 경우에는 위임장과 호적등본 또는 주민등록등본을 제출하여야 한다. 그리고 법원은 소장, 준비서면 등에 의하여 원고의 청구가 이유없음이 명백한 때에는 변론없이 청구기각할 수도 있다(제9조 제1항).

소액사건심판이 청구되면 소장부본이나 제소조서등본을 첨부하여 피고에게 이행권고결정등본을 송달하고, 피고가 그 등본을 송달 받은 날로부터 2주일 이내에 이의신청을 하지 않으면 이행권고결정이 확정되며 그 효력은 확정판결과 같다.

소액사건심판법 제4조(구술에 의한 소의 제기)

① 소는 구술로써 이를 제기할 수 있다.

② 구술로써 소를 제기하는 때에는 법원서기관·법원사무관·법원주사 또는 법원주사보의 면전에서 진술하여야 한다.

소액사건심판법 제5조(임의출석에 의한 소의 제기)

① 당사자 쌍방은 임의로 법원에 출석하여 소송에 관하여 변론할 수 있다.

② 제1항의 경우에 소의 제기는 구술에 의한 진술로써 행한다.

소액사건심판법 제5조의3(결정에 의한 이행권고)

① 법원은 소가 제기된 경우에 결정으로 소장부본이나 제소조서등본을 첨부하여 피고에게 청구취지대로 이행할 것을 권고할 수 있다.

법률지식

> **민사 · 형사사건의 구별**
>
> 사회생활 중 어떤 권리침해 사건이 생겼을 때, 민사사건으로 해결할 것인지, 형사사건으로 해결할 것인지를 잘 판단하여야 한다.
>
> 민사사건은 침해자와의 사이에 재산권이나 신분권의 발생 · 변동 · 소멸에 관하여 다투는 사건이고, 형사사건은 침해자에게 국가에서 처벌을 할 것인가의 여부를 가리는 사건이다.
>
> 민사는 시민으로서 보장된 재산권이나 신분권에 대한 자유로운 처분을 법원이 도와주는 사안이며, 형사는 공권력이 범죄인을 체포 · 수사하고 법원이 형을 선고하는 것으로 사회의 공공질서를 지키고, 사회에 안정감을 주려는 데 그 목적이 있다.
>
> 그러므로 권리침해를 당하였을 때에는 민사사건인지, 형사사건인지, 또한 민 · 형사사건이 겹치는 것인지를 잘 판단하여 권리회복이나 구제를 받도록 하여야 할 것이다.

■지급명령제도

> A는 B를 상대로 약속어음금 100만 원을 청구소송 하려 하나 A는 사업관계로 도저히 법원에 출석할 시간이 없다. 간편하게 집행권원을 얻을 수 있는 방법은?

당사자 간에 금전의 지급을 내용으로 하는 채권채무관계가 있는 경우에 본인이 법원에 직접 출석하지 않고 집행권원을 얻을 수 있는 방법으로 지급명령제도가 있다. 지급명령이란 '금전 기타 대체물이나 유가증권의 일정한 수량의 지급을 채권자가 법원에 신청하는 절차'로 독촉절차라고도 한다(독촉절차에 관하여는 앞의 '확정된 지급명령에 대한 불복 방법' 문제 참조).

지급명령은 채무자의 주소지 또는 사무소나 영업소에 계속하여 근무하는 사무소나 영업소를 관할하는 법원, 재산권에 관하여는 거소지 또는 의무이행지, 어음수표에 관하여는 지급지, 불법행위에 관하여는 불법행위지를 관할하는 법원의 전속관할이다(민사소송법 제463조).

위 사례의 경우 A가 B의 주소지 관할법원에 지급명령을 신청하면 법원에서 서면심리로 지급명령이 내려지는데, 그 지급명령이 B에게 송달되고 난 후 2주일 내에 B가 이의신청을 하지 않으면 지급명령은 확정되므로 간편하게 집행력 있는 집행권원을 얻을 수 있다.

그러나 지급명령은 국내에서 공시송달에 의하지 아니하고 송달할 수 있는 경우에 한하여 행해지므로 송달이 확실할 것으로 예상되는 경우에 이용하여야 할 것이다.

제 4 장

민사집행법 사례

■채무자의 도산에 대한 채권자의 대응 방법

A는 B에게 사업자금으로 1억 원을 빌려주었다. 그러나 B는 최근 사업부진으로 도산의 위기에 처해 있다. A의 채권확보를 위한 법률적 대응방법은 어떤 것이 있을까?

채무자의 도산에 대한 채권자의 법률적 대응방법은 집행보전, 본안소송, 강제집행의 3단계로 나누어 살펴볼 수 있다.

1. 집행보전

1) 채권자는 우선 채무자(보증인 포함)의 재산을 조사하여 법원에 '가압류신청'을 한다. 채무자에게 부동산(토지, 상가, 아파트 등)이 있으면 '부동산가압류신청'을, 채권(대여금, 전세금, 공사대금 등)이 있으면 '채권가압류신청'을 하고, 유체동산(가재도구, 기계기구, 상품 등)이 있으면 '유체동산가압류신청'을 한다.

2) 가압류신청의 방법은 채권자가 직접 신청서를 작성하여 법

원에 제출하거나, 법무사에게 위임작성 제출하게 하거나, 변호사를 수임하여 신청하게 한다

3) 가압류결정의 절차는 채권자의 가압류신청에 대하여 법원의 '공탁명령'이 나오면 현금을 공탁한 '보증공탁서'나 보증보험회사에 1%의 보험료를 내고 받은 '보증서'를 법원에 제출한다.

4) 가압류집행의 방법은, 부동산의 경우 법원에서 등기소에 '가압류결정정본'을 첨부하여 '가압류기입등기'를 촉탁하고, 채권의 경우 법원에서 제3채무자에게 '가압류결정정본'을 송달하며, 유체동산은 채권자가 '가압류결정정본'을 집행관에게 제출, 집행위임하여 14일 이내에 집행한다.

참고로 집행보전 중 가압류와 가처분의 구별은 가압류는 금전채권의 집행보전을 위한 방법이며, 가처분은 점유이전금지나 대표이사의 직무집행정지 등 금전채권 이외의 채권의 집행보전방법이다.

2. 본안소송

1) 채권자는 강제집행을 할 수 있는 '집행권원(승소판결)'을 얻기 위하여 채무자를 피고로 한 소장을 법원에 제출한다. 채권자는 소장을 제출하는 대신에 소장에 첨부하는 인지비용의 1/2이 드는 '지급명령'이나 소장에 첨부하는 인지비용의 1/5이 드는 '조정'을 신청할 수 있다.

2) 소장제출의 방법은 앞에서 설명한 가압류신청 방법과 같다.

3) 원고(채권자)의 주장에 대하여 피고(채무자)가 인정하지 않으면, 원고는 이를 증명하기 위하여 증거서류(서증)를 제출하

거나, 증인을 신청하게 된다.

4) 재판절차에 의하지 않고 집행권원을 얻으려면, 강제집행의 승낙기재가 있는 '공정증서(금전채권에 대하여만 집행가능)'나 '제소전 화해조서(금전채권은 물론 점포명도나 건물철거 등의 금권채권 외의 채권에 대하여도 집행가능)'를 미리 만들어 놓으면 된다.

3. 강제집행

1) 승소판결을 받은 채권자가 돈을 받으려면, 법원으로부터 다시 '집행문'과 '송달증명'을 받아 부동산과 채권에 대하여는 법원에, 유체동산에 대하여는 집행관에게 '강제집행신청'을 한다.

2) 강제집행의 신청은, 부동산에 대해서는 '부동산강제경매신청'을 하고, 채권에 대하여는 '채권압류' 및 '추심명령'이나 '채권압류' 및 '전부명령' 중 하나를 신청한다.

3) 강제집행의 절차는, 우선 채무자가 임의로 처분하지 못하도록 '압류'하고 압류물을 팔아 '환가(경매)'한 다음, 판매대금을 채권자에게 지급하는 '배당'을 실시한다.

4) 입찰은 집행관과 채무자 이외는 누구든지(채권자나 세입자도) 응찰할 수 있으며, 경락인은 등기하지 않더라도 '대금완납시'에 소유권을 취득하고 명도소송하지 않고 '6월 내'에 인도신청하여 인도받을 수 있다. 그리고 세입자나 근로자의 우선특권(소액보증금, 최종 3월분의 임금)이나 우선변제권도 '배당요구종기'까지 법원에 '배당요구서'를 제출하여야 배당 받을 수 있다(민사집행법 제84조, 제88조).

법률지식

증거재판

민사재판이든, 형사재판이든 증거 없이는 이길 수 없다.

재판은 우선 다투는 양당사자의 지나간 사실에 대한 입증자료(증거)를 검토하여 공정한 사실관계를 확정하고, 여기에 법규를 해석·적용하여 결론을 도출하는 작업이다. 이는 민사·형사재판이 마찬가지이다. 즉, 입증할 기관인 검사가 제시하는 증거와 이것을 공격하는 피고인의 반대증명들을 법관이 공정한 입장에서 판단함으로써 범죄사실의 유무를 가리고 여기에 법규를 적용하여 판단을 도출한다.

형사사건에서 유죄가 될 증거는 검사에게 입증책임이 있으므로 고소인에게는 이차적 책임밖에 없으나 공소유지를 하기 위하여는 고소인의 적극적인 도움이 필요하다.

민사사건의 증거에 관하여 보면, 민사소송법에서는 증인·서증·검증·감정·당사자 신문 등을 입증방법으로 하고 있다.

■압류금지물

> 강제집행에 있어 유체동산으로서 압류할 수 없는 물건은 어떤 것들이 있을까?

민사집행법에서는 압류할 수 없는 물건을 규정하고 있다(민사집행법 제195조).

압류할 수 없는 물건은,

① 채무자 및 그와 같이 사는 친족의 생활에 필요한 의복·침구·가구·부엌가구, 기타 생활필수품

② 채무자 등의 생활에 필요한 2월간의 식료품·연료 및 조명재료

③ 채무자 등의 생활에 필요한 1월간의 생계비(100만 원)

④ 주로 자기 노동력으로 농업을 영위하는 자의 농업상 없어서는 안 될 농기구, 비료, 가축, 사료, 종자 등

⑤ 어업을 영위하는 자의 어구, 어망, 미끼, 새끼고기 등

⑥ 전문직 종사자, 기술자, 노무자, 그 밖에 주로 자기의 정신적 또는 육체적 노동에 의하여 직업 또는 영업에 종사하는 자의 영업상 없어서는 안 될 제복, 도구, 기타 물건

⑦ 채무자 또는 친족이 받은 훈장, 포장 기타 명예증표

⑧ 위패, 영정, 묘비, 그 밖에 상례·제사 또는 예배에 필요한 물건

⑨ 족보·집안의 역사적인 기록, 사진첩 그 밖에 선조숭배에 필요한 물건

⑩ 채무자의 생활 또는 직업상 없어서는 안 될 도장·문패·간판 등

⑪ 일기장, 상업장부 등

⑫ 저작 또는 발명에 관한 물건

⑬ 학교, 교회, 사찰 그 밖의 교육기관 또는 종교단체에서 사용하는 교과서·교리서·학습용구 등

⑭ 일상생활에 필요한 안경, 보청기, 의치, 의수족, 지팡이, 장애보조용 바퀴의자, 신체보조기구

⑮ 장애인용 경형자동차

⑯ 소방설비, 경보기구, 피난시설 등이다.

법률지식

재판에는 비용과 시간이 필요하다.

형사사건에 있어서는 아무 비용이 필요 없다. 고소장에 인지를 붙이지도 않는다. 그러나 민사소송에는 비용이 필요하다. 먼저 소장을 제출하고, 계속하여 소송을 수행하는 데는 여러 가지 비용이 필요하다. 소장에는 소정의 인지를 붙이거나, 그 인지액 상당의 현금을 납입하여야 하며 송달료, 감정료 등도 납부하여야 한다. 제일 큰 것은 변호사선임비용이다.

또한 재판에는 시간이 걸린다.

우선 민사재판에는 시간이 많이 걸린다는 것이 상식이다.

소장을 제출하면 약 3주 정도 뒤 재판기일을 잡아, 소장부본을 송달하고 답변서를 제출하게 하고 당사자에게 이를 송달하고 거기에 대한 주장을 준비시킨다. 변론기일을 정하여 변론하고 사건의 쟁점이 나오면 증거조사에 들어간다. 또한 입증과정에서 검증, 감정이 필요하게 되면 더 많은 시간이 필요하게 된다.

형사사건은 고소인측이 제출한 여러 증거를 조사하여 확실한 범죄의 심증이 들 때에 기소하게 된다. 구속은 기한이 정해져 있지만, 불구속사건은 기간이 늘어지는 수가 많다. 민·형사 마찬가지로 1심 판결이 났다 하더라도 항소, 상고 등 많은 시간이 소요되게 되는 것이다.

■판결의 집행 방법

A는 B에게 500만 원을 빌려주었는데 갚지 않으므로 재판을 하여 승소판결을 받았다. B에게 돈을 받는 방법은?

1. 강제집행은 확정판결이나 가집행선고 있는 판결에 의하여야 하나(민사집행법 제24조), 확정된 지급명령이나 공정증서에

의하여도 실시할 수 있다(동법 제56조). 이를 집행권원이라고 한다. 집행권원은 일정한 청구권에 집행력을 인정한 공증의 문서이다. 집행권원은 정본(正本)을 제출하여야 하고 등본(謄本)은 집행력이 없으므로 이를 제출하여 집행위임할 수 없다.

2. 집행권원을 집행하려면 집행문(執行文)을 붙여야 한다. 집행문은 법원사무관 등과 공증인이 집행권원의 정본말미에 부기(附記)하는 공증문서로서 집행권원이 유효하여 집행력이 있고 집행당사자를 명백히 하며, 집행이 어떤 조건의 이행에 달린 때에는 조건이 성취되어 집행이 가능하다는 등을 공증하는 것이다. 집행문이 붙은 집행권원은 정본을 집행력 있는 정본 또는 집행정본이라고 한다. 강제집행은 집행력 있는 정본에 의하여야 한다(동법 제28조).

3. 강제집행은 판결이 이미 채무자에게 송달되었거나 동시에 송달한 때에 한하여 개시할 수 있다(동법 제39조 제1항). 그것은 채무자로 하여금 어떤 집행권원에 의하여 집행 받는가 하는 것을 미리 알게 하여 그 이익을 보호하고 적절한 방어방법을 강구하게 할 기회를 주자는 것이다.

4. 소액채권은 집행관에게 강제집행을 신청하여 채무자의 집에 있는 가재도구를 집행하거나 채무자의 영업소에 있는 비품 또는 기계기구나 상품을 집행한다. 그러나 고액채권은 채무자 소유의 부동산, 선박 및 자동차 등에 대하여 법원에 강제경매를 신청한다.

위 사례의 경우, 판결만으로는 집행신청을 할 수 없으므로 판결 받은 법원에 집행문부여신청과 송달증명원을 제출하여 판결정본 뒤에 집행문과 송달증명을 붙여 강제집행신청을 집행관사무소에 접수하여야 한다.

■공탁통지서를 분실한 경우 공탁금을 찾을 수 있는 방법

A는 B가 운전하던 무보험차량에 치어 전치 8주의 치료를 요하는 부상을 당하고 치료를 받고 있다. 그런데 B가 형사합의 명목으로 변제공탁을 하여 A는 공탁통지를 받은 후 그 증서를 분실하였는데 공탁통지서 없이는 공탁금을 찾을 수 없을까?

공탁자가 공탁한 공탁금을 피공탁자가 출급(出給)청구하고자 하면 공탁통지서를 첨부하여야 하는 것이 원칙이나(공탁사무처리규칙 제30조 제1호 본문), A의 경우처럼 공탁통지서를 분실한 경우 공탁사무처리규칙은 다음과 같이 규정하여 공탁금을 찾을 수 있도록 하고 있다.

즉, A는 공탁자로부터 공탁서원본 또는 공탁자의 승낙서(공탁통지서의 첨부 없이 출급청구함을 승낙한다는 취지의 서면)를 받아 공탁금을 찾을 수 있고(동 규칙 제30조 제1호 단서), 공탁자로부터 위와 같은 공탁서 또는 승낙서를 받지 못하는 경우에는 공탁공무원이 인정하는 두 사람 이상이 연대하여 공탁통지서의 첨부 없이 출급함으로 인하여 그 사건에 관한 손해가 생긴 때에는 이를 배상한다는 보증서와 그들의 재산증명서(등기부등본), 인감증명서를 첨부하여 공탁금을 찾을 수 있다(동 규칙 제38조 제1항).

위와 같은 서류들을 전혀 제출할 수 없는 경우에는 공탁공무원은 이해관계인에 대하여 공탁물의 출급 또는 회수청구에 관한 이의가 있으면 그 이유를 기재한 이의신청서를 일정기간 내에 제출할 것을 통지하여야 하고, 이해관계인을 알 수 없거나 또는 이해관계인에 대하여 통지할 수 없을 때에는 그 취지를 공고하여야 하며, 위 기간이 지나면 공탁금을 찾을 수 있게 되지만 위 통지 또는 공고비용은 청구자가 부담하여야 한다(동 규칙 제38조 제2항, 제3항).

참고로 공탁물을 수령할 자가 부재중이어서 공탁통지서가 공탁자에게 반송된 경우에도 위와 같은 절차에 따라 공탁금을 찾을 수 있을 것이다.

■약속어음공증의 효력

> A의 처남인 B는 C에게 1,000만 원을 빌리면서 A에게 보증인이 되어 달라고 하였는데, B는 이에 관하여 약속어음공증을 요구하여 공증인 사무실에서 서류작성을 모두 마쳤다. 약속어음의 공증은 어떤 효력이 있을까?

채무자의 재산을 강제집행하기 위해서는 집행권원이 필요하다. 집행권원이란 일정한 사법상의 급여청구권의 존재 및 범위를 표시하고 그 청구권에 집행력을 인정한 공정의 문서를 말한다.

구체적으로 어떠한 증서가 집행권원이 되는가는 민사소송법 기타의 법률에 정하여져 있고, 이에는 주로 재판 및 이에 준하는 효력을 가지는 조서가 집행권원이 되나, 그 외에 당사자의 진술에 기하여 공증인 또는 법무부장관의 인가를 받은 합동법률사무소 및 법무법인이 작성한 증서도 집행권원이 된다.

공증인법에 의하면 "공증인은 어음·수표에 부착하여 강제집행을 인락하는 취지를 기재한 공정증서를 작성할 수 있다(제56

조의2 제1항). 이 증서는 민사집행법 제56조의 규정에 불구하고 그 어음 또는 수표에 공증된 발행인과 배서인 및 공증된 환어음을 공증인수한 지급인에 대하여는 집행권원으로 본다."(동법 제56조의2 제4항)라고 규정하고 있다.

이와 같이 공증된 약속어음은 집행권원으로서의 효력을 가지게 되므로 위 사례의 경우 B가 C에 대한 채무를 변제하지 못할 경우 C는 위 공증어음을 이용하여 보증인인 A의 재산에 대하여 바로 강제집행절차를 취할 수 있다.

■별거 중인 처의 유체동산집행에 대한 구제 절차

A는 남편 B와 3년 전에 결혼하였으나, 약 6개월 전에 가정불화로 별거하기로 합의하고 B는 자기의 가재도구를 가지고 직장부근으로 이사를 갔다. 별거를 시작한 후 아무런 연락이 없었는데, 최근 B의 주민등록이 A의 주소지로 되어 있고 아직까지 법률상 부부라는 이유로 B의 채권자가 A 소유 동산에 강제집행 하였는데 이에 대한 대처방법은 무엇인가?

법률상 부부의 일방이 혼인 전부터 가진 고유재산과 혼인 중 자기의 명의로 취득한 특유재산 이외에 부부 누구에게 속한 것인지 분명하지 아니한 재산은 부부의 공유로 추정하고 있다(민법 제830조 제2항). 따라서 등기·등록할 수 있는 재산 이외에는 그 소유관계가 불분명한 경우가 많으므로 이러한 경우 부부 또는 일방의 채권자가 강제집행할 수 있을 것이다.

그러나 위 사례와 같이 6개월 전에 이미 남편 B가 그 소유의 가재도구를 가지고 이사를 하여 동거하지 아니한 경우에 남편의 주민등록이 A의 주소지로 되어 있고, 아직까지 법률상 부부라는 이유만으로 A의 소유인 동산에 강제집행한 것은 부당하다 할 것이므로 A는 관할법원에 제3자 이의의 소를 제기하여 다투어야 할 것이다.

그런데 이러한 소송이 제기된다고 하여도 강제집행의 속행에는 영향이 없다. 따라서 강제집행을 정지시키기 위해서는 강제집행정지신청을 하여야 할 것이며, 이 경우 담보제공을 하여야 할 경우도 있음을 참고하여야 한다(민사집행법 제46조, 제48조). 그리고 이 경우의 담보제공은 지급보증위탁계약을 체결한 문서의 제출에 의한 담보제공은 허용되지 아니한다.

■강제경매신청전의 자동차 인도명령

A는 B에게 500만 원을 빌려주었는데 변제기한이 지났음에도 돈을 갚지 않고 있다. 이에 A는 B를 상대로 대여금청구소송을 제기하여 승소판결을 받았으나 B에게는 다른 재산이 없고 고급승용차만 가지고 있어 그 자동차를 경매하려고 한다. B는 강제집행신청이 된 것을 알게 되면 자동차를 숨겨 둘 가능성이 있는데 이를 방지할 수 있는 방법은 없을까?

흔히 채무자의 자동차에 대한 집행으로 집행법원의 자동차강제경매개시결정을 받은 후 자동차의 인도집행을 하게 되는데, 이렇게 되면 채무자에게 자동차를 빼돌릴 기회를 주게 되는 바람에 강제경매개시결정 후 2월이 경과하기까지 집행관이 자동차를 인도 받지 못하는 경우가 많아 애써 진행시킨 집행절차가 중도에 취소되는 경우도 많다.

따라서 자동차를 강제경매신청할 경우에는 우선 강제경매신청전의 자동차인도명령절차를 통하여 자동차를 집행관에게 인도하도록 해 두는 것이 좋다(민사소송규칙 제176조의2, 제179조).

따라서 A는 자동차에 대한 경매신청 전에 자동차를 집행관에게 인도하지 아니하면 강제집행이 현저히 곤란하게 될 우려가 있다는 것을 이유로 자동차의 소재지를 관할하는 지방법원에 '자동차경매신청전 인도명령신청'을 하여 B의 자동차를 집행관에게 인도시키고 강제경매를 진행하면 될 것이다.

■부동산경매의 입찰절차 및 주의사항

> A는 법원의 입찰로 부동산을 매수하고자 하는데, 입찰절차 및 주의사항은?

법원의 부동산경매 입찰방식은 속칭 경매 브로커의 개입을 차단하고 실수요자는 누구든지 평온리에 보다 저렴한 가격으로 응찰할 수 있는 장점이 있다.

첫째, 입찰방법은 입찰표에 사건번호, 입찰자의 성명, 주소, 응찰가액을 기재하고 날인하여 보증금과 함께 입찰봉투에 넣어 입찰함에 투입하면 된다(민사집행규칙 제62조, 제64조, 대법원송무예규 제865조). 한 사건에서 여러 개의 물건이 개별적으로 입찰에 부쳐지는 경우에는 그중 응찰하고자 하는 물건의 번호도 반드시 기재하여야 하며, 입찰보증금액은 특별매각조건으로 달리 정한 경우가 아닌 한 응찰가액의 1할에 해당하는 금액이어야 하며, 금융기관발행의 자기앞수표 또는 현금으로 준비하여야 한다. 2002.7.1.부터 접수한 사건에 있어서는 최저매각가격의 10분의 1로 한다(민사집행법 제113조, 민사집행규칙 제63조, 제64조).

둘째, 매각허가 및 대금납부시기는 최고의 가격으로 응찰한 사람에 대하여 낙찰기일에 매각허가여부를 최종적으로 결정한다(민사집행법 제109조, 제126조, 제268조). 매각허가결정이 확정되면 법원이 정하여 통지하는 대금납부기일에 낙찰대금(보증금을 공제한 전액)을 납부하여야 한다(민사집행법 제142조, 제268조). 대금납부기일은 통상 매각허가결정이 확정된 날로부터 1개월 이내로 지정되고(민사집행규칙 제78조, 제194), 낙찰자가 지정된 대금납부기일에 대금을 납부하지 아니하면 차순위 입찰신고인에게 낙찰을 허가하고, 차순위 입찰신고인이 없는 경우에는 재입찰을 실시한다(민사집행법 제137조, 제138조).

셋째, 소유권이전 및 인도절차는 낙찰대금을 납부함과 동시에 당해 부동산의 소유권이 낙찰자에게 이전되며(민사집행법 제135조), 각종 저당권, 가압류 등은 그 순위에 상관없이 원칙적으로 모두 효력이 소멸된다. 소유권이전등기 및 저당권이나 가압류의 말소등기를 위해서는 등록세와 교육세를 낸 영수증을 첨부하여 법원에 신청하면 법원이 등기소에 위 등기를 촉탁하여 준다. 낙찰대금을 납부하였음에도 불구하고 종전의 소유자가 낙찰자에게 부동산을 인도하지 아니하면 법원에 인도명령을 신청하면 된다. 다만, 대금납부 후 6개월이 지나면 인도명령을 신청할 수 없고 명도소송을 제기하여야 할 것이며, 채무자나 소유자 이외의 자가 점유하는 경우에도 명도소송을 제기하여야 할 경우도 있다(민사집행법 제136조 제1항).

넷째, 주의사항으로는 낙찰된 주택에서 최우선순위의 저당권이 설정된 날짜보다 먼저 주민등록전입신고를 마치고 거주하고 있는 임차인이 있을 때에는 그 임차보증금을 낙찰자가 인수하여야 하는 경우가 생길 수 있다(주택임대차보호법 제3조 제3항).

또한 소유권이전에 농지취득자격증명이 요구되는 농지는 최고가입찰자로 결정되더라도 농지취득자격증명원을 제출하여야 낙찰이 허가된다(농지법 제8조).

■가압류 채무자의 구제 방법

A는 친척 B가 C 회사 대리점 개설과 관련하여 연대보증계약을 체결한 사실이 있었는데, 최근에 C 회사에서 A의 주택을 가압류한다는 결정서를 받게 되었다. A는 B에게 문의하니 현재 C 회사에 대하여 지급할 것이 없다고 주장하였다. 이런 상황에서 가압류를 당한다면 그 구제방법은?

가압류란 금전채권 또는 금전으로 환산할 수 있는 채권을 가진 자가 확정판결을 받기 전에 후일 강제집행을 용이하게 하기 위하여 미리 채무자의 재산을 동결시켜 놓은 절차이다. 이러한 가압류의 성격상 가압류의 절차는 은밀하고 긴급하게 이루어져야 하기 때문에 법원은 채권자의 가압류신청에 대하여 채무자의 소환없이 채권자가 제출한 소명자료에 의한 최소한의 심리를 거쳐 가압류결정을 하게 된다.

그런데 위와 같은 가압류결정이 충분한 심리를 거쳐 이루어지지 않은 관계로 부당한 가압류로 인한 채무자의 피해가 발생할 수도 있기 때문에 이에 대한 구제방법으로 가압류결정에 대한 이의신청과 가압류결정의 취소를 구하는 취소절차를 두고 있다.

따라서 B가 C 회사에 지급할 채무가 없다면 가압류에 대한 이의신청을 하여 다투거나, C 회사가 본안소송을 제기하기를 기다려 본안소송에서 다투면 된다.

만일 C 회사가 본안소송제기를 지체하고 있다면 A는 법원에 본안의 제소명령을 신청할 수 있고, 법원은 변론 없이 상당한 기간 내에 소를 제기할 것을 C 회사에게 명(命)하게 되고, 이때 C 회사가 그 기간 내에 제소하지 않으면 A는 제소기간의 경과를 이유로 가압류취소신청을 하여 가압류를 말소할 수 있다.

한편 A가 위 주택을 당장 처분하길 원한다면 가압류결정문에 기재된 해방공탁금을 공탁하고 가압류집행의 취소를 구하는 방법도 있다.

제 3 편

형　법

제 1 장

형법의 개념

형법이란 범죄와 형벌의 관계를 규정한 국가 법규범의 총체, 즉 어떤 행위가 범죄이고 그 범죄에 대한 법률효과로 어떤 형벌 또는 보안처분을 과할 것인가를 규정하는 법규범을 말한다.

형법이 규정하고 있는 범죄와 형벌 또는 보안처분은 별개의 개념이 아니라 서로 밀접한 관계를 가지고 있는 개념이다. 즉 범죄는 형벌의 기초이고 형벌은 범죄에 대한 법률효과이다. 따라서 형법이라는 명칭도 국가에 따라 형법 또는 범죄법이라는 용어로 사용되고 있다. 형법이란 범죄와 형벌 가운데 법률효과인 형벌에 중점을 둔 명칭이다.

형식적 의의의 형법은 형법의 일반법인 형법전을 말한다. 실질적 형법(광의의 형법)은 형법전 이외에도 폭력행위등처벌에관한법률, 특정범죄가중처벌등에관한법률, 경범죄처벌법, 도로교통법 등이 포함된다.

형법은 국가의 형벌권에 근거를 두고 있다. 법을 공법과 사법으로 나누는 경우에는 형법은 공법에 속한다. 그러므로 범죄로 인하여 침해된 이익이 개인적 법익인 경우에도 범죄와 처벌은 국가와 범죄자 사이에 제기되는 공법관계로서의 성질을 가진다.

법을 입법법, 행정법, 사법법으로 나눌 때에는 형법은 재판에 적용되는 법이므로 사법법이다. 사법법은 다시 실체법과 절차법으로 나눌 수 있다. 형법은 범죄의 요건과 그 범위에 대한 법률효과를 규정하는 법이므로 사건의 실체에 관하여 적용되는 실체법이다.

제 2 장

형법총칙 개요

1) 범죄론

(1) 범죄란 무엇인가

형벌을 부과하기 위해서는 그 전제조건으로 범죄행위가 있어야 한다. 형법학에서는 범죄란 '사회공동생활의 존립이나 기능, 그 밖에 사회생활상의 이익이나 가치를 침해하는 행위'라고 정의하고 있다.

실제로는 범죄란 '형법각칙에 정해 놓은 행위'라고 할 수 있다.

이와 같이 형법각칙이 규정하는 행위는 모두 반사회적 행위로서 범죄이다.

(2) 범죄의 성립요건

인간의 행위가 범죄가 되기 위한 조건, 즉 범죄가 되기 위하여는 어떠한 조건이 필요한가. 범죄는 형법의 구성요건에 해당하고, 위법하며 유책한 행위이다.

그러므로 범죄의 성립요건은 구성요건해당성, 위법성, 책임의 세 가지이다.

▶구성요건

① 구성요건이란 형법각칙에서 금지하거나 요구하는 행위가 무엇인가를 규정해 놓은 것을 말한다. 특히 범죄로서 처벌할 필요가 인정되는 것을 추출·유형화하여 개념적으로 규정한 것이다.

예를 들면 형법 제250조는 "사람을 살해한 자는 사형, 무기 또는 5년 이상의 징역에 처한다."라고 규정되어 있다. 여기서 '사람을 살해하는 것'이 살인죄의 구성요건이다.

② 구성요건해당성이란 범죄가 성립하기 위해서는 사람의 행위가 이 구성요건에 해당되어야 한다.

③ 구성요건은 다음과 같은 몇 가지의 표지를 갖고 살펴야 한다.

첫째, 행위의 주체이다. 누가 그 범죄의 주체가 될 수 있느냐의 문제이다. 예를 들면 직권남용죄는 아무라도 그 범죄의 주체가 될 수 있는 것이 아니라 공무원의 신분을 갖는 자만이 그 범죄의 주체가 될 수 있고, 위증죄는 법정에서 선서한 증인만이 주체가 될 수 있다.

이와 같이 어떤 범죄는 모든 사람이 주체가 될 수 있는가 하면, 어떤 범죄는 그 주체가 일정한 자로 제한되어 있다.

둘째, 행위의 객체이다. 즉, 대상이다. 살인죄의 객체는 생명이 있는 모든 사람이나, 영아유기죄는 영아, 즉 젖먹이 어린이, 상해죄에 있어서는 사람의 신체, 절도죄에 있어서는 타인의 재물이 대상이 된다.

셋째, 보호법익이다. 보호법익이란 형법이 그 범죄를 처벌함으로써 지키고자 하는 가치나 이익이다. 예를 들면 살인죄의 보호법익은 사람의 생명이다. 형법각칙상의 보호법익은 개인적 법익, 사회적 법익, 국가적 법익으로 나눌 수 있다.

넷째, 행위이다. 살인죄의 행위는 사람의 생명을 정지시키는 일체의 행위를 말하며, 절도죄의 행위는 타인의 재물을 절취(훔치는)하는 일체의 행위를 말한다.

다섯째, 인과관계이다. 인과관계란 어떤 행위가 특정범죄라는 결과의 원인이 되느냐의 문제이다. 예를 들면 살인죄에 있어서 A가 총을 쏘아 B가 사망했다면, 형법은 A의 권총발사 행위와 B의 사망 간에 원인과 결과의 관계가 있다고 판정되어야만 A의 살인죄가 성립되도록 하고 있다.

④ 고의 또는 과실이다.

구성요건은 행위의 주체, 객체, 행위내용, 보호법익, 인과관계라는 표지로 구성되어 있다. 여기에 고의나 과실이 없다면 범죄는 성립할 수 없다. 즉 행위자에게 주관적인 범죄의사인 고의나 과실이 있어야 한다.

▶위법성

① 위법성이란 구성요건에 해당하는 행위가 법질서 전체의 관점에서 보아 허용되지 아니한다는 부정적 가치판단을 말한다. 즉 어떤 행위가 형법 등 형벌법규가 금지하는 행위를 하거나 요구하는 행위를 하지 않음으로써 법질서 전체로부터 내려지는 부

정적 가치판단이다. 형법상 범죄는 법질서 전체가 이미 내려놓고 있는 부정적 가치판단의 대상으로서 개인이나 사회 또는 국가의 법익을 침해하는 반사회적 행위라고 할 수 있다.

그러므로 인간의 행위 중 구성요건에 해당되는 행위는 일단 위법한 것이라고 보면 된다.

② 위법성조각사유는 어떤 행위가 구성요건에 해당하나 특별한 사정에 의해 위법성을 배제시켜 주는 사유를 말한다. 즉 구성요건에 해당되는 행위라고 하더라도 경우에 따라서는 위법하지 않는 경우도 있다. 예를 들면 자기를 총으로 죽이려는 범인에 대하여 소지 중인 칼로 살해하거나 중상을 입힌 경우에 그 행위는 일단 살인이나 상해라는 구성요건에 해당하지만 위법성은 없다고 보아야 하는데, 그것은 정당방위이기 때문이다.

이와 같이 구성요건에 해당하는 경우라도 경우에 따라서 위법성을 소멸시키는 사유가 위법성조각사유인 것이다.

위법성조각사유에는 정당방위, 긴급피난, 자구행위, 피해자의 승낙, 정당행위 등 다섯 가지가 있다.

▶책임

① 책임이란 행위자가 위법한 행위를 하지 않고 적법행위를 할 기대가능성이 있는지를 살펴 법질서 전체로부터 법률적 비난을 가할 수 있는 조건을 말한다.

따라서 구성요건에 해당되고 위법한 행위일지라도, 범죄로 단정하여 형벌을 과하기 위해서는 행위자에게 법률적으로 비난할 수 있는 책임이 있어야 한다. 이 비난의 가능성을 형법상 책임이라고 한다.

형법은 "책임 없으면 형벌 없다."라는 책임주의가 적용되고 있다.

② 형법은 적법행위를 기대할 가능성이 없는 사유로서 형사미성년자(14세 미만자), 심신상실자, 강요된 행위 등을 규정하고 있다.

2) 미수론

① 미수 또는 미수범이란 범죄의 행위에 착수하여 행위를 종료하지 못하였거나 결과가 발생하지 아니한 경우에 성립하는 범죄이다. 예를 들면 살인의 고의로 총을 발사하였으나 피해자에게 명중되지 않았거나 또는 상해만 입힌 경우이다.

② 형법이 인정하는 미수범의 종류에는 장애미수, 중지미수, 불능미수가 있다.

장애미수는 범죄의 실행에 착수하였으나 외부적 장애로 말미암아 기수에 이르지 못한 경우이다.

중지미수는 행위자가 자의로 범행을 중지한 경우이다.

불능미수란 행위자가 실행의 수단이나 대상의 착오로 말미암아 미수에 그쳤으나, 결과발생의 가능성이나 위험성 때문에 특별히 처벌하는 경우이다.

3) 공범론

① 공범이란 2인 이상이 범죄에 참가하여 공동으로 범죄를 실행한 경우를 말한다.

형법상의 범죄는 단독으로 실행할 수도 있고 2인 이상이 참가하여 공동으로 실행할 수도 있다.

공범은 단독범과는 달리 주관적으로는 의사를 강화하고, 객관적으로는 행위를 이용·보충한다는 점에 그 특질이 있다.

② 형법이 인정하는 공범에는 공동정범, 간접정범, 교사범, 종범이 있다.

공동정범이란 2인 이상이 공동의 범죄의사를 가지고 공동으로 범죄를 실행하는 경우이다.

간접정범은 타인을 도구로 이용하여 간접적으로 범죄를 실행하는 경우를 말한다.

교사범은 타인을 교사하여 범죄실행의 결의를 생기게 하고, 이 결의에 의하여 범죄를 실행하게 한 자를 말한다. 즉 타인에게 범죄를 사주하는 형태의 범죄이다.

종범은 타인의 범죄실행을 방조한 경우를 말한다.

4) 죄수론

① 죄수론이란 범죄의 수를 정하는 문제이다. 즉 범죄의 수가 한 개인가 또는 수 개인가의 문제이다. 죄수론은 형벌과 관련된 문제로서 수사나 재판에서 중요한 문제이다.

② 일죄(一罪)로는 법조경합(法條競合)과 포괄일죄(包括一罪)가 있고, 수죄에는 상상적경합(想像的競合)과 실체적경합(實體的競合)이 있다.

5) 형벌론

① 형벌이란 국가가 범죄에 대한 법률상의 효과로서 범죄자에 대하여 과하는 법익의 박탈을 말한다.

좁은 의미의 형벌이란 범죄인으로 확정된 자에 대하여 국가의 형벌권에 기하여 범죄인에게 과하는 법익의 박탈을 의미하며, 넓은 의미의 형벌에는 보안처분까지 포함된다.

② 범죄인에 대한 형벌은 본질에 대하여 응보인가, 아니면 교육을 실시하여 건전한 사회인을 만들어 사회에 복귀시키려는 목적의 교육인가에 대한 논의가 있으나 오늘날의 형벌은 응보와 교육 모두를 포함하는 입장이다.

③ 형법상의 형벌의 종류로는 사형, 징역, 금고, 구류, 자격상실, 자격정지, 벌금, 과료, 몰수의 9종이 있다.

사형은 범죄자의 생명을 박탈하는 형벌로서 생명형이라고도 하는 극형이다. 사형에 대하여는 존폐의 논쟁이 있다.

징역은 범죄자를 교도소 내에 구치하여 노역에 복무하게 하는 형벌로서 무기징역과 유기징역이 있다. 유기는 1월 이상 15년 이하이고 형을 가중하는 때에는 25년까지로 한다. 무기는 종신형이지만, 10년이 경과한 후에는 가석방이 가능하다.

(2010.4.15개정된 형법 제42조에는 유기는 1개월 이상 30년 이하로 한다. 단 유기징역 또는 유기금고에 대하여 형을 가중하는 때에는 50년까지로 한다고 규정하고 있다. 시행일은 2010. 10.16 이다.)

금고는 징역형과 같은 구금형이나 교도소에서 노역을 시키지 않는 형이다. 그러나 행형법에 의하여 금고형을 받은 자도 신청에 의하여 작업을 과할 수 있다.

구류는 범죄자를 교도소 내에 구치하지만, 그 기간이 1일 이상 30일 미만이다. 경범자처벌법상의 경범죄에 활용되고 있다.

벌금은 범죄인에 대하여 일정한 금액의 지불의무를 강제적으로 부담하게 하는 것을 내용으로 하는 재산형이다. 벌금은

50,000원 이상으로 하며, 상한은 각 처벌법규에 규정되어 있다. 벌금형을 선고받고 납부하지 않는 경우에는 최고 3년까지 그 벌금에 해당하는 기간을 노역장에 유치시킬 수 있다.

과료는 벌금형과 동일하나 경미한 범죄에 대하여 적은 금액이 부과된다는 점에서 구별된다. 과료는 2,000원 이상 50,000원 미만으로 한다. 행정법에서의 제재인 과태료와는 다른 것이다.

몰수는 유죄판결을 선고할 때 범죄행위에 제공하였거나 제공하려고 하는 물건, 또는 범죄로 말미암아 생겼거나 범죄로 인해 취득한 물건, 그 밖에 이러한 물건의 대가로 취득한 물건을 범죄자로부터 국가에 귀속시키는 형벌이다. 범죄자가 몰수의 대상인 물건을 처분·은닉·소지하여 몰수가 불가능한 경우에는 그 가액을 추징한다.

자격상실은 사형, 무기징역, 무기금고의 형의 선고가 있으면 그 효력으로서 당연히 일정한 자격을 상실시키는 형벌이다. 상실되는 자격은 선거권, 피선거권, 공무원이 될 수 있는 자격 등이다.

자격정지는 일정한 기간 동안 위의 자격을 정지시키는 형벌이다. 유기징역, 유기금고의 형을 선고받게 되면 그 형의 집행을 마칠 때까지 당연히 정지되는 당연정지와 판결로서 최저 1년에서 최고 15년까지 그 정지를 선고하는 선고정지가 있다.

④ 모든 범죄에는 개별적으로 형을 정해 놓았는데 이를 법정형(法定刑)이라고 한다. 법관은 구체적으로 형벌의 종류를 선택하고 기간을 선택할 수 있다. 또한 법정형을 가중하거나 감경하는데 이를 처단형(處斷刑)이라고 한다.

그 다음에 다시 범인의 연령, 성품, 지능과 환경, 피해자에 대한 합의여부, 범행의 동기, 수단과 결과, 반성의 정도 등 여러 가지 사정을 참작하여 처단형의 범위 내에서 형을 선고하게 되는데 이를 선고형(宣告刑)이라고 한다.

이때 법관은 범죄인에 대하여 형의 선고를 유예하거나 집행을 유예하는 판결도 할 수 있는데, 이는 형사정책적 이유에서이다.

⑤ 선고한 형은 범죄인이 승복하고 상소를 포기하거나, 상소하였다 하더라도 상급법원이 기각하면 형이 확정되며, 형이 확정되면 형을 집행하게 된다.

⑥ 보안처분은 범죄인의 교육과 재사회화를 위하여 형벌 대신에 과해지는 형사처분을 말한다.

예를 들면 사회보호법에 의한 정신질환자의 범죄에 대하여 일정기간 정신병원에 수용시켜 치료하게 하는 치료감호처분과 소년범에 대한 보호처분 등이 있다.

제 3 장

형법각칙 개요

형법학자들은 형법각칙의 각 범죄를 보호법에 따라 일반적으로 개인적 법익에 대한 죄, 사회적 법익에 대한 죄, 국가적 법익에 대한 죄로 구별하고 있다.

1) 개인적 법익에 대한 죄란 개인의 생명·신체, 자유, 명예·신용, 사생활의 평온 또는 재산을 보호하기 위한 범죄를 말한다.

인간의 존엄과 가치를 존중하는 자유사회에 있어서 개인을 떠난 사회와 국가는 생각할 수 없고, 국가와 사회도 개인을 보호하기 위하여 의미를 가진다고 할 수 있다. 이러한 의미에서 개인적 법익은 형법이 보호하는 가장 중요한 법익이 된다.

개인적 법익에 대한 죄에는 ① 생명과 신체에 대한 죄, ② 자유에 대한 죄, ③ 명예와 신용에 대한 죄, ④ 사생활의 평온에 대한 죄, ⑤ 재산에 대한 죄가 있다. 생명과 신체에 대한 죄는 사람의 생명이나 신체를 침해하거나 이를 위태롭게 하는 것을 내용으로 하는 범죄로써 살인의 죄, 상해와 폭행의 죄, 과실치상의 죄, 낙태의 죄, 유기와 학대의 죄가 있다. 자유에 대한 죄란 개인의 자유 그 자체를 보호하기 위한 범죄로써 협박과 강요의 죄, 체포와 갈등의 죄, 약취와 유인의 죄, 강간과 폭행의 죄가 있다.

명예와 신용에 대한 죄란 사람의 사회적 평가를 보호하기 위한 범죄로써, 명예에 관한 죄, 신용·업무와 경매에 관한 죄가 있다. 사생활의 평온에 대한 죄에는 비밀침해의 죄와 주거침입의 죄가 있다.

재산에 대한 죄는 개인의 재산을 보호법익으로 하는 범죄로써 절도와 강도의 죄, 사기와 공갈의 죄, 횡령과 배임의 죄, 장물에 대한 죄, 손괴의 죄, 권리행사를 방해하는 죄가 있다.

2) 사회적법익에 대한 죄란 인간의 공동생활의 기초가 되는 국민의 사회생활에서의 일반적 법익을 보호하기 위한 범죄를 말한다.

사회적 법익에 대한 죄는 ① 공용의 안전과 평온에 대한 죄, ② 공공의 신용에 대한 죄, ③ 공중의 건강에 대한 죄, ④ 사회의 도덕에 대한 죄가 있다.

공공의 안전과 평온에 대한 죄란 공공의 안전과 평온을 해하는 것을 내용으로 하는 범죄로써 공안을 해하는 죄, 폭발물에 관한 죄, 방화와 실화의 죄, 일수와 수리에 관한 죄, 교통방해의 죄가 있다.

공공의 신용에 대한 죄란 통화·유가증권·문서 또는 인장의 진정(眞正)에 대한 공공의 신용을 해하여 경제적·법적 거래의 안전을 해하는 것을 내용으로 하는 범죄로서 통화에 관한 죄,

유가증권·우표와 인지에 관한 죄, 문서에 관한 죄, 인장에 관한 죄가 있다.

공중의 건강에 대한 죄는 음용수에 관한 죄와 아편에 관한 죄와 같이 개인의 생명이나 신체가 아닌 공중의 건강생활을 위태롭게 하는 범죄이다.

사회의 도덕에 대한 죄란 사회 일반인의 성생활·경제생활, 종교생활상의 도덕적 질서를 보호하기 위한 범죄로서 성풍속에 관한 죄, 도박과 복표에 관한 죄, 신앙에 관한 죄가 있다.

3) 국가적 법익에 대한 죄란 국가의 존립과 권위 또는 국가의 기능을 보호하기 위한 범죄를 말한다. 국가적 법익에 대한 죄는 국가의 존립과 권위에 대한 죄와 국가의 기능에 대한 죄로 구별할 수 있다.

국가의 존립과 권위에 대한 죄는 내란의 죄, 외환의 죄, 국기의 관한 죄, 국교에 관한 죄가 있다.

국가의 기능을 보호하기 위한 죄는 공무원의 직무에 관한 죄, 공무방해에 관한 죄, 도주와 범인은닉의 죄, 위증과 증거인멸의 죄, 무고의 죄가 있다.

제 4 장

형법총칙 사례

■형사미성년자의 법적 책임

> 13세인 동네 아이들이 돌을 던지며 장난을 치던 중 한 아이가 다른 아이의 머리를 맞혀 전치 3주의 상해를 입혔다. 돌을 던진 아이의 부모는 아들이 잘못한 일이므로 사과하고 치료비를 부담하려고 하였으나 상처 입은 아이의 부모는 많은 돈을 요구하며, 이 돈을 주지 않으면 고소하겠다고 하는데, 돌을 던진 아이가 고소당하면 이에 대한 법적 책임은?

돌을 던진 아이의 행위는 형법상 과실치상죄에 해당하는 행위로 보여지나 형법 제9조의 형사미성년자의 행위가 되어 형사상 처벌은 받지 아니한다.

형사미성년자의 행위에 대하여는 형사처벌을 면제하는 규정이다. 여기서 14세가 되지 아니한 만 14세 미만의 자(子)란 주민등록상 나이가 아닌 실제상의 나이를 말한다. 그러나 소년법에 의하면 보호처분의 대상은 될 수 있다.

형법 제9조(형사미성년자)

14세 되지 아니한 자의 행위는 벌하지 아니한다.

소년법 제4조(보호의 대상과 송치 및 통고)

① 다음 각호의 1에 해당하는 소년은 소년부의 보호사건으로 심리한다.

1. 죄를 범한 소년
2. 형벌법령에 저촉되는 행위를 한 12세 이상 14세 미만의 소년
3. 다음에 해당하는 사유가 있고 그의 성격 또는 환경에 비추어 장래 형벌법령에 저촉되는 행위를 할 우려가 있는 12세 이상의 소년
   가. 보호자의 정당한 감독에 복종하지 않는 성벽이 있는 것
   나. 정당한 이유없이 가정에서 유리하는 것
   다. 범죄성이 있는 자 또는 부도덕한 자와 교제하거나 자기 또는 타인의 덕성을 해롭게 하는 성벽이 있는 것

■인과관계

> A는 B를 죽이려고 총을 쏘았다. 그런데 B는 총에 맞아 부상을 입어 병원으로 후송되는 도중에 반대편 차선에서 질주해 오던 차량과 B를 태운 앰블런스가 충돌하여 B가 사망하였다. A의 형사적 책임은?

형법에서는 일정한 결과의 발생이 있어야 하는 결과범에 있어서는 범죄행위와 결과에 인과관계가 있어야 한다. 즉 원인과 결과의 관계가 있어야 하는 것이다. 다시 말하면 어떤 범죄행위가 있고, 또 어떤 결과가 발행하였다고 하더라도 그 행위와 결과 사이에 인과관계가 없으면 범죄가 성립되지 않는다. 예를 들면

서로 다투다가 뺨 한 대를 때렸는데, 상대방이 며칠 후에 사망하였다고 하는 경우에 행위자에게 사망의 결과에 대한 형사책임을 지우려면 뺨을 한 대 때린 행위가 원인이 되어 피해자가 사망하였다는 인과관계가 존재하여야 하는 것이다.

인과관계를 판별하는 기준, 즉 인과관계의 이론을 보면 행위와 결과 사이에 논리적인 조건관계가 있으면 된다는 조건설, 결과발생을 가져온 조건 중에서 특히 원인을 준 조건만이 인과관계를 가진다는 원인설, 사회적 통념이나 경험에 비추어 그 행위로부터 그러한 결과가 발생하는 것이 상당하다고 판정되면 인과관계가 인정된다는 상당인과관계설이 있다.

행위자의 행위를 통하여 나타난 불법적인 결과에 대해서는 그 행위가 어떤 위험을 실현하였거나 증대시킨 경우 행위자에게 귀속시킬 수 있다는 객관적귀속론도 있다.

이와 관련된 판례를 보면,

- 얼굴을 강타하였는데 사망한 경우
- 얼굴을 강타당한 피해자가 뇌출혈로 사망한 경우
- 임신 7개월의 임신부를 발로 걷어차 넘어뜨려 낙태와 심근경색증으로 사망하게 한 경우
- 운전자가 시동을 끄지 않은 채 운전석을 이탈하였는데 타인이 호기심에서 운전하다가 사람을 다치게 한 경우
- 상대방을 떠밀어 쇼크성 심장마비로 사망하게 한 경우

등은 행위와 결과 사이에 인과관계가 있다고 하였다.

그러나 인과관계를 인정하지 않는 경우는,

- 강간을 당한 피해자가 수치심으로 자살한 경우에는 강간이

사망의 원인이 아니라고 보며,

- 교사가 학생을 훈계하려고 뺨을 때렸는데 뒤로 넘어져 사망한 사건에서 피해자가 평소 허약체질이고 두개골의 두께가 정상인보다 얇은 경우였다면 인과관계가 없다고 하였고,
- 피해자가 특이체질이어서 가벼운 폭행으로도 심장마비로 사망한 경우에도 사망의 결과를 예상할 수 없었다는 이유로 인과관계를 부정하고 있다.

따라서 위 사례의 경우 A의 행위는 B의 사망과 상당한 인과관계가 있다. 즉, 총을 쏘지 않았다면 후송 중의 교통사고로 사망하지 않았을 것이다.

그러므로 A는 살인죄의 기수범이 된다.

형법 제17조(인과관계)

어떤 행위라도 죄의 요소되는 위험발생에 연결되지 아니한 때에는 그 결과로 인하여 벌하지 아니한다.

■미필적 고의

A는 실연으로 세상을 비관하여 승용차를 몰고 주택가 골목길에서 어린이들이 놀고 있는 쪽으로 질주하여 한 어린이를 사망하게 하였다. 그 경우 이 청년의 형사책임은?

범죄는 원칙적으로 고의가 있어야 처벌한다. 즉, 그것을 행하고자 하는 의지나 그것을 행한다는 인식이 있어야 한다. 고의는 단순한 범죄의 동기나 의욕, 희망, 목적 등과 같은 심리적 요소와 구별된다.

형법의 모든 죄는 대부분 고의에 의한 고의범이며, 과실에 의한 과실범은 예외적으로 인정되고 있을 뿐이다. 그리고 이 고의는 범죄의 성립요건 중의 구성요건과 관계되어 있다. 그런 의미에서 고의는 '구성요건적 사실을 인식하거나 인용하는 것'이다. 고의는 사람의 심리내면에 자리잡고 있지만, 밖으로 나타나는 행동으로 고의의 존재여부를 판정할 수가 있다.

고의에는 확정적 고의와 미필적 고의가 있다.

확정적 고의란 구성요건을 확정적으로 명확하게 인식한 경우를 말하며, 미필적 고의란 행위자가 구성요건적 결과의 발생을 확실하게 인식한 것이 아니라 그 가능성을 예견하고 행위한 경우를 말한다.

위 사례와 같이 차를 운전하여 군중 속으로 질주하는 행위에는 특정인의 살해라는 인식은 없지만 자기 행위로 누군가가 죽을 수도 있다는 것을 예상할 수 있고, 또한 누가 죽더라도 할 수 없다는 의사가 있었으므로, 업무상과실치사죄가 아닌 미필적 고의에 의한 살인죄가 성립한다.

형법 제13조(범의)

죄의 성립요소인 사실을 인식하지 못한 행위는 벌하지 아니한다. 단 법률에 특별한 규정이 있는 경우에는 예외로 한다.

■사실의 착오

A는 유산분배와 혼인신고를 해 주지 않는다는 이유로 동거중인 애인 B를 독살하기로 결의하고 아침 출근시 마시는 보약속에 독약을 넣었다. 그러나 B는 바쁜 일 때문에 보약을 마시지 않고, 가정부 C가 호기심에 마셨다가 사망하였다. 이때 A

의 형사책임은?

앞 문제에서 설명한 바와 같이 범죄행위에는 원칙적으로 고의가 있어야 하며 이 고의는 구성요건을 실현하고자 하거나 실현한다는 인식이나 인용을 의미한다. 그런데 행위자가 인식·의도한 사실과 실제로 발생한 객관적인 사실이 일치하지 않는 경우도 있다.

예를 들면 A라고 생각하고 총을 쏘았는데 실은 B였다거나(객체의 착오), A를 향하여 쏘았으나 빗나가 옆에 있던 B에게 명중한 경우(방법의 착오)이다.

이런 경우를 형법에서는 인식한 사실과 발생한 사실이 착오를 일으켰다고 해서 '사실의 착오'라고 한다. 이에 대한 처리방안에 대하여는 학자들 사이에 이견이 있으나 통설은 인식한 사실과 발생한 사실이 같은 구성요건일 때에는 고의와 그로 인한 범죄의 완성은 인정된다고 하는 입장이다.

그러므로 A라고 인식하고 발사하였는데 실은 B였다거나, A를 향해 발사하였는데 B가 명중된 경우 살인이라는 구성요건은 같으므로 살인죄의 고의는 모두 인정될 수 있다는 것이다.

위 사례는 B를 살해하려고 하였으나 다른 사람인 C가 사망하였으므로 행위자는 C에 대한 살인죄가 성립한다.

형법 제15조(사실의 착오)

① 특별히 중한 죄가 되는 사실을 인식하지 못한 행위는 중한 죄로 벌하지 아니한다.

② 결과로 인하여 형이 중할 죄에 있어서 그 결과의 발생을 예견할 수 없었을 때에는 중한 죄로 벌하지 아니한다.

■정당행위의 성립 여부

> 중학교 교사 A는 담배를 피는 학생 B를 훈계 중 빰을 수차 때려 고막이 파열되었다. 이때 교사의 법적 책임은?

A 교사의 행위는 형법상 상해죄나 폭행치상죄에 해당한다고 볼 수 있다. 다만 위 행위는 교육목적으로 폭력을 행사한 것이므로 정당행위로서 처벌을 받지 않을 수 있는지가 문제된다.

형법 제20조에는 정당행위에 관하여 규정하고 있다. 위법성조각사유인 것이다. 어떤 사유가 정당한 이유로서 위법성이 조각되는지를 살펴보면, 보호이익과 침해이익과의 법익균형성, 긴급성, 그 행위 외에 다른 수단이나 방법이 없다는 보충성의 요건을 갖추어야 한다.

초·중등교육법에는 학교의 장은 교육상 필요한 때에는 법령 및 학칙이 정하는 바에 의하여 학생을 징계하거나 기타의 방법으로 지도할 수 있고, 교사는 법령이 정하는 바에 의하여 학생을 교육하도록 되어 있다(제18조 1항, 제20조 3항 참조). 그러나 교사가 제자를 훈계하기 위한 것이었다 하더라도 학생을 구타하여 상해를 입혔다면 이는 징계의 범위를 넘는 것으로서 형법 제20조의 정당행위에는 해당하지 아니한다. 그러나 교사의 행위는 비록 징계권행사라 하더라도 그 방법이 지나치게 가혹하거나 징계행위로 인하여 학생에게 상해를 입힌 때이므로 법적 책임을 면할 수 없다.

따라서 위 사례는 사회상규를 벗어난 것으로 형법 제20조의 정당행위에 해당하지 않고 상해죄 또는 폭행치상죄의 책임이 있다고 보아야 한다.

형법 제20조(정당행위)

법령에 의한 행위 또는 업무로 인한 행위 기타 사회상규에 위배되지 아니하는 행위는 벌하지 아니한다.

■싸움 중 정당방위 성립의 여부

A와 B가 언쟁 중 B가 먼저 A를 폭행을 하자 그 뒤 상호폭행을 하게 되어 각각 3주의 상해를 입게 되었다. B가 먼저 폭행을 함에 대하여 응수한 A의 행위는 정당방위가 성립하는지?

정당방위(형법 제21조)가 인정되기 위해서는 ① 현재의 부당한 침해가 있어야 하고, ② 자기 또는 타인의 법익을 방위하기 위한 행위여야 하며, ③ 상당한 이유가 있어야 하는 세 가지 요건이 구비되어야 한다.

이러한 정당방위가 성립하려면 침해행위에 의하여 침해되는 법익(法益)의 종류, 정도, 침해의 방법, 침해행위의 완급과 방위행위에 의하여 침해될 법익의 종류, 정도 등 일체의 구체적 사정들을 참작하여 방위행위가 사회적으로 상당한 것이어야 하고, 정당방위의 성립요건으로서의 방어행위에는 순수한 수비적 방어뿐만 아니라 적극적 반격을 포함하는 반격방어의 형태도 포함되나, 그 방어행위는 자기 또는 타인의 법익침해를 방위하기 위한 행위로서 상당한 이유가 있어야 한다.

그런데 싸움 중에 이루어진 가해행위가 정당방위에 해당할 수 있는지에 관하여 판례를 보면, "싸움과 같은 일련의 상호투쟁 중에 이루어진 구타행위는 서로 상대방의 폭력행위를 유발한 것이므로 정당방위가 성립되지 않는다."라고 하였다.

그러므로 위 사례의 경우 단순히 한 사람이 먼저 폭행을 시작하였다는 사실만으로 이에 대응한 폭행이 정당방위가 성립되어 처벌되지 않는 것은 아니다.

형법 제21조(정당방위)

① 자기 또는 타인의 법익에 대한 현재의 부당한 침해를 방위하기 위한 행위는 상당한 이유가 있는 때에는 벌하지 아니한다.

■외국으로 도피하려는 채무자를 저지하다가 상해를 입힌 경우 처벌받게 되는지의 여부

A는 빌려 간 돈을 갚지 않고 해외로 도피하려는 채무자 B를 붙잡아 경찰서로 끌고 가는 과정에서 전치 1주의 상해를 입히게 되었다. 이 경우 A는 상해죄 등으로 처벌받을 수 있을까?

아무리 정당한 권리라 하더라도 법적 절차에 따라 이를 해결하는 것이 원칙이다. 그러나 시간이 촉박하고 권리행사의 실효를 거둘 수 없는 경우에까지 절차적 원칙을 요구한다면 사실상 권리확보가 불가능한 경우도 있을 것이다. 형법에 의하면 법정절차에 의하여 청구권을 보전하기 불가능한 경우에 그 청구권의 실행불능 또는 현저한 실행곤란을 피하기 위한 행위는 상당한 이유가 있는 때에는 벌하지 아니하고 이러한 행위가 그 정도를 초과한 때에는 정황에 의하여 형을 감경 또는 면제할 수 있다고 규정하고 있다(제23조).

이와 같은 경우는 자력구제(自力救濟) 또는 자구행위(自救行爲)라고 하여 일정한 요건하에 있어서는 위법성이 배제되므로 채권자의 입장에서는 민·형사책임을 면제받을 수 있다.

그러므로 위 사례에서는 채무자가 해외로 도피할 경우 권리실현에 상당한 어려움이 예상되므로 자구행위로 볼 수 있을 여지가 있을 것이다. 다만, 자구행위가 지나쳐 그 상당성의 정도를 벗어난 과잉자구행위(過剩自救行爲)가 되는 경우에는 위법성이 조각되지 않고 처벌을 받게 될 것이다.

형법 제23조(자구행위)

① 법정절차에 의하여 청구권을 보전하기 불능한 경우에 그 청구권의 실행불능 또는 현저한 실행곤란을 피하기 위한 행위는 상당한 이유가 있는 때에는 벌하지 아니한다.

② 전항의 행위가 그 정도를 초과한 때에는 정황에 의하여 형을 감경 또는 면제할 수 있다.

■벌금형을 선고받은 사실의 전과기록 해당 여부

10년 전 벌금 50만 원을 선고받은 벌금형이 전과가 될까?

전과기록(前科記錄)이라 함은 검찰청 및 군사법원 검찰부에서 관리하는 수형인명부(受刑人名簿), 수형인의 본적지 시·구·읍·면사무소에서 관리하는 수형인명표(受刑人名票) 및 경찰청에서 관리하는 수사자료표(搜査資料票)를 말한다(형의실효등에관한법률 제2조 제5항).

그리고 벌금형의 전과에 대하여 수형인명표에는 1980.12.18.부터, 수형인명부에는 1984.9.1.부터 각각 기재하지 않고, 자격정지 이상의 형을 받은 수형인만을 이들에 기재하고 있으므로, 위 사례의 경우에는 신원조회시에 벌금형을 받은 사실이 나타나지 않는 것이다. 다만, 수사기관이 피의자의 지문을 채취하고 필요한 사항을 기재한 표로서 경찰청에서 관리하는 수사자료표에는 벌금형을 받은 사실이 기재되어 있을 수가 있다.

그러나 수사자료표에 의한 범죄경력조회 및 그 회보는 범죄수사와 재판 및 대통령령으로 정한 제한된 경우에만 할 수 있으므로 과거 벌금형을 받은 사실에 대해 크게 걱정할 필요가 없을 것이다.

참고로 수사자료표에 즉결심판대상자(20만 원 이하의 벌금, 구류, 과료에 처할 경미한 범죄), 사법경찰관이 수리한 고소 또는 고발사건 중 불기소처분사유에 해당하는 사건의 피의자는 기재되지 아니한다(형의실효등에관한법률 제5조 제1항).

■채무변제 불이행시 물건을 빼앗아 올 수 있는지의 여부

> 채무자가 빌려 간 돈을 갚지 않아 그의 재산을 무단으로 빼앗아 온 경우의 책임은?

오늘날에는 자기의 권리를 자력으로 실현시키는 것은 극히 예외적으로 민법상의 점유자에게만 자력구제를 인정하는 경우를 제외하고는 허용되지 않는다. 그러므로 채권자가 채무자 모르게 그의 물건을 가져오면 절도죄가 되고, 채무자가 가져가지 못하게 하는데도 강제로 가져오면 강도죄가 성립한다.

채무자가 돈을 갚을 능력이 있으면서도 빚을 갚지 않고 미루기만 하는 경우 채권자측에서 홧김에 상대방의 물건을 가져와 그 결과 형사상 처벌을 받는 경우를 보게 되는데, 이는 새로운 불법사실을 유발하는 행위가 될 수 있다.

판례도 "피고인이 피해자에게 석고를 납품한 대금을 받지 못하고 있던 중 피해자가 화랑을 폐쇄하고 도주하자, 피고인이 야간에 폐쇄된 화랑의 베니어판 문을 미리 준비한 드라이버로 뜯어내고 피해자의 물건을 몰래 가지고 나왔다면, 위와 같은 피고인의 강제적 채권추심 내지 이를 목적으로 하는 물품의 취거행위를 형법 제23조 소정의 자구행위라고 볼 수 없다."라고 하였다(대법원판결 1984.12.26, 84도2582, 84도397).

따라서 채무자의 소행이 괘씸하더라도 대여금청구소송 등 적법한 절차에 의하여 차용금을 반환 받도록 하여야 한다.

민법 제209조(자력구제)

① 점유자는 그 점유를 부정히 침탈 또는 방해하는 행위에 대하여 자력으로서 이를 방위할 수 있다.

② 점유물이 침탈되었을 경우에 부동산일 때에는 점유자는 침탈 후 즉시 가해자를 배제하여 이를 탈환할 수 있고 동산일 때에는 점유자는 현장에서 또는 추적하여 가해자로부터 이를 탈환할 수 있다.

형법 제23조(자구행위)

① 법정절차에 의하여 청구권을 보전하기 불능한 경우에 그 청구권의 실행불능 또는 현저한 실행곤란을 피하기 위한 행위는 상당한 이유가 있는 때에는 벌하지 아니한다.

② 전항의 행위가 그 정도를 초과한 때에는 정황에 의하여 형을 감경 또는 면제할 수 있다.

■전과말소 방법

A는 교통사고로 금고 1년을 선고받아 복역하였다. 이 전과를 말소할 방법이 있을까?

한번의 잘못으로 형을 받았다 하더라도 그 후 일정 기간 동안 죄를 저지르지 않으면 전과를 말소할 수 있는 방법이 법에 규정되어 있다. 전과란 교통사고 외의 전과도 마찬가지이다.

즉 형법에는 징역 또는 금고의 집행을 종료하거나 집행이 면제된 자가 피해자의 손해를 보상하고 자격정지 이상의 형을 받음이 없이 7년을 경과한 때에는 본인 또는 검사의 신청에 의하여 그 재판의 실효를 선고할 수 있다고 규정되어 있다(제81조).

위 사례의 경우에는 석방된 날로부터 남은 형기를 경과한 시점(즉, 형의 집행을 종료한 때)을 기준으로 하여 7년이 경과된 때에는 그 형사사건기록이 보관되어 있는 검찰청에 대응하는 법원에 그 형의 실효를 선고해 줄 것을 신청할 수 있다(형사소송법 제337조).

그러나 일반인들은 이 신청절차를 모르고 있기 때문에 새로운 법을 제정하여 자동적으로 형을 실효 시키도록 하였다. 즉, 위와 같은 신청이 없다고 하더라도 형이 당연히 실효되도록 '형의실효등에관한법률'에 규정하고 있는 바, 수형인이 자격정지 이상의 형을 받음이 없이 형의 집행을 종료하거나 그 집행이 면제된 날부터 ① 3년을 초과하는 징역·금고는 10년, ② 3년 이하의 징역·금고는 5년, ③ 벌금은 2년, ④ 구류·과료는 형의 집행을 종료하거나 그 집행이 면제된 때에 그 형이 자동으로 실효된다(제7조 제1항). 본적지 시·구·읍·면사무소에서 관리하는 수형인명표(자격정지 이상의 형을 받은 수형인을 기재한 명표)를 폐기하고 검찰청 등에서 관리하는 수형인명부(자격정지 이상의 형을 받은 수형인을 기재한 명부)는 해당란을 삭제하게 된다(제8조 제1항). 다만 수사기관의 범죄경력조회시 수사자료표(피의자의 지문을 채취하고 필요사항을 기재한 경우)에는 기재되어 있을 수 있다.

형법 제81조(형의 실효)

징역 또는 금고의 집행을 종료하거나 집행이 면제된 자가 피해자의 손해를 보상하고 자격정지 이상의 형을 받음이 없이 7년을 경과한 때에는 본인 또는 검사의 신청에 의하여 그 재판의 실효를 선고할 수 있다.

형의실효등에관한법률 제7조(형의 실효)

① 수형인이 자격정지 이상의 형을 받음이 없이 형의 집행을 종료하거나 그 집행이 면제된 날부터 다음 각호의 기간이 경과한 때에는 그 형은 실효된다. 다만, 구류·과료는 형의 집행을 종료하거나 그 집행이 면제된 때에 그 형이 실효된다.

1. 3년을 초과하는 징역·금고는 10년
2. 3년 이하의 징역·금고는 5년
3. 벌금은 2년

■집행유예 기간 경과 후의 전과기록말소

A는 상해죄로 징역 6월, 집행유예 2년을 선고받은 사실이 있다. 그런데 신원증명서를 발급받아 보니 위 형의 선고받은 사실이 기재되어 있을 경우 이 기록은 말소되지 않는지?

자격정지 이상의 형을 선고받게 되면 지방검찰청 및 지청에서는 그 형을 선고받은 수형인에 대한 수형인명표를 작성하여 수형인의 본적지 시·구·읍·면사무소에 송부하게 된다(형의실효등에관한법률 제4조).

그리고 형이 실효되거나 집행유예기간 또는 자격정지기간이 경과한 때, 일반사면이나 복권이 있는 때에는 수형인명표는 폐기하고 수형인명부는 해당란을 삭제하게 된다(제8조).

그러므로 위 사례에서 집행유예기간은 판결이 선고된 날로부터 항소기간 7일이 경과하여 그 판결이 확정된 날부터 2년이 경과한 때에 만료되었으므로, 집행유예를 선고받은 사실이 기록되어 있는 수형인명표도 집행유예기간인 2년이 경과하면서 폐기되었어야 하는 것이다(제8조 제1항 제2호). 물론, 신원증명서상 전과기록도 마찬가지이다. 그럼에도 불구하고 신원증명서에 전과기록이 남아 있는 것은 사무착오에 기인한 것으로 보여지니 담당직원에게 직권정정을 촉구해 보아야 할 것이다.

형의실효등에관한법률 제8조(형실효등과 전과기록의 정리)

① 다음 각호의 1에 해당하는 때에는 수형인명표는 이를 폐기하고 수형인명부는 해당란을 삭제한다.

1. 제7조 또는 형법 제81조에 의하여 형이 실효된 때
2. 형의 집행유예기간이 경과한 때
3. 자격정지기간이 경과한 때
4. 일반사면이나 형의 선고의 효력을 상실하게 하는 특별사면 또는 복권이 있은 때

제 5 장

형법각칙 사례

제 1 절 개인의 법익에 대한 죄

■각각의 독립된 상해행위가 경합하여 사망의 결과가 일어난 경우의 형사책임

A는 친구 B가 동네 후배 C를 구타하는 것을 말린 후에 집에 돌아왔는데, 생각해 보니 어린 C가 말리는 자기에게 욕설을 하던 것이 생각나 다시 가서 C를 몇 번 차고 주먹으로 수회 구타하고 온 일이 있는데, 수일 후 C가 사망하였다. A는 어떤 죄로 처벌받게 될까?

이 사례는 상해죄의 동시범 문제이다. 동시범이란 2인 이상의 자가 상호 간에 공동의 범행결의 없이 동일객체에 대하여 동시 또는 이시에 각자 범죄를 실행하는 경우를 말한다.

그리고 동시범의 특례가 인정되기 위해서는 첫째로 독립행위의 경합이 있어야 한다. 즉 2인 이상의 행위가 서로 의사연락

없이 동시 또는 이시에 동일객체에 대하여 행해져야 한다. 둘째로 상해의 결과발생이 필요하다. 상해의 결과는 상해행위에 의한 것이건 폭행행위에 의한 것이건 불문한다. 셋째로 원인행위가 불분명해야 한다. 누구의 행위가 원인이 원인상해의 결과가 발생하였는지 그 인과관계의 증명이 불가능하여야 하는 것이다.

그런데 독립행위의 경합에 관한 판례를 보면, "2인 이상이 상호의사의 연락이 없이 동시에 범죄구성요건에 해당하는 행위를 하였을 때에는 원칙적으로 각인(各人)에 대하여 그 죄를 논하여야 하나, 그 결과발생의 원인이 된 행위가 분명하지 아니한 때에는 각 행위자를 미수범으로 처벌하고(독립행위의 경합), 이 독립행위가 경합하여 특히 상해의 경우에는 공동정범의 예에 따라 처단(동시범)하는 것이므로, 상호의사의 연락이 있어 공동정범이 성립한다면, 독립행위경합 등의 문제는 아예 제기될 여지가 없다."라고 하였다(대법원판결 1997.11.28, 97도1740).

그리고 동시범의 특례규정의 적용범위에 대하여 살펴보면, 상해죄나 폭행치상죄의 경우에는 당연히 적용되며, 상해치사죄나 폭행치사죄에 관하여도 적용되는지에 대하여 판례는 "이시의 독립된 상해행위가 경합하여 사망의 결과가 일어난 경우에 그 원인된 행위가 판명되지 아니한 때에는 공동정범의 예에 의하여야 한다."라고 하여 동시범의 특례규정이 상해치사죄나 폭행치사죄에 관하여도 적용되는 것으로 보고 있다(대법원판결 1981.3.10, 80도3321).

따라서 위 사례의 경우에는 결과(상해치사)의 원인된 행위가 A에게 있지 않다는 입증을 하지 못하는 한, 상해치사의 공동정범으로 처벌될 가능성이 많다.

형법 제19조(독립행위의 경합)

동시 또는 이시(異時)의 독립행위가 경합한 경우에 그 결과 발생의 원인된 행위가 판명되지 아니한 때에는 각 행위를 미수범으로 처벌한다.

형법 제263조(동시범)

독립행위가 경합하여 상해의 결과를 발생하게 한 경우에 있어서 원인된 행위가 판명되지 아니한 때에는 공동정범의 예에 의한다.

■감금죄의 성립 여부

A는 택시 운전사인데 B를 승차시킨 후 B가 당초 목적지라고 말한 곳이 아닌 곳으로 주행하자 내려 달라고 요청하였음에도 불구하고 계속 주행하자 B는 위 차량의 뒷좌석 창문을 통하여 밖으로 빠져 나오려다가 길바닥에 떨어져 상해를 입었다. A의 형사책임은?

형법은 사람을 체포 또는 감금한 자를 처벌하도록 규정하고 있다.

감금죄는 사람의 행동의 자유를 그 보호법익으로 하여 사람이 특정한 구역에서 나가는 것을 불가능하게 하거나 또는 심히 곤란하게 하는 죄로서 사람이 특정한 구역에서 나가는 것을 불가능하게 하거나 심히 곤란하게 하는 그 장해는 물리적·유형적 장해뿐만 아니라 심리적·무형적 장해에 의하여서도 가능하고, 또 감금의 본질은 사람의 행동의 자유를 구속하는 것으로 행동의 자유를 구속하는 그 수단과 방법에는 아무런 제한이 없어서 유형적인 것이거나 무형적인 것이거나 가리지 아니하며, 감금에 있어서의 사람의 행동의 자유의 박탈은 반드시 전면적이어야 할 필요도 없다.

관련 판례를 보면 "승용차로 피해자를 가로막아 승차하게 한 후 피해자의 하차요구를 무시한 채 당초 목적지가 아닌 다른 장소를 향하여 시속 약 60킬로미터 내지 70킬로미터의 속도로 진행하여 피해자를 차량에서 내리지 못하게 한 행위는 감금죄에 해당하고, 피해자가 그와 같은 감금상태를 벗어날 목적으로 차량을 빠져 나오려다가 길바닥에 떨어져 상해를 입고 그 결과 사망에 이르렀다면 피해자의 사망 사이에는 상당인과관계가 있다고 할 것이므로 감금치사죄에 해당한다."라고 하였다(대법원판결 2000.2.11, 99도5286).

따라서 위 사례에서의 A의 행위는 감금치상죄가 성립될 수 있을 것이다.

형법 제276조(체포, 감금, 존속체포, 존속감금)

① 사람을 체포 또는 감금한 자는 5년 이하의 징역 또는 700만 원 이하의 벌금에 처한다.

형법 제281조(체포·감금 등의 치사상)

① 제276조 내지 제280조의 죄를 범하여 사람을 상해에 이르게 한 때에는 1년 이상의 유기징역에 처한다. 사망에 이르게 한 때에는 3년 이상의 유기징역에 처한다.

■명예훼손죄의 성립 여부

A가 교통사고 가해자 B와 병원치료비 문제로 말다툼하면서 사기꾼이라고 한 경우의 형사책임은?

형법 제307조에 의한 명예훼손죄의 구성요건을 보면 '공연히 사실(또는 허위사실)을 적시하여 사람의 명예를 훼손한 자'로 되어 있는 바, 여기서 '공연히'라는 의미는 불특정 또는 다수인이 인식할 수 있는 상태에 있음을 의미하고 반드시 인식할 것을 요하지는 않는다. 또한, 불특정인인 경우에는 수의 다소를 묻지 않고 다수인인 경우에는 그 다수인이 특정되어 있다 하더라도 관계없다.

판례는 "명예훼손죄의 구성요건인 공연성은 불특정 또는 다수인이 인식할 수 있는 상태를 의미하고, 비록 개별적으로 한 사람에 대하여 사실을 유포하였다고 하더라도 그로부터 불특정 또는 다수인에게 전파될 가능성이 있다면 공연성의 요건을 충족하지만, 이와 달리 전파될 가능성이 없다면 특정한 한 사람에 대한 사실의 유포는 공연성을 결한다."라고 하였다(대법원판결 2000.5.16, 99도5622).

그리고 '사실의 적시'란 사람의 사회적 가치 내지 평가를 저하시키는 데 충분한 사실을 지적하는 것을 말하고 반드시 악한 행위, 추행을 지적할 것을 요하지 않고 널리 사회적 가치를 해할 만한 사실이면 되지만 경제적 가치를 저하시키는 것은 신용훼손죄가 성립되므로 제외되며, 특정인의 가치가 침해될 주장이 될 수 있을 정도로 구체적일 것이 요구되고 또한 피해자가 특정될 것이 필요하다. 단순한 모욕적인 추상적 가치판단은 모욕죄를 구성할 뿐이다.

그러므로 '사기꾼' 등의 말은 가치판단인 동시에 사실의 주장이 될 수도 있어 명예훼손죄에 해당될 수도 있지만, 단순한 '도둑놈, 사기꾼' 등의 모욕적인 말은 명예훼손죄에 해당하지 않고 모욕죄에 해당한다.

따라서 위 사례의 경우에는 거기에 있었던 사람의 수가 다수였다면 명예훼손죄보다는 모욕죄가 성립될 것이다.

형법 제307조(명예훼손)

① 공연히 사실을 적시하여 사람의 명예를 훼손한 자는 2년 이하의 징역이나 금고 또는 500만 원 이하의 벌금에 처한다.

② 공연히 허위의 사실을 적시하여 사람의 명예를 훼손한 자는 5년 이하의 징역, 10년 이하의 자격정지 또는 1천만 원 이하의 벌금에 처한다.

모욕죄(형법 제311조)

모욕죄는 공연히 사람을 모욕함으로써 성립한다.

모욕이란 구체적인 사실을 적시하지 아니하고 사람의 외부적 명예를 해할 만한 추상적인 경멸의 표시를 하는 것으로써, 도둑놈·죽일놈·나쁜놈·망할년 등의 언사가 이에 해당한다. 방법은 구두·문서 등을 불문한다.

명예훼손죄와의 차이는 사실의 적시 유무에 있다.

모욕죄는 친고죄이다.

■주거침입죄의 성립 여부

A가 주간에 물건을 훔치려고 타인의 주거에 침입하였다가 주인 B에게 들켜 즉시 도망 나온 경우의 형사책임은?

남의 집에 물건을 훔치려고 들어간 것은 그 자체로도 형법상의 주거침입죄가 성립한다(형법 제319조 제1항).

위 사례에서 남의 집에 물건을 훔치려고 들어간 행위가 절도죄가 성립될 것이냐의 문제인데, 위 사례에서 주거침입행위가 야간에 이루어졌다면 절도죄의 실행에 착수하였다고 할 수 있다.

야간주거침입절도죄의 실행의 착수시기와 관련하여 판례를 보면, "야간에 타인의 재물을 절취할 목적으로 주거에 침입한 경우에는 주거에 침입한 단계에서 이미 실행에 착수한 것이라고 볼 것이다."라고 하였다(대법원판결 1984.12.26, 84도2433).

다만, 절도의 결과가 발생하지 않았으므로 야간주거침입절도죄의 미수범으로 처벌받게 될 것이다.

그러나 주간에 절도의 목적으로 타인의 주거에 침입한 경우 절도죄 실행의 착수시기에 관한 판례를 보면, "절도죄의 실행의 착수시기는 재물에 대한 타인의 사실상의 지배를 침해하는 데에 밀접한 행위를 개시한 때라고 보아야 하므로, 야간이 아닌 주간에 절도의 목적으로 타인의 주거에 침입하였다고 하여도 아직 절취할 물건의 물색행위를 시작하기 전이라면 주거침입죄만 성립할 뿐 절도죄의 실행에 착수한 것으로 볼 수 없는 것이어서 절도미수죄는 성립하지 않는다."라고 하였으며(대법원판결 1992.9.8, 92도1650), "절도의 목적으로 피해자의 집 현관을 통하여 그 집 마루 위에 올라서서 창고문 쪽으로 향하다가 피해자에게 발각·체포되었다면 아직 절도행위의 실행에 착수하였다고 볼 수 없다."라고 하였다(대법원판결 1986.10.28, 86도1753).

따라서 A의 주거침입행위가 주간에 이루어졌다면 주거침입죄로만 처벌받게 될 것이다.

형법 제319조(주거침입, 퇴거불응)

① 사람의 주거, 관리하는 건조물, 선박이나 항공기 또는 점유하는 방실에 침입한 자는 3년 이하의 징역 또는 500만 원 이하의 벌금에 처한다.

② 전항의 장소에서 퇴거요구를 받고 응하지 아니한 자도 전항의 형과 같다.

형법 제330조(야간주거침입절도)

야간에 사람의 주거, 간수하는 저택, 건조물이나 선박 또는 점유하는 방실에 침입하여 타인의 재물을 절취한 자는 10년 이하의 징역에 처한다.

형법 제342조(미수범)

제329조 내지 제341조의 미수범은 처벌한다.

■부동산을 허위로 양도한 경우의 형사책임

A는 B를 상대로 승소판결을 받아 B의 부동산을 강제집행하려고 하였다. 그러자 B는 C와 짜고 자신의 부동산을 C 명의로 소유권등기를 이전하였는데 이 경우 강제집행면탈죄의 성립여부는?

강제집행면탈죄는 강제집행을 면할 목적으로 재산을 은닉, 손괴, 허위양도 또는 허위의 채무를 부담하여 채권자를 해하면 성립되는 죄이다. 이 죄는 민사재판의 집행을 확보하고 그 실질적 적정을 기함으로써 채권자의 정당한 권리행사를 보호하는 데 있다고 할 수 있다.

강제집행면탈죄가 성립하기 위해서는 주관적인 강제집행면탈의 의도가 있어야 할뿐만 아니라, 객관적으로 강제집행을 면탈할 상태에 있어야 한다(대법원판결 1974.10.8, 74도1974 참조). 강제집행을 당할까 봐 가재도구를 다른 장소로 숨겨 놓는다든지, 양도할 의사가 없음에도 재산상 소유명의를 제3자에게 이전해 놓는 행위가 이에 해당한다.

그러나 채무자가 빚을 갚지 않고 자기 재산을 매각처분 한다든가 여러 명의 채권자 중에서 한 사람에게만 채무를 변제하여 재산을 없애는 행위는 강제집행면탈죄가 되지 않는다. 즉 진실한 의사에 의한 양도이면 강제집행을 면할 목적으로 이루어지고 채권자를 해치는 결과가 되었다고 하더라도 허위양도에 해당되지 않는다는 것이다.

판례도 "강제집행면탈죄에 있어서 허위양도라 함은 실제로 양도의 진의가 없음에도 불구하고 표면상 양도의 형식을 취하여 재산의 소유명의를 변경시키는 것이고, 은닉이라 함은 강제집행을 실시하는 자가 채무자의 재산을 발견하는 것을 불능 또는 곤란하게 만드는 것을 말하는 바, 진의에 의하여 재산을 양도하였다면 설령 그것이 강제집행을 면탈할 목적으로 이루어진 것으로서 채권자의 불이익을 초래하는 결과가 되었다고 하더라도 강제집행면탈죄의 허위양도 또는 은닉에는 해당하지 아니한다고 보아야 할 것이다."라고 하였다(대법원판결 1998.9.8, 98도1949).

위 사례의 경우 A가 B의 부동산에 압류하려고 하자 B와 C가 서로 짜고 매매한 것처럼 소유권이전등기를 하였다면 허위양도에 해당되므로 B의 행위는 강제집행면탈죄가 성립할 것이다.

형법 제327조(강제집행면탈)

강제집행을 면할 목적으로 재산을 은닉, 손괴, 허위양도 또는 허위의 채무를 부담하여 채권자를 해한 자는 3년 이하의 징역 또는 1천만 원 이하의 벌금에 처한다.

■친구와 함께 그 친구의 할아버지의 물건을 훔친 경우의 형사책임

> A는 친구 B와 함께 B의 조부 C의 집에 침입하여 시가 300만 원 상당의 로렉스 손목시계를 절취하여 유흥비로 소비하였다. 그런데 C는 손자인 B에게는 책임을 묻지 않고 A에게 위 금품의 변상을 요구하며 변상하지 않으면 고소하겠다고 한다. 그렇다면 B는 어떤 처벌을 받게 될까?

일정한 재산죄에 대하여 형법은 친족 사이의 범죄에 관하여 특례를 규정하고 있는바, 이를 '친족상도례(親族相盜例)'라고 한다.

형법에는 직계혈족 등 사이의 권리행사방해죄는 그 형을 면제하도록 하고, 이 규정을 절도죄에도 준용하고 있다. 그러나 이 규정은 친족 이외의 공범자에게는 적용하지 아니한다고 규정하고 있다(형법 제328조 제3항).

따라서 위 사례의 경우 손자인 B는 C의 직계혈족이므로 범죄는 성립되나 그 처벌을 받지 않게 되고, A는 C와는 이러한 신분관계가 없는 공범으로서 형법 제328조 제3항과 이를 준용하는 제344조에 의하여 형사처벌을 면제받을 수 없게 된다.

참고로 친족이 타인의 재물을 보관하고 있는 경우에 친족관계에 있는 자가 절취행위를 하였을 때에는 위 특례는 적용되지 아니한다. 왜냐하면 재물의 점유자뿐만 아니라 그 소유자에 대하여도 절취행위자와의 사이에 위와 같은 신분관계가 있어야 하기 때문이다. 판례도 "친족상도례에 관한 규정은 범인과 피해물건의 소유자자 및 점유자 모두 사이에 친족관계가 있는 경우에만 적용되는 것이고, 절도범인이 피해물건의 소유자나 점유자의 어느 일방과 사이에서만 친족관계가 있는 경우에는 그 적용이 없다."라고 하였다(대법원판결 1980.11.11. 80도131).

그러므로 제3자가 보관하고 있는 재물을 그 소유자와 친족관계에 있는 자가 절취한 경우에도 위 특례는 적용되지 아니한다.

형법 제328조(친족 간의 범행과 고소)

① 직계혈족, 배우자, 동거친족, 동거가족 또는 그 배우자 간의 제323조의 죄는 형을 면제한다.

② 제1항 이외의 친족 간에 제323조의 죄를 범한 때에는 고소가 있어야 공소를 제기할 수 있다.

③ 전2항의 신분관계가 없는 공범에 대하여는 전2항을 적용하지 아니한다.

형법 제344조(친족 간의 범행)

제328조의 규정은 제329조 내지 제332조의 죄 또는 미수범에 준용한다.

형법 제329조(절도)

타인의 재물을 절취한 자는 6년 이하의 징역 또는 1천만 원 이하의 벌금에 처한다.

형법 제323조(권리행사 방해)

타인의 점유 또는 권리의 목적이 된 자기의 물건 또는 전자기록 등 특수매체기록을 취거, 은닉 또는 손괴하여 타인의 권리행사를 방해한 자는 5년 이하의 징역 또는 700만 원 이하의 벌금에 처한다.

■전화 무단 사용의 경우 절도죄가 성립되는지의 여부

A는 이웃한 B의 집에 무단으로 들어가 그 집 전화를 무단 사용하였다. A의 형사책임은?

위의 사례의 경우, 주거침입죄로 처벌받는 것은 별론으로 하고, 전화기를 무단으로 사용한 것으로는 절도죄가 성립하지 않게 될 것이다.

위 사례와 유사한 사건의 판례를 보면 "전화통화를 한 행위는 전기통신사업자가 그가 갖추고 있는 통신선로, 전화교환기 등 전기통신설비를 이용하고 전기의 성질을 과학적으로 응용한 기술을 사용하여 전화가입자에게 음향의 송수신이 가능하도록 하여 줌으로써 상대방과의 통신을 매개하여 주는 역무, 즉 전기통신사업자에 의하여 가능하게 된 전화기의 음향송수신 기능을 부당하게 이용하는 것으로, 이러한 내용의 역무는 무형적인 이익에 불과하고 물리적 관리의 대상이 될 수 없어 재물이 아니라고 할 것이므로 절도죄의 객체가 되지 아니한다."라고 하였다(대법원판결 1998.6.23, 98도700).

위의 판례를 보면 절도죄는 타인의 '재물'을 절취한 경우에 성립하는 것이고 '재물'이란 '유체물 및 전기 기타 관리할 수 있는 자연력'을 의미하는 것인데(민법 제98조, 형법 제346조), 허락없이 사용한 것은 전기통신사업자가 제공하는 서비스이기 때문에 절도죄로 다스릴 수 없다는 취지로 이해할 수 있을 것이다.

그러므로 위 사례는 절도죄는 성립하기 힘들고 주거침입죄가 성립할 것이다.

형법 제329조(절도)

타인의 재물을 절취한 자는 6년 이하의 징역 또는 1천만 원 이하의 벌금에 처한다.

민법 제98조(물건의 정의)

본 법에서 물건이라 함은 유체물 및 전기 기타 관리할 수 있는 자연력을 말한다.

형법 제346조(동력)

본장의 죄에 있어서 관리할 수 있는 동력은 재물로 간주한다.

■타인의 신용카드를 훔쳐 자동인출기에서 현금을 인출한 경우의 형사책임

> A는 B의 주거에 침입한 후 B의 신용카드를 훔쳐 현금인출기에서 50만 원을 인출하였다. 이 경우 어떤 죄로 처벌받게 될까?

위 사례는 주거를 침입해 신용카드를 훔친 행위와 그 신용카드로 현금인출기에서 50만 원을 인출한 행위로 나누어 검토해 볼 수 있다.

첫째, 남의 주거에 침입하여 신용카드를 훔쳤으므로 주거침입죄와 절도죄가 성립된다.

둘째, 신용카드로 현금인출기에서 50만 원을 인출한 행위에 대하여 판례를 살펴보면, "신용카드 회원이 대금결제를 위하여 가맹점에 신용카드를 제시하고 매출표에 서명하는 일련의 행위뿐 아니라 신용카드를 현금인출기에 주입하고 비밀번호를 조작하여 현금서비스를 제공받는 일련의 행위도 신용카드의 본래 용도에 따라 사용하는 것으로 보아야 한다."라고 하였다.

또한 "신용카드업법 제25조 제1항(현행 여신전문금융업법 제70조 제1항) 소정의 부정사용이라 함은 도난·분실 또는 위조·변조된 신용카드를 진정한 카드로서 신용카드의 본래의 용법에 따라 사용하는 경우를 말하는 것이므로, 절취한 신용카드를 현금인출기에 주입하고 비밀번호를 조작하여 현금서비스를 제공받으려는 일련의 행위는 그 부정사용의 개념에 포함된다."라고 하였다.

그리고 "피해자명의의 신용카드를 부정 사용하여 현금자동인출기에서 현금을 인출하고 그 현금을 취득까지 한 행위는 신용카드업법 제25조 제1항(현행 여신전문금융업법 제70조 제1항)의 부정사용죄에 해당할 뿐 아니라 그 현금을 취득함으로써 현금자동인출기 관리자의 의사에 반하여 그의 지배를 배제하고 그 현금을 자기의 지배하에 옮겨 놓는 것이 되므로 별도로 절도죄를 구성하고 위 양 죄의 관계는 그 보호법익이나 행위태양이 전혀 달라 실체적 경합관계에 있는 것으로 보아야 한다."라고 하였다(대법원판결 1995.7.28, 95도977).

그러므로 위 사례는 주거침입죄와 절도죄, 여신전문금융업법 위반죄 등이 성립될 수 있을 것이다.

■사기죄의 성립 여부

빌려준 돈을 갚지 않을 경우 사기죄가 성립될까?

사기죄는 타인을 기망하여 착오에 빠지게 하고 그 처분행위로 재산적 이득을 얻음으로써 성립하는 죄이다. 이 경우의 '기망(欺罔)'이라 함은 널리 재산상의 거래관계에 있어서 서로 지켜야 할 신의성실의 의무를 저버리는 것을 말한다.

관련 판례를 보면 "차용금 편취에 의한 사기죄의 성립여부는 차용당시를 기준으로 판단하여야 하므로, 피고인이 차용당시에는 변제할 의사와 능력이 있었다면 그 후에 차용사실을 전면 부인하면서 변제를 거부한다고 하더라도 이는 단순한 민사상의 채무불이행에 불과할 뿐 형사상 사기죄가 성립한다고 할 수 없고, 한편 사기죄의 주관적 구성요건인 편취의 범의(고의)의 존부는 피고인이 자백하지 아니하는 한 범행 전후의 피고인의 재력, 환경, 범행의 내용, 거래의 이행과정, 피해자와의 관계 등과 같은 객관적인 사정을 종합하여 판단하여야 하고(대법원판결 1996.3. 26, 95도3034)", 또한 "금전차용에 있어서 단순히 차용금의 진실한 용도를 말하지 않은 것만으로 사기죄가 된다고 할 수는 없으나, 이미 많은 부채의 누적으로 변제능력이나 의사마저 극히 의심스러운 상황에 처하고서도 이러한 사실을 숨긴 채 피해자들에게 사업에의 투자로 큰 이익을 볼 수 있다고 속여 금전을 차용한 후 이를 주로 상환이 급박해진 기존채무변제를 위한 용도에 사용한 사실이 인정된다면 금전차용에 있어서 편취의 범의가 있었다고 볼 수 있다(대법원판결 1993.1.15, 92도2588)."라고 하였다.

즉, 당초부터 변제할 의사와 능력의 여부에 따라서 결론이 달라진다.

따라서 위 사례의 경우에도 돈을 빌려 간 사람이 당초부터 변제할 의사나 능력 없이 금전을 차용한 경우에만 형사상 사기죄가 문제될 것이며, 그러한 고의는 본인이 자백하지 아니하는 한, 차용당시의 그 사람의 재력, 환경, 차용금의 사용내용 등과 같은 객관적인 사정을 종합하여 판단해야 할 것이다.

형법 제347조(사기)

① 사람을 기망하여 재물의 교부를 받거나 재산상의 이익을 취득한 자는 10년 이하의 징역 또는 2천만 원 이하의 벌금에 처한다.

■거스름돈을 실제보다 초과하여 받은 후 반환하지 않았을 경우의 형사책임

A는 의류상가에서 옷 한 벌을 산 후 점원의 착각으로 2만 원을 더 거슬러 받았으나 그 사실을 집에 돌아와서 알게 되었다. A의 형사책임은?

형법에서는 유실물, 표류물을 횡령한 자를 처벌토록 규정하고 있다(제360조). 그런데 실제로 지급하여야 할 거스름돈보다 많이 지급된 경우에 그것을 알고서도 반환하지 않은 행위가 어떠한 범죄를 구성하느냐에 관하여는 논란이 있다.

첫째, 계산착오로 거스름돈이 더 교부된 것을 즉시 알았으나 그것을 반환하지 않고 취득한 경우 교부자의 착오를 이용하여 초과하여 지급된 사실을 알려 줄 의무를 위반한 부작위로 인한 사기죄가 된다고 보는 견해와 교부자의 착오의 이용은 있으나 초과지급된 사실을 말해 줄 의무가 없기 때문에 부작위에 의한 기망이라고 볼 수 없어 사기죄가 되지 않고 점유이탈물횡령죄가 성립된다는 견해가 있다.

둘째, 초과하여 지급된 거스름돈을 수령한 후 다소 시간이 경과된 후 그 사실을 안 경우에는 점유이탈물횡령죄가 성립될 수 있다.

셋째, 거스름돈이 실제보다 초과하여 지급된 사실을 교부자의 통고로 뒤에 알았으나 거짓말로 부인한 경우에는 거짓말이 기망

행위이고 이에 의하여 청구권을 포기하였다면 처분행위가 인정되어 사기죄가 성립된다고 볼 수 있다.

따라서 위 사례의 경우에는 거스름돈이 과도하게 지급된 사실을 집에 와서야 알았으므로 A는 의류판매자의 점유를 이탈한 2만 원을 횡령한 것이 되어 점유이탈물횡령죄가 성립한다.

형법 제360조(점유이탈물 횡령)

① 유실물, 표류물 또는 타인의 점유를 이탈한 재물을 횡령한 자는 1년 이하의 징역이나 300만 원 이하의 벌금 또는 과료에 처한다.

■개를 죽인 행위의 형사책임

행인이 갑자기 덤벼드는 개를 몽둥이로 때려죽인 경우에 어떤 처벌을 받게 될까?

형법에서는 타인의 재물, 문서 또는 전자기록 등 특수매체기록을 손괴 또는 은닉 기타 방법으로 그 효용을 해한 자는 처벌한다고 규정하고 있다(제366조). 그러나 타인의 재물을 손괴하면 언제나 처벌되는 것은 아니고 그 행위가 정당행위, 정당방위, 긴급피난, 피해자의 승낙, 자구행위 등의 요건을 갖추면 처벌받지 않을 수 있을 것이다(형법 제20조, 제24조).

위 사례에서는 긴급피난(緊急避難)과 관계되어 있는 바, 긴급피난이란 자기 또는 타인의 법익에 대한 현재의 위난을 피하기 위한 행위로 상당한 이유가 있는 때에는 처벌하지 않는 것을 말한다(형법 제22조 제1항, 민법 제761조). 그러나 그러한 위난을 피할 다른 수단이 있거나 적절한 방법이 있었다면 과잉피난행위가 되어 정황에 따라 그 형을 감경 또는 면제할 수 있을 뿐이며

(형법 제22조 제3항, 제21조 제2항), 그러한 위난이 없음에도 있다고 오인한 때에는 오상피난(誤想避難)으로 처벌될 수 있다.

따라서 위 사례의 경우에도 갑자기 물려고 덤벼드는 개를 몽둥이로 때려죽이지 않고서는 객관적으로 위험을 피할 다른 수단이 없는 유일한 수단이었다면 긴급피난으로서 처벌받지 않을 것이나, 만일 개를 몽둥이로 때려죽이지 않고도 피할 방법이 있었던 상황인 경우에는 과잉피난행위가 되어 재물손괴죄에 해당되면서 그 형이 감경 또는 면제될 수 있을 뿐이다.

또한 개가 물려고 하지 않았음에도 물려고 한 것으로 오인하여 개를 때려죽였다면 재물손괴죄가 성립될 수 있을 것이다.

제2절 사회적 법익에 대한 죄

■예배방해죄

위임목사가 아닌 임시목사가 당회의 결의를 무시하고 하는 설교·예배에 대해 다른 신도들이 방해한 경우 예배방해죄 성립여부는?

형법에서는 장례식, 제사, 예배 또는 설교를 방해한 자는 처벌하도록 규정하고 있다(제158조). 그런데 위 사례에서는 정식절차를 밟은 위임목사가 아닌 임시목사가 당회의 결의에 반하여 설교와 예배인도를 하므로 그 예배를 방해한 경우이다. 이러한 경우에도 예배방해죄가 성립되는지 문제된다.

이에 관한 판례를 보면, "정식절차를 밟은 위임목사가 아닌

자가 당회의 결의에 반하여 설교와 예배인도를 한 경우라 할지라도 그가 그 교파의 목사로서 그 교의를 신봉하는 신도들 앞에서 그 교지에 따라 설교와 예배인도를 한 것이라면 다른 특별한 사정이 없는 한 그 설교와 예배인도는 형법상 보호를 받을 가치가 있고 이러한 설교와 예배인도의 평온한 수행에 지장을 주는 행위를 한 경우에는 형법 제158조에 규정된 설교 또는 예배방해죄가 성립한다."라고 하였다(대법원판결 2001.2.13., 2000도2312; 1971.9.28, 71도1465).

따라서 위 사례에서 비록 정식절차를 밟은 위임목사가 아닌 임시목사가, 당회의 결의에 반하여 설교와 예배인도를 한 경우라 할지라도 그러한 예배를 방해한 행위는 예배방해죄가 성립될 수 있을 것이다.

형법 제158조(장례식 등의 방해)

장례식, 제사, 예배 또는 설교를 방해한 자는 3년 이하의 징역 또는 500만 원 이하의 벌금에 처한다.

■타인의 주민등록증의 사진을 떼어 내고 자기 사진을 붙인 경우의 형사책임

A는 B가 분실한 주민등록증을 습득하여 그 주민등록증의 사진을 떼어 내고 자신의 사진을 붙여 사용하다가 적발되었는바, 이 경우 A의 형사책임은?

타인의 주민등록증에 붙어 있는 사진을 떼어 내고 자기의 사진을 붙인 행위가 어떤 죄를 구성하는지에 관한 판례를 보면, "피고인이 행사할 목적으로 타인의 주민등록증에 붙어 있는 사진을 떼어 내고 그 자리에 피고인의 사진을 붙였다면 이는 기존

공문서의 본질적 또는 중요부분에 변경을 가하여 새로운 증명력을 가지는 별개의 공문서를 작성한 경우에 해당하므로 공문서위조죄를 구성한다."라고 하였다(대법원판결 1991.9.10, 91도1610).

또한, "형법 제237조의2에 따라 전자복사기, 모사전송기 기타 이와 유사한 기기를 사용하여 복사한 문서의 사본도 문서원본과 동일한 의미를 가지는 문서로서 이를 다시 복사한 문서의 재사본도 문서위조죄 및 동행사죄의 객체인 문서에 해당한다 할 것이고, 진정한 문서의 사본을 전자복사기를 이용하여 복사하면서 일부 조작을 가하여 그 사본내용과 전혀 다르게 만드는 행위는 공공의 신용을 해할 우려가 있는 별개의 문서사본을 창출하는 행위로서 문서위조행위에 해당하고, 타인의 주민등록증 사본의 사진란에 피고인의 사진을 붙여 복사하여 행사한 행위가 공문서위조죄 및 동행사죄에 해당한다."라고 한 사례가 있다(대법원판결 2000.9.5, 2000도2855).

따라서 위 사례에서 A는 공문서위조 및 동행사의 죄가 성립될 것이다.

참고로 "자신의 주민등록증 비닐커버 위에 검은색 볼펜을 사용하여 주민등록번호 전부를 덧기재하고 투명테이프를 붙이는 방법으로 주민등록번호 중 출생연도를 나타내는 '71'을 '70'으로 고친 사안에서, 변조행위가 공문서 자체에 변경을 가한 것이 아니며, 그 변조방법이 조잡하여 공문서에 대한 공공의 위험을 초래할 정도에 이르지 못하였다."라는 이유로 공문서변조의 점에 대하여 무죄를 선고한 원심판결을 수긍한 사례가 있다(대법원판결 1997.3.28, 97도30).

형법 제225조(공문서 등의 위조·변조)

행사할 목적으로 공무원 또는 공무소의 문서 또는 도화를 위조 또는 변조한 자는 10년 이하의 징역에 처한다.

형법 제229조(위조등 공문서의 행사)

제225조 내지 제228조의 죄에 의하여 만들어진 문서, 도화, 전자기록 등 특수 매체기록, 공정증서원본, 면허증, 허가증, 등록증 또는 여권을 행사한 자는 그 각 죄에 정한 형에 처한다.

형법 제237조의2(복사문서 등)

이 장의 죄에 있어서 전자복사기, 모사전송기, 기타 이와 유사한 기기를 사용하여 복사한 문서 또는 도화의 사본도 문서 또는 도화로 본다.

■타인의 운전면허증을 자신의 것처럼 제시한 경우의 형사책임

A는 B의 운전면허증을 습득하여 휴대하고 물건을 구입하면서 신분확인을 위해 주민등록증의 제시를 요구받고 그 운전면허증을 제시하였는 바, 이 경우 A에게 공문서부정행사죄가 성립될까?

운전면허증은 공문서이다. 그런데 타인의 운전면허증을 제시한 경우 공문서부정행사죄의 성립여부에 관한 판례를 보면, "운전면허증은 운전면허를 받은 사람이 운전면허시험에 합격하여 자동차의 운전이 허락된 사람임을 증명하는 공문서로서, 운전면허증에 표시된 사람이 바로 그 사람이라는 '자격증명'과 이를 지니고 있으면서 내보이는 사람이 바로 그 사람이라는 '동일인증명'의 기능을 동시에 가지고 있으므로, 운전면허증을 제시한 행위에 있어 동일인증명의 측면은 도외시하고, … 금융기관과의 거래에 있어서도 운전면허증에 의한 실명확인이 인정되고 있는 등 현실적으로 운전면허증은 주민등록증과 대등한 신분증명서로 널리 사용되고 있으므로 제3자로부터 신분확인을 위하여 신분증명서의 제시를 요구받고 다른 사람의 운전면허증을 제시한 행위는 그 사용목적에 따른 행사로서 공문서부정행사죄에 해당한다고 보는 것이 옳다."라고 하였다(대법원판결 2001.4.19, 2000도1985 참조).

따라서 위 사례에 있어서 A가 운전면허증을 제시한 행위가 운전면허시험에 합격하여 자동차의 운전이 허락된 자임을 증명하는 것과 관련이 없고, 단순히 신분확인을 위하여 제시한 경우라도 공문서부정행사죄가 성립될 것이다.

형법 제230조(공문서 등의 부정행사)

공무원 또는 공무소의 문서 또는 도화를 부정행사한 자는 2년 이하의 징역이나 금고 또는 500만 원 이하의 벌금에 처한다.

제 3 절 국가적 법익에 대한 죄

■경찰관의 임의동행 요구에 불응한 경우의 형사책임

A는 경찰관으로부터 임의동행을 요구받았으나 이에 응하지 않고 반항하자 경찰관은 공무집행을 방해한다고 하는데, A의 행위가 공무집행방해죄에 해당할까?

경찰관직무집행법에 의하면 경찰관은 수상한 거동 기타 주위의 사정을 합리적으로 판단하여 어떠한 죄를 범하였거나 범하려하고 있다고 의심할 만한 상당한 이유가 있는 자 또는 이미 행하여진 범죄나 행하여지려고 하는 범죄행위에 관하여 그 사실을 안다고 인정되는 자를 정지시켜 질문할 수 있고, 그 장소에서 질문을 하는 것이 당해인에게 불리하거나 교통의 방해가 된다고 인정되는 때에는 질문하기 위하여 부근의 경찰서·지서·파출소 또는 출장소(지방해양경찰관서를 포함)에 동행할 것을 요구할 수 있으며, 이 경우 당해인은 경찰관의 동행요구를 거절할 수 있다고 규정하고 있다(제3조).

판례도 "임의동행은 상대방의 동의 또는 승낙을 그 요건으로 하는 것이므로 경찰관으로부터 임의동행요구를 받은 경우 상대방은 이를 거절할 수 있을 뿐만 아니라 임의동행 후 언제든지 경찰관서에서 퇴거할 자유가 있다 할 것이고, 경찰관직무집행법 제3조 제6항이 임의 동행한 경우 당해인을 6시간을 초과하여 경찰관서에 머물게 할 수 없다고 규정하고 있다고 하여 그 규정이 임의동행한 자를 6시간 동안 경찰관서에 구금하는 것을 허용하는 것은 아니다."라고 하였다(대법원판결 1997.8.22, 97도1240).

이와 같이 형사소송법에 정해진 구속영장, 체포영장 등에 의한 연행이 아닌 임의동행은 그 의사에 반하여 강요될 수는 없는 것이다.

위 사례의 경우에는 어느 경우에 해당하는지 불명확하지만, 일응 영장의 제시 없는 경찰관의 임의동행요구에 응하지 아니한 것만으로는 공무집행방해죄가 성립되지 않을 것이다.

관련 판례를 보면 "경찰관이 임의동행을 요구하며 손목을 잡고 뒤로 꺾어 올리는 등으로 제압하자 거기에서 벗어나려고 몸싸움을 하는 과정에서 경찰관에게 경미한 상해를 입힌 경우 위법성이 결여된 행위"라고 본 사례가 있으며(형법 제20조, 제21조, 대법원판결 1999.12.28, 98도138 참조), "일반적으로 형법 제136조가 규정하는 공무집행방해죄는 공무원의 직무집행이 적법한 경우에 한하여 성립하는 것이고 여기서 적법한 공무집행이라고 함은 그 행위가 공무원의 추상적 권한에 속할 뿐 아니라 구체적 직무집행에 관한 법률상 요건과 방식을 갖춘 경우를 가리키는 것이므로, 이러한 적법성이 결여된 직무행위를 하는 공무원에 대항하여 폭행을 가하였다고 하더라도 이를 공무집행방해죄로 다스릴 수는 없고, 비록 사법경찰관 등이 피의자에 대한 구속영장을 소지하였다 하더라도 피의자를 체포하기 위해서는 체포 당시에 피의자에 대한 범죄사실의 요지, 구속의 이유와 변호인을 선임할 수 있음을 말하고 변명할 기회를 준 후가 아니면 체포할 수 없고, 이와 같은 절차적 밟지 아니한 채 실력으로 연행하려 하였다면 적법한 공무집행으로 볼 수 없다."라고 하였다(대법원판결 1996.12.23, 96도2673; 1991.5.10, 91도453).

형법 제136조(공무집행방해)

① 직무를 집행하는 공무원에 대하여 폭행 또는 협박한 자는 5년 이하의 징역 또는 1천만 원 이하의 벌금에 처한다.

■출입금지가처분명령에 위반한 경우의 형사책임

A는 3년 전 B로부터 토지 1,000평을 매수하여 소유권이전등기를 하였으나 B에게 2년 동안 임대하였다. 임대차계약기간이 만료되어 토지인도를 요구하자 B는 자신이 매도한 가격에 다시 매수하겠다고 하여 A는 이를 거절하였는데도 토지인도를 거부하며 농작물재배준비를 하고 있다. 이에 A는 법원에서 B

> 의 출입금지가처분결정을 받아 B의 출입을 금지한다는 취지의 내용이 기재된 표지판을 세웠다. 그러나 B와 그의 처는 위 금지표시를 무시하고 토지에 드나들며 경작하고 있는데, 이 경우 이들을 형사 처벌할 수 있을까?

위 사례의 핵심은 B의 행위가 공무상표시무효죄(형법 제140조)에 해당하는지의 여부와 B에 대한 출입금지가처분명령의 효력이 B의 처(妻)에게도 미치는지의 문제라고 할 수 있다. 형법 제140조 제1항을 살펴보면 공무상비밀표시무효죄는 공무원이 그 직무에 관하여 실시한 봉인 또는 압류 기타 강제처분의 표시를 은닉 또는 손상하거나 기타 방법으로 그 효용을 해함으로써 성립하게 된다.

여기서 기타의 방법으로 효용을 해한다고 함은 봉인 기타 강제처분의 표시를 물질적으로 파괴하지 않고 사실상 효력을 상실할 수 있게 하는 것을 말하며, B가 공무원이 그 직무에 관하여 실시한 출입금지가처분명령을 무시하고 출입금지된 토지에 들어갔다면 그 가처분명령의 효력을 사실상 상실시킨 것이 되어 본죄가 성립하게 된다.

한편, B의 처의 행위에 대하여 판례는 "남편을 채무자로 한 출입금지가처분명령의 효력이 그 처에게는 미치지 아니하므로, 그 처가 이를 무시하고 출입금지된 밭에 들어가 작업을 한 경우에 공무원이 그 직무에 관하여 실시한 강제처분표시의 효용을 해한 것이라고 할 수 없다."라고 하고 있으므로(대법원판결 1979.2.13, 77도1455), B의 처는 본 죄에 해당하지 않게 되어 아무런 처벌도 받지 않게 될 것이다.

형법 제140조(공무상 비밀표시무효)

① 공무원이 그 직무에 관하여 실시한 봉인 또는 압류 기타 강제처분의 표시를 손상 또는 은닉하거나 기타 방법으로 그 효용을 해한 자는 5년 이하의 징역 또는 700만 원 이하의 벌금에 처한다.

■압류물을 원래의 보관장소에서 다른 장소로 이동시킨 경우의 형사책임

A는 B에 대한 대여금채권을 지급받기 위하여 승소판결을 받아 B의 유체동산을 압류하였다. 그러나 B는 A나 집행관에게 아무런 통지도 없이 이사를 하면서 압류된 유체동산을 옮겨버렸다. 이 경우 B에 대한 공무상비밀표시무효죄의 성립여부는?

유체동산의 압류에 있어서 채무자가 점유하고 있는 유체동산의 압류는 집행관이 봉인 그 물건을 점유함으로써 한다. 다만 채권자의 승낙이 있거나 운반이 곤란한 때에는 그 밖의 방법으로 압류물임을 명확히 하여 채무자에게 보관시킬 수 있다(민사집행법 제189조 제1항).

위 규정상 압류물의 보관은 원칙상 집행관이 하게 되어 있으나 실무상으로는 채무자보관이 오히려 일반적인 압류방법으로 사용되고 있다. 그런데 이러한 경우 채무자가 이사 등을 위하여 부득이 압류물의 보관장소를 변경하고자 할 때에는 그 사유를 집행관에게 신고하여 승인을 받아야 한다.

그러나 이러한 신고 없이 압류물의 보관장소를 이전한 경우의 판례를 보면, "압류물을 채권자나 집행관 몰래 원래의 보관장소로부터 상당한 거리에 있는 다른 장소로 이동시킨 경우에는 설사 그것이 집행을 면탈할 목적으로 한 것이 아니라 하여도 객관적으로 집행을 현저히 곤란하게 한 것이 되어 형법 제140조 제1항 소정의 '기타의 방법으로 그 효용을 해한' 경우에 해당된다." 라고 하였다(대법원판결 1986.3.25, 86도69; 1992.5.26, 91도894).

따라서 위 사례에서 B가 비록 강제집행을 면탈할 목적으로 한 것이 아니라 할지라도 집행관에게 신고하여 승인을 받지 않고 이사하면서 압류물을 이전한 것은 공무상비밀표시무효죄가 성립될 것이다.

형법 제140조(공무상비밀표시무효)

① 공무원이 그 직무에 관하여 실시한 봉인 또는 압류 기타 강제처분의 표시를 손상 또는 은닉하거나 기타 방법으로 그 효용을 해한 자는 5년 이하의 징역 또는 700만 원 이하의 벌금에 처한다.

법률지식

공무집행방해죄(형법 제136조 제1항)

직무를 집행하는 공무원에 대하여 폭행 또는 협박을 가함으로써 성립하는 범죄이다.

폭행이란 사람에 대한 유형력의 행사를 의미하며, 협박은 해악을 고지하는 것을 말한다. 해악을 고지하는 방법은 언어에 의하건, 문서에 의하건, 명시적 방법에 의하건, 묵시적 방법에 의하건, 직접적이건, 간접적이건 불문한다.

위계(僞計)에의한공무집행방해죄(형법 제137조)

위계로써 공무원의 공무집행을 방해함으로써 성립하는 범죄이다.

위계란 행위자의 행위 목적을 이루기 위하여 상대방에 오인, 착각, 부지를 일으키게 하여 그 오인, 착각, 부지를 이용하는 것을 말하고, 상대방이 이에 따라 그릇된 행위나 처분을 하였다면 이 죄가 성립한다.

■범인은닉죄

> A는 친구 B 소유의 종합보험에 가입한 승용차에 동승하고 있던 중 B의 운전부주의로 피해자에게 전치 4주의 상해가 발생하는 교통사고를 야기하였다. A는 B가 전에도 교통사고를 낸 일이 있다는 사실을 알고 자신이 운전하다 사고를 내었다고 허위 진술을 하였다. 그런데 그 후 B가 진범임이 밝혀졌으나 B는 조사받기를 회피하고 있으며, A는 범인도피죄로 조사를 받고 있다. 이 경우 B가 자동차종합보험에 가입하여 교통사고처리특례법에 의하여 공소권없음으로 처리될 수 있는 경우에도 A의 범인도피죄가 성립될 수 있을까?

범인은닉죄란 벌금 이상의 형에 해당하는 죄를 범한 자를 은닉 또는 도피하게 함으로써 성립하는 범죄이다. 위 사례와 관련된 판례를 보면, "형법 제151조에서 규정하는 범인도피죄는 범인은닉 이외의 방법으로 범인에 대한 수사, 재판 및 형의 집행 등 형사사법의 작용을 곤란 또는 불가능하게 하는 행위를 말하는 것으로서, 그 방법에는 어떠한 제한이 없고, … 범인이 아닌 자가 수사기관에 범인임을 자처하고 허위사실을 진술하여 진범의 체포와 발견에 지장을 초래하게 한 행위는 위 죄에 해당한다."라고 하고, "범인에 대하여 적용 가능한 죄가 도로교통법위반죄로부터 교통사고처리특례법위반죄를 거쳐 상해죄에 이르기까지 다양하고, 그 죄들은 모두 벌금 이상의 형 집정하고 있으며 범인에게 적용될 수 있는 죄가 교통사고처리특례법위반죄에 한정된다고 하더라도 자동차종합보험 가입사실만으로 범인의 행위가 형사소추 또는 처벌 집행을 가능성이 없는 경우에 해당한다고 단정할 수 없을 뿐 아니라, 피고인이 수사기관에 적극적으로 범인임을 자처하고 허위사실을 진술함으로써 실제 범인을 도피하게 하였다."라는 이유로 범인 도피죄의 성립을 인정한 사례가 있다(대법원판결 2000.11.24, 2000도4078 참조).

따라서 위 사례에서 B가 자동차종합보험에 가입하여 결과적으로 교통사고처리특례법에 의하여 공소권이 없다고 하여도, A는 적극적으로 자신이 운전자라는 허위사실을 진술함으로써 실제 운전자를 도피하게 하였으므로 범인도피죄가 성립될 것이다.

형법 제151조(범인은닉과 친족 간의 특례)

① 벌금 이상의 형에 해당하는 죄를 범한 자를 은닉 또는 도피하게 한 자는 3년 이하의 징역 또는 500만 원 이하의 벌금에 처한다.

② 친족, 호주 또는 동거의 가족이 본인을 위하여 전항의 죄를 범한 때에는 처벌하지 아니한다.

■허위증언 후 사실대로 번복·증언한 경우의 형사책임

A는 B가 C를 폭행하는 것을 목격하였으나 형사재판정에서 증인선서를 한 후 증언하면서 B와 C가 언쟁만 했을 뿐 폭행하지 않았다고 진술하였다. 그러나 증인신문을 마치기 전에 위 진술은 사실과 다르며 B가 C를 폭행하는 것을 보았다고 번복하여 증언하였을 경우 진술한 허위증언에 대해서 위증죄의 성립여부는?

위증죄는 법정에서 선서한 증인이 그가 알고 있는 특정내용에 대해 그 기억에 반하는 진술을 하는 경우에 성립한다.

위증죄에 관련된 판례를 보면 "증인의 증언이 기억에 반하는 허위진술인지 여부는 그 증언의 단편적인 구절에 구애될 것이 아니라 당해 신문절차에 있어서의 증언 전체를 일체로 파악하여 판단하여야 할 것이고, 증언의 전체적 취지가 객관적 사실과 일치되고 그것이 기억에 반하는 공술이 아니라면 사소한 부분에 관하여 기억과 불일치하더라도 그것이 신문취지의 몰이해 또는 착오에 인한 것이라면 위증이 될 수 없다."라고 하였으며 (대법원판결 1993.12.7, 95도2864), "증인의 증언은 그 전부를 일체로 관찰・판단하는 것이므로 선서한 증인이 일단 기억에 반하는 허위의 진술을 하였더라도 그 신문이 끝나기 전에 그 진술을 철회・시정한 경우 위증이 되지 아니한다."라고 하였다(대법원판결 1993.12.7, 93도2510).

따라서 위 사례의 경우 1차로 허위의 진술을 하였으나 증인신문이 끝나기 전에 새로이 그가 알고 있는 사실대로 진술하였으므로 증언의 전체내용을 토대로 위증여부를 판단할 때 위증죄가 성립되지 않는다.

형법 제152조(위증, 모해위증)

① 법률에 의하여 선서한 증인이 허위의 진술을 한 때에는 5년 이하의 징역 또는 1천만 원 이하의 벌금에 처한다.

■허위사실을 진정한 경우의 형사책임

A와 영업상 경쟁관계에 있는 이웃상점 주인 B는 A가 세무서 직원에게 정기적으로 뇌물을 공여해 세금을 적게 낸다는 근거 없는 허위사실을 관할 경찰서장에게 진정하였다. 이런 경우 무고죄의 성립여부는?

허위의 사실을 신고하는 것은 국가기관을 속여 죄 없는 사람을 억울하게 처벌받게 하는 것이므로 피해자에게 큰 고통을 줄 뿐만 아니라 억울하게 처벌받은 경우, 피해자는 국가를 원망하게 되어 국가기강마저 흔들리게 되므로 처벌하고 있다. 허위란 객관적 진실에 반하는 것을 의미한다. 즉 신고의 내용이 진실과 일치하지 않는 것을 허위라 한다.

유사한 사건의 판례에서 "무고죄는 타인으로 하여금 형사처분 또는 징계처분을 받게 할 목적으로 공무소 또는 공무원에 대하여 허위의 사실을 신고하는 때에 성립하는 것인데, 여기에서 허위사실의 신고라 함은 신고사실이 객관적 사실에 반한다는 것은 확정적이거나 미필적으로 인식하고 신고하는 것을 말하는 것으로서, 설령 고소사실이 객관적 사실에 반하는 허위의 것이라 할지라도 그 허위성에 대한 인식이 없을 때에는 무고에 대한 고의가 없고, 고소내용이 터무니없는 허위사실이 아니고 사실에 기초하여 그 정황을 다소 과장한데 지나지 아니한 경우에는 무고죄가 성립하지 아니한다."라고 하였다(대법원판결 1998.9.8, 98도1949).

또한 "무고죄에 있어서 범의는 반드시 확정적 고의임을 요하지 아니하고 미필적 고의로서도 족하다 할 것이므로, 무고죄는 신고자가 진실하다는 확신 없는 사실을 신고함으로써 성립하고 그 신고사실이 허위라는 것을 확신함을 필요하지 않는다."(대법원판결 1997.3.28, 96도2417)라고 하였다.

무고죄의 성립요건에 있어서 그 신고의 방법은 자진하여 사실을 고지하는 한 구두에 의하건 서면에 의하건 또는 고소·고발의 형식에 의하건 불문하며, 또한 '공무소 또는 공무원'이라 함은 형사처분 또는 징계처분을 할 수 있는 권한을 가지고 있는 상당관서 또는 보조자를 말한다. 예를 들면 검사 또는 경찰과 같은 수사기관 및 그 보조자인 사법경찰들도 포함된다. 징계처분을 받게 할 목적인 경우에는 임명권 및 감독권이 있는 소속장관 또는 상관 등이다.

따라서 위 사례의 경우 B의 행위는 A로 하여금 형사처분을 받게 할 목적으로 공무원에 대하여 허위사실을 진정한 것이므로 무고죄가 성립될 것이다.

형법 제156조(무고)

타인으로 하여금 형사처분 또는 징계처분을 받게 할 목적으로 공무소 또는 공무원에 대하여 허위의 사실을 신고한 자는 10년 이하의 징역 또는 1천 5백만 원 이하의 벌금에 처한다.

법률지식

위증죄(僞證罪)

위증죄는 법률에 의하여 선서한 증인이 허위의 진술을 함으로써 성립하는 범죄이다(형법 제152조 제1항).

위증죄는 선서한 증인이 고의로 자신의 기억에 반하는 증언을 함으로써 성립하고, 그 진술이 재판의 결과에 영향을 미치는지 여부는 위증죄 성립에 관계가 없다. 허위란 증인이 기억에 반하는 증언을 하는 것을 의미하며, 그것이 객관적 진실과 일치하는가는 문제되지 않는다. 즉 허위진술이란 객관적 사실이 허위라는 의미가 아니라 체험한 사실을 기억에 반하여 진술하는 것을 말한다.

여기에서 한 가지 주의할 점은 무고죄의 '허위'와는 개념이 다르다는 것이다. 무고죄에 있어서의 '허위'란 객관적 진실에 반하는 것을 의미한다. 즉 신고의 내용이 진실과 일치하지 않는 것을 허위라고 한다는 사실이다.

제 4 편

형사소송법

제 1 장

형사소송법의 개념

형사소송법이란 형법을 구체적으로 적용·실현하기 위한 절차를 규정하고 있는 법률체계를 의미한다. 형법은 형벌권의 발생요건과 내용에 관한 법이므로 형법이 규정한 범죄행위가 행하여지면 국가형벌권이 발생하게 된다. 범죄의 발생에 대하여 국가의 형벌권을 실현하는 절차가 형사절차이다.

형사절차는 수사절차, 공판절차, 형집행절차로 구성되어 있다.

형사소송법에는 형식적 의의의 형사소송법과 실질적 의의의 형사소송법으로 나누어 생각할 수 있다.

형식적 의의의 형사소송법은 국가가 특히 형사소송법이라고 명명하고 공포·시행하고 있는 법전, 즉 '형사소송법전'을 말한다. 우리나라의 형사소송법은 법률 제341호로 1954년 9월 23일부터 시행되었다. 보통 형사소송법이라고 할 때에는 이것을 의미한다.

실질적 의의의 형사소송법이란 명칭이나 형식여하를 불문하고 형벌권 행사의 절차에 관한 모든 법령을 실질적 의의의 형사소송법이라고 한다. 그중 중요한 것은 형사소송법전이지만 그 외에 법원조직법, 검찰청법, 조세범처벌절차범, 즉결심판에관한절차법, 소송촉진에관한특례법 등이 있다.

형법이 형사사법에 의한 정의를 실현하기 위한 법률이라고 한다면, 형사소송법은 형사사법에 있어서의 정의를 실현하기 위한 법률이다.

제 2 장

형사사건 처리 절차

1. 형사사건과 수사

국가는 사회질서의 유지를 위하여 일정한 종류의 반사회적 행위에 대하여 법률로 규정하여 형벌을 부과하는데 이러한 사건을 형사사건이라고 하며 범죄가 성립하는지 가리기 위하여 형사사건을 조사하는 절차를 수사라고 한다.

모든 수사의 최종책임자는 검사이며 사법경찰관리는 검사의 지휘를 받아 수사한다.

형사소송절차는 수사절차, 공판절차, 형집행절차로 나눌 수 있다.

2. 수사개시

수사기관은 범죄의 혐의가 있다고 판단되는 때에는 범인, 범죄사실과 증거를 조사하여야 한다. 수사기관이 수사를 개시하는 단서에는 제한이 없다. 범죄신고 또는 고소·고발을 받거나 풍문 또는 신문기사를 보고 수사를 시작할 수도 있으며 우연히 범죄를 목격하고 수사를 개시하기도 한다.

3. 고소

고소란 범죄의 피해자 등이 수사기관에 범죄사실을 신고하여 범인을 처벌해 달라고 요구하는 것을 말한다. 고소권자는 범죄의 피해자와 그 법정대리인, 그리고 피해자가 사망한 경우에는 배우자, 직계친족, 형제자매 등이다.

범죄 중에는 피해자의 프라이버시나 범인과의 관계 등을 고려하여 고소가 없으면 처벌할 수 없는 죄를 친고죄라고 한다. 강간죄, 간통죄 등이다.

친고죄와는 달리 고소가 없어도 처벌할 수는 있으나 피해자가 처벌을 원하지 않는다는 명시적 의사표시가 있으면 처벌할 수 없는 죄를 반의사불벌죄라고 하는데, 이에는 명예훼손, 폭행죄 등이 있다.

친고죄는 범인을 알게 된 날로부터 6개월이 지나면 고소할 수 없다. 또한 고소는 제1심 판결 선고 전까지 취소할 수 있다.

4. 입건

수사기관이 수사를 개시한 때에는 수사기관에 비치된 '사건부'에 기재하게 되는데 이를 '입건'이라고 하며, 이와 같이 입건되어 수사대상이 된 사람을 '피의자'라고 한다. 피의자의 전 단계에 있는 경우 '용의자'라고 한다.

5. 체포

1) 일반체포

입건된 피의자가 죄를 범하였다고 의심할 만한 상당한 이유가 있고 정당한 이유없이 수사기관의 출석요구에 응하지 아니하거나 응하지 아니할 우려가 있는 때에는 피의자를 체포할 수 있다.

체포를 하기 위해서는 판사가 발부한 체포영장이 있어야 하며, 사법경찰관이 피의자를 체포하기 위해서는 검사에게 체포영장을 신청하고, 검사는 판사에게 청구하여 체포영장을 발부 받게 된다. 체포의 필요성이 인정되지 않는 경우에는 검사나 판사가 체포영장을 기각할 수 있다.

2) 긴급체포

긴급체포란 수사기관에서 범죄가 중한 피의자를 우연히 발견한 경우 등과 같이 긴급한 사정이 있어 판사로부터 체포영장을 발급 받을 시간적 여유가 없을 때에는 영장 없이 피의자를 체포할 수 있는 제도를 말한다.

3) 현행범인체포

현행범인이란 범죄를 실행 중이거나 실행 직후인 자를 말하는데, 이 경우 수사기관이 아니라도 누구든지 영장 없이 체포할 수 있다. 수사기관이 아닌 자가 현행범인을 체포한 때에는 즉시 수사기관에 인도하여야 한다. 체포 또는 긴급체포한 피의자를 수사기관이 계속 구금하고자 할 때는 체포한 때로부터 48시간 이내에 판사에게 구속영장을 청구하여야 하며 그 기간 내에 구속영장을 청구하지 않거나, 구속영장을 발부 받지 못했을 때에는 즉시 석방하여야 한다.

6. 구속과 불구속

수사기관은 수사한 결과 범죄가 중하고 죄질이 나쁘며 일정한 주거가 없거나 도망 또는 증거를 인멸할 염려가 있는 경우에는 피의자를 구속할 수 있다. 그러나 수사는 불구속상태에서 하는 것이 원칙이다. 구속을 하기 위해서는 범죄의 증거가 있어야 하고 판사가 발부한 구속영장이 있어야 한다.

7. 송치

사법경찰관이 수사를 다한 경우에는 수사기록과 증거물을 검찰청으로 보내야 하는데 이를 송치라고 한다. 그것은 모든 사건의 수사종결권은 검사에게 있기 때문이다.

8. 체포 · 구속적부심사제도

영장에 의하여 일단 체포 또는 구속이 되었더라도 법원으로부터 그 구속의 적부를 심사 받을 수가 있다. 이 절차에서 체포 · 구속이 부당하다고 하여 법원이 석방을 명하면 피의자는 즉시 석방된다.

적부심의 청구는 피의자 본인이나 변호인, 배우자, 직계친족, 형제자매, 호주, 가족, 동거인, 고용주도 할 수 있다.

9. 공소의 제기(기소)

검사는 사법경찰관으로부터 송치 받은 사건이나 직접 인지하여 수사한 사건에 대하여 피의자가 재판 받는 것이 마땅하다고 판단하는 경우에는 법원의 재판에 회부하게 되는데 이를 기소하고 하며, 기소된 사람은 피고인이라고 한다.

이때 검사는 벌금형으로 처벌하는 것이 상당하다고 판단되는 경우에는 약식명령을 청구할 수 있는데, 이를 약식기소라고 한다.

10. 불기소

검사가 사건을 수사한 결과 재판에 회부하지 않는 것이 상당하다고 판단하는 경우에는 기소를 하지 않고 사건을 종결하는데, 이를 불기소처분이라고 한다.

11. 보석

구속기소된 피고인은 법원에 보증금을 납부할 것을 조건으로 석방을 청구할 수 있는데 이를 보석이라고 한다. 보석의 청구는 피고인, 피고인의 법정대리인, 배우자, 직계친족, 형제자매, 호주가 할 수 있다.

12. 재판

1) 재판일반

법원은 검사가 기소한 사건에 대하여 공개리에 심리를 하게 된다.

재판의 관할은 합의부와 단독판사가 있는데, 단독판사가 한 재판에 대하여는 지방법원의 항소부에, 합의부에서 한 재판에 대하여는 고등법원에 항소할 수 있으며, 지방법원 항소부 및 고등법원의 재판에 불복할 경우에는 대법원에 상고할 수 있다.

2) 유 · 무죄의 판결

심리결과 피고인의 죄가 인정되면 유죄의 판결을, 유죄로 인정하는 증거가 없으면 무죄를 선고한다.

13. 상소

상소는 확정되지 않은 재판에 대하여 상급법원에 구제를 구하는 제도이다.

상소에는 항소, 상고 및 항고가 있다. 항소와 상고는 판결에 대한 것이고, 항고는 결정에 대한 것이다.

14. 형의 집행

법원에서 선고된 형은 검사의 지휘에 의하여 형을 집행하게 된다. 징역, 금고형은 교도소에 구금하여 집행하며, 벌금형은 판결확정일로부터 30일 이내에 검찰청에 납부하여야 한다. 만약 납부하지 않을 경우 1일 이상 3년 이내의 범위에서 노역장에 유치하게 된다.

〈형사사건 처리 절차 개요도〉

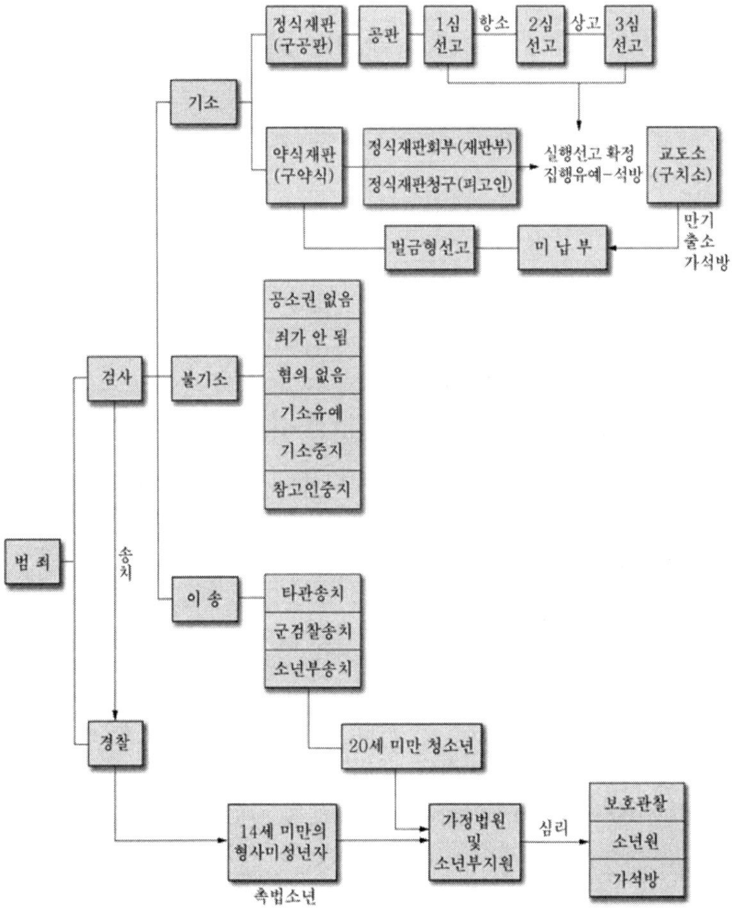

제 3 장

형사소송법 사례

■고소의 대리 가능 여부

A의 아버지는 70세로 평소 행동이 불량한 동네 청년 B를 꾸짖다가 도리어 B에게 폭행당하여 전치 6주의 상해를 입었다. 치료를 위해 입원 중인 아버지를 대신하여 A가 고소를 할 수 있을까?

형사소송법상 고소할 수 있는 사람으로는 ① 범죄의 피해자, ② 그 피해자의 법정대리인(부모, 후견인 등)이며, ③ 피해자가 사망한 때에는 그 배우자, 직계친족 또는 형제자매는 피해자의 명시한 의사에 반하지 않는 한 고소할 수 있다(형사소송법 제223조, 제225조).

그리고 형사소송법 제236조에 의하면 고소 또는 그 취소는 대리인으로 하여금 하게 할 수 있다고 규정하고, 이 경우 대리권이 정당한 고소권자에 의하여 수여되었음이 실질적으로 증명되면 충분하고, 그 방식에 특별한 제한은 없다(대법원판결 2001.

9.4, 2001도3081 참조).

따라서 위 사례의 경우 A는 피해자 또는 피해자의 법정대리인 등이 아니므로 독자적으로 고소할 수는 없으나 피해자인 부친으로부터 대리권을 수여 받아 고소할 수 있다.

형사소송법 제223조(고소권자)

범죄로 인한 피해자는 고소할 수 있다.

형사소송법 제225조(비피해자인 고소권자)

① 피해자의 법정대리인은 독립하여 고소할 수 있다.

② 피해자가 사망한 때에는 그 배우자, 직계친족 또는 형제자매는 고소할 수 있다. 단, 피해자의 명시한 의사에 반하지 못한다.

형사소송법 제236조(대리고소)

고소 또는 그 취소는 대리인으로 하여금 하게 할 수 있다.

■친고죄의 피해자인 미성년자가 고소취소를 할 때 법정대리인의 고소 가능 여부

A의 17세 된 딸 B는 미팅에서 만난 남학생에게 강간(강간치상이 아님)을 당하여 수사기관에 고소하자 그 남학생은 구속되었다. 그런데 B는 수사기관에서 조사를 받던 중 겁도 나고 수치심도 생겨 친권자인 A 몰래 고소를 취하하였고, 수사기관에서는 공소권 없음을 이유로 가해자를 불기소처분하여 석방시켰다. 비록 B가 고소를 취하하였지만 A가 가해자를 처벌받게 하려면?

강간죄는 친고죄로서 친고죄의 경우에는 고소가 소송조건이므로 고소권자의 고소가 없거나 공소가 제기되었더라도 제1심 판결 전에 고소가 취소되면 처벌할 수 없게 된다.

형사소송법상 범죄로 인한 피해자는 고소할 수 있고, 피해자가 미성년자인 경우에 피해자의 법정대리인도 독립하여 고소할 수 있으며, 또한 고소권자는 자기가 제기한 고소를 취소할 수도 있다(형사소송법 제223조, 제225조 제1항).

고소는 의사표시를 내용으로 하는 소송행위이므로 고소가 유효하기 위해서는 고소능력이 있어야 한다. 이에 관한 판례를 보면 "고소를 함에는 소송행위능력, 즉 고소능력이 있어야 하는 바, 고소능력은 피해를 받은 사실을 이해하고 고소에 따른 사회생활상의 이해관계를 알아차릴 수 있는 사실상의 의사능력으로 충분하므로 민법상의 행위능력이 없는 자라도 위와 같은 능력을 갖춘 자에게는 고소능력이 인정된다고 할 것이고, 고소위임을 위한 능력도 위와 마찬가지라고 할 것이다."라고 하였다(대법원 판결 1999.2.9, 98도2074).

그러므로 고소능력은 고소의 의미를 이해할 수 있는 사실상의 의사능력으로 충분하며 민법상의 행위능력과는 구별되는 것이고, 위 사례에서 17세의 미성년자인 B는 강간죄의 피해자이며 고소능력도 있다고 생각되므로 적법하게 고소하고 또한 이미 제기한 고소를 취소할 수 있으며 검사의 불기소처분은 타당한 것으로 판단된다.

따라서 B는 이미 고소를 취소하였으므로 고소권이 소멸되어 다시 고소하지 못한다(형사소송법 제232조 제2항).

그런데 형사소송법에는 피해자의 법정대리인은 독립하여 고소할 수 있다고 되어 있다. 이에 관한 판례는 "법정대리인은 피해자의 고소권 소멸여부에 관계없이 고소할 수 있고, 이러한 고소권은 피해자의 명시한 의사에 반하여도 행사할 수 있다."라고 하였으며(대법원판결 1999.12.24, 99도3784), "법정대리인의 고소기간은 법정대리인 자신이 범인을 알게 된 날로부터 진행한다." 라고 하였다(대법원판결 1984.9.11, 84도1579; 1987.6.9, 87도857).

그렇다면 위 사례의 경우 A 등 법정대리인은 딸의 고소취소로 인한 고소권의 소멸여부에 관계없이 고소를 할 수 있고, A 등이 범인을 안 날로부터 1년 이내에 고소할 수 있을 것으로 보인다(성폭력범죄의처벌및피해자보호등에관한법률 제19조).

나아가 일단 검사가 불기소처분을 내린 사건이라고 할지라도 그 불기소처분은 확정판결과 달리 기판력이 없으므로, 다시 고소하여 혐의가 인정될 경우 검사는 전의 불기소처분을 번복하여 피의자를 기소할 수 있는 것이다.

형사소송법 제225조(비피해자인 고소권자)

① 피해자의 법정대리인은 독립하여 고소할 수 있다.

형사소송법 제230조(고소기간)

① 친고죄에 대하여는 범인을 알게 된 날로부터 6월을 경과하면 고소하지 못한다. 단, 고소할 수 없는 불가항력의 사유가 있는 때에는 그 사유가 없어진 날로부터 기산한다.

성폭력범죄의처벌및피해자보호등에관한법률 제19조(고소기간)

① 성폭력범죄 중 친고죄에 대하여는 형사소송법 제230조(고소기간) 제1항의 규정에 불구하고 범인을 알게 된 날부터 1년을 경과하면 고소하지 못한다. 다만, 고소할 수 없는 불가항력의 사유가 있는 때에는 그 사유가 없어진 날부터 기산한다.

■친고죄나 반의사불벌죄가 아닌 범죄에 대하여 고소취하한 경우의 효력

> A는 몇 달 전 B로부터 사기혐의로 고소당하여 수사기관에서 조사를 받던 중 B에게 피해를 보상하기로 하자 A가 고소를 취하하였다. 그 후 법원으로부터 벌금 100만 원에 처한다는 약식명령이 송달되었는데 그 처분은 정당한 것일까?

법률적으로 친고죄(親告罪)라 하여 피해자 또는 일정한 고소권자의 고소가 있어야 비로소 처벌받게 되는 범죄(간통죄, 강간죄 등)와 반의사불벌죄(反意思不罰罪)라 하여 피해자의 고소와 관계없이 수사기관의 인지(認知) 등에 의해 수사를 착수할 수는 있으나, 피해자가 가해자의 처벌을 원하지 않을 경우 처벌할 수 없는 범죄(폭행죄, 명예훼손죄 등)는 고소권자의 고소가 있어서 재판진행 중인 경우에도 제1심 판결이 선고되기 전에 고소를 취소하거나 처벌을 희망하지 않는 의사표시를 하면 공소기각판결에 의하여 처벌받지 않게 된다(형사소송법 제327조 제5항, 제6항).

그런데 위 사례의 사기죄 등과 같이 친고죄나 반의사불벌죄가 아닌 범죄에 있어서는 고소권자의 고소는 단순히 수사의 단서에 지나지 않으며 고소의 유무 또는 그 고소의 취소여부에 관계없이 그 죄를 논할 수 있는 것이다.

그러므로 위 사례의 경우 사기죄는 친고죄나 반의사불벌죄에 해당되지 아니하므로 고소권자인 A가 사기죄의 고소를 취하하였다 하더라도 이것은 단지 양형에 참고할 사유는 될 수 있지만 사기죄로 처벌됨에 있어서는 아무런 문제가 없는 것이다.

■구속사건의 최장 구속수사기간

A는 동료들과 회식 중, 사소한 시비로 동료를 때려 전치 4주의 부상을 입힌 후 관할 경찰서에 구속되어 현재 조사를 받고 있다. 상해사건으로 구속되면 언제까지 구속되어 있어야 할까?

검사는 범죄의 혐의 있다고 사료하는 때에는 범인, 범죄사실과 증거를 수사하여야 한다(형사소송법 제195조) 수사관, 경무관, 총경, 경정, 경감, 경위는 사법경찰관으로서 검사의 지휘를 받아 수사를 하여야 하며, 경사 및 순경은 사법경찰리로서 검사 또는 사법경찰관의 지휘를 받아 수사의 보조를 하여야 한다(제196조).

이 경우 범인으로 지칭되는 자를 피의자(被疑者)라 하고, 피의자가 죄를 범하였다고 의심할 만한 상당한 이유가 있으며 형사소송법상의 구속사유, 즉 ① 피고인이 일정한 주거가 없는 때, ② 피고인이 증거를 인멸할 염려가 있는 때, ③ 피고인이 도망하거나 도망할 염려가 있는 때 등의 경우 검사는 관할지방법원 판사에게 청구하여 구속영장을 받아 피의자를 구속할 수 있고, 사법경찰관은 검사에게 신청하여 검사의 청구로 관할지방법원 판사의 구속영장을 받아 피의자를 구속할 수 있다(형사소송법 제201조, 제70조).

사법경찰관이 피의자를 구속한 때에는 10일 이내에 피의자를 검사에게 인치(引致)하지 아니하면 석방하여야 하고, 검사가 피의자를 구속한 때 또는 사법경찰관으로부터 피의자의 인치를 받은 때에는 10일 이내에 공소를 제기하지 아니하면 석방하여야 한다(형사소송법 제202조, 제203조).

이 경우 구속기간은 피의자를 체포 또는 구인한 날부터 기산하며, 지방법원 판사는 검사의 신청에 의하여 수사를 계속함에 상당한 이유가 있다고 인정한 때에는 10일을 초과하지 아니하는 한도에서 구속기간의 연장을 1차에 한하여 허가할 수 있다(형사소송법 제203조, 제205조).

따라서 A는 최장 30일 내의 기간을 구속된 상태에서 조사를 받을 수 있다. 그러나 이 기간은 수사상 필요한 경우에 따른 최장기간이므로 모든 사건이 이에 따라 처리되는 것은 아니다. 그리고 공소제기 후에는 2개월간 구속된 채 공판을 진행할 수 있다. 그러나 이 기간도 형사소송법에 의거하여 특히 구속을 계속할 필요가 있는 경우는 각 심급마다 2차에 한하여 결정으로 갱신(更新)할 수 있고 갱신한 기간도 2월로 하기 때문에, A에 대한 공판절차의 기간은 최장 1심에서 6개월까지도 소요될 수 있으며 2심과 3심에서의 구금기간을 2차 갱신하는 경우 각 4개월간 구금될 수 있으므로 3심까지는 14개월까지도 구금될 수 있다. 그리고 특별한 사유로 인하여 공판절차가 정지된 기간은 위 기간에 삽입되지 아니한다(형사소송법 제92조 제3항)

형사소송법 제202조(사법경찰관의 구속기간)

사법경찰관이 피의자를 구속한 때에는 10일 이내에 피의자를 검사에게 인치하지 아니하면 석방해야 한다.

형사소송법 제203조(검사의 구속기간)

검사가 피의자를 구속한 때 또는 사법경찰관으로부터 피의자의 인치를 받은 때에는 10일 이내에 공소를 제기하지 아니하면 석방하여야 한다.

형사소송법 제205조(구속기간의 연장)

지방법원 판사는 검사의 신청에 의하여 수사를 계속함에 상당한 이유가 있다고 인정한 때에는 10일을 초과하지 아니하는 한도에서 제203조의 구속기간의 연장을 1차에 한하여 허가할 수 있다.

■구속된 피의자 또는 피고인이 석방될 수 있는 제도

A는 절도죄로 구속이 되었다. A가 석방될 수 있는 방법으로 어떤 제도들이 있을까?

구속피의자가 구속 후 사건종료에 이르기까지 석방될 가능성의 기회를 순차적으로 살펴보면 다음과 같다.

1. 경찰 또는 검찰의 수사단계에 있어서는 구속적부심사청구(拘束適否審査請求)를 할 수 있다. 구속적부심사청구가 있으면 법원은 지체없이 체포 또는 구속된 피의자를 심문하고 수사관계 서류와 증거물을 조사하여 그 청구가 이유 없다고 인정한 때에는 결정으로 이를 기각하고, 이유 있다고 인정할 때에는 결정으로 체포 또는 구속된 피의자의 석방을 명하여야 한다(형사소송법 제214조의2 제3항). 그리고 이 과정에서 피의자의 출석을 보증할 만한 보증금의 납입을 조건으로 석방을 명할 수도 있는데, 이를 보증금납입조건부 석방제도라고 하며 일명 피의자보석제도라고 한다(형사소송법 제214조의2 제4항 본문).

2. 검찰수사 종결시에는 무혐의불기소처분과 기소유예처분 및 약식명령청구(법원이 피고인에 대하여 벌금, 과료, 몰수에 해당하는 형에 처하는 경우)가 있을 수 있다. 이 경우에는 구속되었

던 피의자를 석방하게 된다.

3. 검사가 법원에 대하여 공판의 청구를 하는 공소제기 후에는 보석허가청구(保釋許可請求)를 해볼 수 있다. 보석을 허가하는 경우에는 피고인의 출석을 보증할 만한 보증금액을 정하게 되고, 이 보증금을 납입한 후가 아니면 보석이 되지 않는다. 그리고 보석을 허가하는 경우에는 피고인의 주거를 제한하고 기타 적당한 조건을 부가할 수 있다(형사소송법 제98조, 제99조).

4. 재판결과로 무죄와 벌금 또는 집행유예, 선고유예 등이 있을 경우에도 구속된 자를 석방하여야 한다.

■수사기관이 진술거부권을 고지하지 아니하였을 경우 그 증거 능력

> A는 경찰에서 절도의 혐의를 받고 조사를 받으면서 질문사항에 관해 모두 진술을 하였다. 그런데 당시 경찰관 진술거부권에 관한 고지가 없었다. 이러한 상태에서의 진술도 증거능력이 인정될까?

형사소송법에서는 피의자의 진술을 듣기 전 진술거부권을 알려주도록 규정되어 있다(제200조 제2항). 이것을 미란다 원칙(Miranda 原則)이라고도 한다.

이는 경찰이나 검사 등 수사기관이 피의자로부터 자백을 받기 전에 반드시 진술거부권과 변호인선임권 등 피의자의 권리를 알려야 한다는 것을 의미한다. 1966년 미국법원에 검찰이 제출한 성폭행 피의자의 미란다 자백을 증거로 채택하지 않은 데서 유래되었다.

그리고 피의자에게 진술거부권을 고지하지 아니하고 작성한 피의자신문조서의 증거능력에 관하여 판례를 보면, "형사소송법 제200조 제2항은 검사 또는 사법경찰관이 출석한 피의자의 진술을 들을 때에는 미리 피의자에 대하여 진술을 거부할 수 있음을 알려야 한다고 규정하고 있는 바, 이러한 피의자의 진술거부권은 헌법이 보장하는 형사상 자기에 불리한 진술을 강요당하지 않는 자기부죄거부의 권리에 터잡은 것이므로 수사기관이 피의자를 신문함에 있어서 피의자에게 미리 진술거부권을 고지하지 않은 때에는 그 피의자의 진술은 위법하게 수집된 증거로서 진술의 임의성이 인정되는 경우라도 증거능력이 부인되어야 한다."라고 하였다(대법원판결 1992.6.26, 92도682).

따라서 위 사례의 경우에는 A의 진술이 비록 임의성은 인정된다고 할지라도 수사기관으로부터 진술거부권을 고지 받지 못한 상태에서 이루어진 진술이라고 할 수 있으므로, 그 증거능력은 부정된다고 할 수 있다.

■구속적부심사 청구의 절차

> A는 B를 구타하여 전치 8주의 상해를 입혀 구속되었고, A의 부모는 B에게 피해를 보상하고 합의서를 받았다. 구속적부심사를 청구하려고 하는데 방법과 절차는 어떻게 될까?

형사소송법에 의하면 체포영장 또는 구속영장에 의하여 체포 또는 구속된 피의자 또는 그 변호인, 법정대리인, 배우자, 직계친족 등은 관할법원에 체포 또는 구속적부심사를 청구할 수 있다(제214조의2 제1항).

구속적부심사를 청구하려면 그 심사청구서를 관할법원에 제출하여야 하며, 그 청구서에는 ① 체포 또는 구속된 피의자의 성명, 주민등록번호(주민등록번호가 없거나 이를 알 수 없는 경우에는 생년월일, 성별), 주거, ② 체포영장 또는 구속영장의 발부일자, ③ 청구취지 및 청구이유, ④ 청구인의 성명 및 구속된 피의자와의 관계 등을 기재하여야 한다(형사소송규칙 제102조). 또한, 청구권자임을 인정할 수 있는 서류(예를 들면 주민등록등본이나 호적등본)와 피해자로부터 받은 합의서 기타 피해보상을 입증할 수 있는 서류를 그 청구서에 첨부하여야 한다.

청구자는 법원으로부터 심문기일의 통지를 받으면 그 심문기일에 출석하여 피의자의 석방을 위하여 유리한 자료를 법원에 제출할 수 있으며, 또한 피의자를 심문할 수도 있다(형사소송규칙 제105조).

법원에서는 피의자를 심문한 때로부터 24시간 이내에 피의자를 석방할 것인가의 여부를 결정하게 되어 있으며(형사소송규칙 제106조), 법원이 석방결정을 하여야 구속된 피의자는 석방되게 된다.

그리고 법원은 구속된 피의자에 대하여 피의자의 출석을 보증할 만한 보증금의 납입을 조건으로 하여 결정해 위와 같은 피의자의 석방을 명할 수 있고(형사소송법 제214조의2 제4항 본문), 일정한 사유가 있는 경우에는 그 보증금을 몰수할 수도 있다(형사소송법 제214조의4).

■보석제도

A는 B와 싸움을 하여 폭력행위등처벌에관한법률위반죄로 구속·기소되어 법원의 재판을 기다리고 있다. A는 전과도 없고

구속된 후 피해자와 합의까지 하였으며, 회사일도 바쁜 편으로 석방되어 불구속으로 재판을 받을 수 있는 방법은 없을까?

피의자가 일단 구속되어 기소가 되면 그에 대한 재판이 끝날 때까지 통상 짧게는 2~3개월, 길게는 1년가량의 시일이 걸리므로 설사 재판을 받고 무죄나 집행유예로 석방된다고 하여도 개인의 사업이라든가 생활에 회복할 수 없는 손해가 있다.

그래서 법은 구속된 피고인에 대하여 재판이 확정되기 전에도 석방될 수 있는 몇 가지 제도를 두고 있는데, 그것이 보석제도(保釋制度)이다. 보석이란 일정한 보증금을 내고 구속의 집행을 정지하여 피고인을 석방하는 제도이다. 보석의 청구는 피고인이 직접할 수도 있고, 배우자, 직계친족, 형제자매, 호주, 법정대리인, 변호인 등이 할 수도 있으며, 보석의 청구가 있으면 법원은 범죄의 종류·전과유무·증거인멸이나 도망의 염려, 주거의 확실성 등을 고려하여 보석의 허가여부를 결정하게 된다(형사소송법 제94조).

보석이 허가되면 보석허가조건에서 정한 보증금을 납부하고 석방된다. 그리고 보석을 허가하는 경우에 피고인의 주거를 제한하고 기타 적당한 조건을 부가할 수 있다(형사소송법 제99조).

보석으로 석방된 후 도망을 간다든가 기타 보석허가에서 정한 조건을 위배하면 보석이 취소되어 다시 구속되고 보증금은 몰수될 수 있다. 그리고 재판결과 징역이나 금고 등 실형이 선고되어 집행을 위한 소환을 받고서도 출석하지 않거나 도망하면 보증금은 몰수된다(형사소송법 제102조, 제103조).

따라서 위 사례의 경우 구속된 A가 주거가 확실하고 도망하거나 증거를 인멸할 염려가 없다는 것과 피해자와 합의한 사실, 직장의 어려움 등의 유리한 정상을 주장하여 법원에 보석허가를 신청해 볼 수 있을 것이다.

■보석으로 석방된 경우 지방출타 가능의 여부

> A는 구속되었다가 보석(保釋)이 허가되어 보석보증금을 납부하고 석방되었다. 그런데 사업상 지방으로 다니며 할 일이 많은데 가능할까?

보석을 허가하는 경우에 피고인의 주거를 제한하고 기타 적당한 조건을 부가할 수 있도록 되어 있다(형사소송법제99조). 그리고 형사소송법에는 법원이 직권 또는 검사의 청구에 의하여 결정으로 보석을 취소할 수 있는 경우로서, 피고인이 ① 도망갔을 때, ② 도망가거나 죄증(罪證)을 인멸할 염려가 있다고 믿을 만한 충분한 이유가 있을 때, ③ 소환을 받고 정당한 이유없이 출석하지 아니한 때, ④ 피해자·당해 사건의 재판에 필요한 사실을 알고 있다고 인정되는 자 또는 그 친족의 생명·신체나 재산에 해를 가하거나 가할 염려가 있다고 믿을 만한 충분한 이유가 있을 때, ⑤ 주거의 제한 기타 법원이 정한 조건을 위반한 때를 규정하고 있다(제102조 제1항).

보석이 취소되면 보증금의 전부 또는 일부를 몰수할 수 있으며 검사는 취소결정에 의하여 피고인을 다시 구금하게 된다(제102조).

그러므로 위 사례의 경우 A에게 주거의 제한조건이 부가되어 있을 경우에는 법원이 정한 제한을 위반하지 않아야 한다.

■보석 후 입원치료 중 도주한 경우 보석의 효력

A는 사기죄로 구속·기소되어 재판을 받던 중 질병이 악화되어 보석을 청구하였고, 법원의 보석허가결정으로 석방되어 병원에 입원한 후 치료를 받던 중 도주하였다. 이 경우 보석의 효력은 어떻게 될까?

법원은 직권 또는 검사의 청구에 의하여 결정으로 보석 또는 구속의 집행정지를 취소할 수 있도록 되어 있다(제102조 제1항).

보석취소사유에 대해서는 앞에서 설명한 바와 같다.

보석이 취소되면 피고인은 그 취소결정서의 등본에 의해서 재수감되며, 납입한 보증금의 전부 또는 일부가 법원의 결정에 의해 몰수될 수 있다(형사소송법 제102조 제2항). 따라서 A는 보석 중 도주하였다면 법원의 직권 또는 검사의 청구에 의해 보석이 취소되어 재수감될 수 있고 보석보증금 역시 전부 또는 일부가 몰수될 수도 있다.

■불기소처분의 종류

불기소처분이란 무엇이며, 그 종류와 의미는 무엇인가?

현행법상 수사종결처분권은 검사에게만 인정되고 검사가 피의사건에 대하여 공소를 제기하지 않는 처분을 불기소처분(不起訴處分)이라고 한다(형사소송법 제247조).

불기소처분에는 ① 기소유예, ② 혐의없음, ③ 죄가안됨, ④

공소권없음, ⑤ 기소중지, ⑥ 참고인중지 등이 있다. 그중 혐의없음, 죄가안됨, 공소권 없음, 각하를 협의의 불기소처분이라고 하는데 이를 살펴보면 다음과 같다.

① 기소유예는 피의사실이 인정되나 형법 제51조(범인의 연령, 성행(性行), 지능과 환경, 피해자에 대한 관계, 범행의 동기·수단과 결과, 범행 후의 정황)의 사항을 참작하여 공소를 제기하지 않는 것을 말한다(형사소송법 제247조 제1항).

② 혐의없음(무혐의)은 피의사실이 인정되지 아니하거나 피의사실을 인정할 만한 충분한 증거가 없는 경우 또는 피의사실이 범죄를 구성하지 아니하는 경우에 하는 처분을 말한다. 검사가 혐의없음 결정시 고소인 또는 고발인의 무고혐의의 유·무에 관하여 판단하여야 한다.

③ 죄가안됨(범죄 불성립)은 피의사실이 범죄구성요건에 해당하나 법률상 범죄의 성립을 조각하는 사유가 있어 범죄를 구성하지 아니하는 경우로 피의자가 형사미성년자나 심신상실자인 경우 정당행위, 정당방위, 긴급피난에 해당되는 경우이다(형법 제20조).

④ 공소권없음은 확정판결이 있는 경우, 통고처분이 이행된 경우, 소년법 또는 가정폭력범죄의처벌등에관한특례법에 의한 보호처분이 확정된 경우(보호처분이 취소되어 검찰에 송치된 경우를 제외한다), 사면이 있는 경우, 공소의 시효가 완성된 경우, 범죄 후 법령의 개폐로 형이 폐지된 경우, 법률의 규정에 의하여 형이 면제된 경우, 피의자에 관하여 재판권이 없는 경우, 동일사건에 관하여 이미 공소가 제기된 경우(공소를 취소한 경우를 포함한다. 다만, 다른 중요한 증거를 발견한 경우에는 그러하

지 아니하다), 친고죄 및 공무원의 고발이 있어야 논하는 죄의 경우에 고소 또는 고발이 없거나 그 고소 또는 고발이 무효 또는 취소된 때, 반의사불벌죄의 경우 처벌을 희망하지 아니하는 의사표시가 있거나 처벌을 희망하는 의사표시가 철회된 경우, 피의자가 사망하거나 피의자인 법인이 존속하지 아니하게 된 경우이다.

⑤ 기소중지는 피의자의 소재불명 또는 참고인중지결정 사유 외의 사유로 수사를 종결할 수 없는 경우에는 그 사유가 해소될 때까지 기소중지결정을 할 수 있다. 피의자 소재불명을 이유로 기소중지 하는 경우에는 피의자를 지명수배하게 된다. 피의자의 소재가 판명되는 등 기소중지사유가 해소되면 다시 수사를 진행한다.

⑥ 참고인중지는 참고인·고소인·고발인 또는 같은 사건 피의자의 소재불명으로 수사를 종결할 수 없는 경우에는 그 사유가 해소될 때까지 참고인중지결정을 할 수 있다. 이 경우에는 참고인 등에 대한 소재수사 지휘를 하는 경우가 있다.

■검사의 불기소처분에 대하여 고소인이 불복할 수 있는 방법

A는 B를 상대로 사기죄로 고소하였다. 그러나 혐의없음으로 불기소처분 되었을 경우 고소인이 불복할 수 있는 방법은 무엇일까?

검사가 고소 또는 고발에 의하여 범죄를 수사할 때에는 고소 또는 고발을 수리한 날로부터 3개월 이내에 수사를 완료하여 공소제기여부를 결정하여야 하고, 이러한 사건에 대해 공소를 제기하거나 제기하지 아니하는 처분 등을 한 때에는 그 처분을 한 날로부터 7일 이내에 서면으로 고소인 또는 고발인에게 그 취지를 통지하게 되어 있다(형사소송법 제257조, 제258조 제1항).

그리고 검사가 불기소처분을 한 경우에 고소인 또는 고발인의 청구가 있는 때에는 7일 이내에 고소인 또는 고발인에게 그 이유를 서면으로 설명하여야 하며, 이러한 검사의 불기소처분에 대해 고소인이 불복하는 방법에는 항고(抗告)와 재정신청(裁定申請)이 있다(형사소송법 제259조, 제260조).

그 중 재정신청은 수사공무원의 직권남용죄 등에 관한 불기소처분에 대해서 제한적으로 인정되므로, 위 사례의 경우에는 해당되지 아니하고 다만, 항고의 방법으로 불복할 수 있다.

검찰청법상의 항고(抗告)는 고소인 또는 고발인이 불기소처분의 통지를 받은 날로부터 30일 이내에 불기소처분을 한 검사가 속하는 지방검찰청 또는 지청을 거쳐 서면으로 관할고등검찰청 검사장에게 할 수 있으며, 이 경우 당해 지방검찰청 또는 지청의 검사는 항고가 이유 있다고 인정하는 때에는 소속검사로 하여금 지방검찰청 또는 지청 검사의 불기소처분을 직접 경정하게 할 수 있다.

그리고 재항고는 위 항고를 기각하는 처분에 불복이 있는 항고인이 그 검사가 속하는 고등검찰청을 거쳐 서면으로 검찰총장에게 할 수 있는데, 이 경우 당해 고등검찰청의 검사는 재항고가 이유 있다고 인정되는 때에는 그 처분을 경정하도록 되어 있다.

또한 재항고를 기각하는 처분이 현저히 수사가 미진한 채 불기소처분한 것으로서 검찰권의 행사가 헌법상의 평등권과 재판절차진술권 등을 침해하였다고 볼 수 있는 경우에는 그 통지를 받은 날로부터 30일 이내 변호사를 선임(변호사선임능력이 없을 경우 헌법재판소에 국선변호인선임 신청가능)하여 헌법재판소법 규정에 따라 헌법소원심판청구를 할 수도 있다(헌법재판소법 제68조 내지 제71조).

■기소중지사건의 종국처리 방법

A는 타인의 금품을 사취하고 도주하였다. 피해자들이 사기죄로 고소하였으나 기소중지처분 되었다. 이 사건의 종국처리는 어떻게 할까?

기소중지(起訴中止)란 피의사건에 대하여 소송조건이 구비되고 범죄의 객관적인 혐의가 충분한 경우에도 피의자의 소재불명 또는 참고인·고소인·고발인 또는 같은 사건 피의자의 소재불명으로 인한 참고인중지 이외의 사유로 인하여 수사를 종결할 수 없는 경우에 검사가 그 사유가 해소될 때까지 수사를 중지하는 처분을 말한다(검찰사건사무규칙 제73조).

위 사례의 경우 피의자 A의 소재불명으로 기소중지결정이 나면 A에 대하여는 지명수배가 내려지게 되고 일정한 경우 출국금지 등의 조치가 취해질 수 있으며, 검사는 기소중지결정 된 사건에 관하여 수시로 그 중지사유의 해소유무를 검토하게 된다.

따라서 기소중지처분이 있다고 하여 곧바로 수사종결되는 것이 아니며, 소재발견 등으로 기소중지사유가 해소될 경우 수사를 재개하게 되므로 기소중지처분은 수사중지처분의 성격을 갖고 있다고 할 수 있다.

고소인 등 관계자가 피의자의 소재를 발견하였을 때는 불기소사건 재기신청을 할 수 있다.

■기소중지자의 출국가능 여부

A는 2년 전 야간에 사소한 일로 시비 중 경찰서로 연행되어 조사를 받는 과정에서 합의를 한 사실이 있었다. 그런데 최근 해외지점으로 발령이 나서 출국절차를 밟던 중 기소중지 된 사실이 있어 출국이 어렵다는데, 속히 출국할 수 있는 방법은 무엇일까?

위 사례는 야간에 싸움을 하여 폭력행위등처벌에관한법률위반죄에 해당하는 범죄를 범하였고 이 죄는 친고죄나 반의사불벌죄가 아니므로 당사자 간에 합의가 있었다 하더라도 양형(量刑)에 참작사유가 될 뿐 처벌을 면할 수 있는 것은 아니다.

위 사례의 경우 A의 직업이 확실하고 다른 전과사실이 없고 우발적 사고로 보여져 기소유예 또는 벌금형 정도의 처분이 내려질 듯한 사안이나 A의 주소지 변경 등으로 검사가 피의자 소재불명 등의 사유로 수사를 종결할 수 없어 수사중지 의미의 기소중지처분을 했다고 보여진다.

그러므로 A는 기소중지처분을 결정한 관할검찰청 또는 지청에 출두하여 기소중지사건의 재기신청을 하여 수사가 진행되도록 한다면 사건이 종결될 수 있을 것이다.

또한 사건이 기소중지 되었다고 하여 모두 출국이 금지되는 것은 아니다.

즉, A가 관할검찰청 또는 지청에서 출국가능사실증명원의 발급신청을 하면 A가 출국하여도 사건처리에 지장이 없다고 판단될 경우에는 A에 대한 출국가능사실증명원이 발급되므로 그것을 교부 받아 출국절차를 밟는 것이 좋으리라 생각된다.

참고로 법원에 소송집행 중인 사건의 경우에도 모두 출국이 불가능한 것은 아니므로 관할법원에 출국가능사실확인신청을 하여 확인서가 발부된다면(이것은 담당재판부에서 결정할 것임) 그 확인서를 관할검찰청 또는 지청에 제출하여 출국가능사실증명을 발급받을 수도 있을 것이다.

■형사재판에서 증인이 증언을 거부할 수 있는지의 여부

A의 친구 B는 A가 분실한 신용카드를 습득하여 물품을 구입하고는 그 대금을 지불하지 않아 신용카드 불법사용 혐의로 재판을 받고 있다. 재판정에서 B는 그 카드를 A가 빌려 준 것이라고 주장하여 법원에서는 A를 증인으로 채택하였다. A는 B와는 친구 사이로 법정에서 사실내용을 진술하기가 매우 난처하므로 증언을 거부할 수 있는지, 아니면 A가 신용카드를 B에게 빌려주었다고 허위진술을 하면 어떻게 될까?

법원은 법률에 다른 규정이 없으면 누구든지 증인으로 신문할 수 있다. 다만, 공무원 또는 공무원이었던 자가 그 직무에 관하여 알게 된 사실이나 자기와 근친관계 있는 자, 변호사 등의 업무상 알게 된 사실 등에 대하여는 법원에 소명하고 증언을 거부할 수 있다(형사소송법 제147조, 제148조, 제149조 참조).

그런데 위 사례의 경우는 증언거부사유에 해당되지 않으므로 증언을 거부할 수 없을 것이라고 보여진다.

따라서 A가 법정에 출석하지 않는다면 법원은 결정으로 50만원 이하의 과태료에 처할 수 있으며, 소환에 불응할 경우에는 구인(拘引)할 수도 있다(형사소송법 제151조, 제152조).

또한, 법정에서 선서한 증인이 기억에 반하는 허위내용을 진술하면 위증죄에 해당하게 되어 처벌을 받을 수 있다.

■국선변호인의 선임절차

형사사건에 있어 사선변호사를 선임할 수 없는 경우, 국선변호인의 선임절차는 어떻게 될까?

형사피고인(체포·구속적부심사청구의 경우에는 피의자)에 대하여 국선변호인이 선임되는 경우는 크게 2가지로 나누어 볼 수 있다. 먼저, 법원의 직권에 의하여 선임되는 경우로는 피고인이 ① 미성년자인 때, ② 70세 이상의 자인 때, ③ 피고인이 농아자인 때, ④ 피고인이 심신장애의 의심이 있는 자인 때에 변호인이 없는 경우에는 법원이 직권으로 변호인을 선정하게 된다(형사소송법 제33조 제1호 내지 제5호).

그리고 필요적 변호사건인 사형, 무기 또는 단기 3년 이상의 징역이나 금고에 해당하는 사건에 관하여는 변호사 없이 개정(開廷)하지 못하므로(형사소송법 제282조), 이 경우 피고인 또는 피의자가 상당한 기간 내에 변호인을 선임하지 아니한 때에는 법원에서 변호인을 선정하고, 피고인 및 변호인에게 그 뜻을 고지하게 된다(형사소송규칙 제17조 제3항).

또한, 국선변호인은 원래 피고인에게만 인정되고 피의자에게는 인정되지 않으나 다만 체포·구속적부심사를 청구한 피의자가 위 제33조의 국선변호인 선임사유에 해당하고 변호인이 없는 때에는 국선변호인을 선정하여야 한다(형사소송법 제214조의2 제9항).

나아가 재심개시결정이 확정된 사건에 있어서도 일정한 경우에는 국선변호인을 선임하여야 하는 경우가 있다(형사소송법 제438조 제4항).

다음으로 피고인 또는 피의자의 청구에 의하여 선임되는 경우이다. 즉, 형사소송법 제33조 제5호의 규정에 의하면 피고인이 빈곤 기타의 사유로 변호인을 선임할 수 없는 때에는 피고인의 청구에 의하여 국선변호인을 선임하는 경우가 있다.

위와 같은 피고인 또는 피의자의 청구에 의하여 국선변호인이 선임되는 경우에는 그 사유에 대한 소명자료(영세민증명 등)를 법원에 제출하여야 하나 사건기록에 의하여 그 사유가 명백히 소명되었다고 인정될 때에는 그러하지 아니하도록 되어 있다(형사소송규칙 제17조 제4항, 제16조 제4항).

■피의자가 타인의 성명 등을 모용(冒用)한 경우의 형사책임

A가 B의 성명과 주민등록번호를 수사기관에 허위로 진술하여 B에게 벌금을 납부하라는 약식명령이 송달되었다. 그러므로 B는 약식명령에 대하여 정식재판을 청구해 두고 있는데, B의 대처방법은 무엇일까?

공소제기의 효력은 검사가 피고인으로 지정한 사람에게만 미친다(형사소송법 제248조).

그리고 타인의 성명을 모용(冒用)한 경우 공소제기의 효력이 미치는 인적 범위에 관하여 판례를 보면, "형사소송법 제248조에 의하여 공소는 검사가 피고인으로 지정한 이외의 다른 사람에게 그 효력이 미치지 아니하는 것이므로, 공소제기의 효력은 검사가 피고인으로 지정한 자에 대하여만 미치는 것이고, 따라서 피의자가 다른 사람의 성명을 모용한 탓으로 공소장에 피모용자가 피고인으로 표시되었다 하더라도 이는 당사자의 표시상의 착오일 뿐이고, 검사는 모용자에 대하여 공소를 제기한 것이므로 모용자가 피고인이 되고 피모용자에게 공소의 효력이 미친다고는 할 수 없다.

따라서 검사가 공소장의 피고인 표시를 정정하여 바로 잡은 경우에는 처음부터 모용자에 대한 공소의 제기가 있었고, 피모용자에 대한 공소의 제기가 있었던 것은 아니므로 법원은 모용자에 대하여 심리하고 재판을 하면 될 것이지, 원칙적으로는 피모용자에 대하여 심판할 것은 아니다."라고 하였으며, 피모용자가 약식명령에 대하여 정식재판청구를 한 경우, 모용자와 피모용자에 대한 법원의 조치에 관하여 "피모용자가 약식명령을 송달 받고 이에 대하여 정식재판의 청구를 하여 피모용자를 상대로 심리를 하는 과정에서 성명모용 사실이 발각되고 검사가 공소장을 정정하는 등 사실상의 소송계속이 발생하고 형식상 또는 외관상 피고인의 지위를 갖게 된 경우에는 법원으로서는 피모용자에게 적법한 공소의 제기가 없었음을 밝혀 주는 의미에서 형사소송법 제327조 제2호를 유추적용하여 공소기각의 판결을 함으로써 피모용자의 불안정한 지위를 명확히 해소해 주어야 할 것이지만, 진정한 피고인인 모용자에게는 아직 약식명령의 송달이 없었다고 할 것이므로 검사는 공소장에 기재된 피고인표시를 정정하고 법원은 이에 따라 약식명령의 피고인표시를 정정하여 본래의 약식명령과 함께 이 정정결정을 모용자인 피고인에게 송달하며 이때야 비로소 위 약식명령은 적법한 송달이 있다고 볼 것이고, 이에 대하여 소정의 기간 내에 정식재판의 청구가 없으면 이 약식명령은 확정된다."라고 하였다(대법원판결 1997.11.28, 97도2215).

따라서 위 사례에서 B는 정식재판의 공판기일에 출석하여 성명을 모용 당하였음을 진술하여야 할 것이고, 그러한 성명모용 사실이 밝혀지면 법원은 B에게 적법한 공소의 제기가 없었음을 밝혀 주는 의미에서 형사소송법 제327조 제2호를 유추적용하여 공소기각의 판결을 할 것으로 보인다.

참고로 성명 모용 사실이 판명되지 아니한 채 형을 선고한 판결이 확정되어 수형인명부에 피모용자가 전과자로 기재된 경우에는 피모용자는 검사에게 전과말소신청을 하여 검사의 결정으로 수형인명부의 전과기재를 말소할 수 있다.

■형사재판에서 피고인의 불출석 상태에서의 형의 선고 가능의 여부

A는 선고기일에 출석하지도 않았는데 퇴거불응죄로 징역 6월의 형을 선고받았다. A는 첫번째 기일에는 출석하여 공판을 받았으나 그 후 주소를 옮기면서 법원에 주소변동사실을 신고하지 못하여 출석하지 않았는데도 형의 선고가 가능할까?

형사소송법(제277조, 제227조의 2)에는 형사재판에서 ① 다액 100만 원 이하의 벌금 또는 과료에 해당하는 경우, ② 즉결심판에 의하여 피고인에게 벌금 또는 과료를 선고하는 경우, ③ 피고인에게 유리한 재판, 즉 공소기각 또는 면소의 재판을 할 것이 명백한 경우, ④ 구속된 피고인이 정당한 사유 없이 출석을 거부하고 교도관리에 의한 인치가 불가능하거나 현저히 곤란하다고 인정되는 경우 등 이외에는 원칙적으로 피고인이 출석하지 않은 상태로 진행할 수 없게 되어 있다.

그러나 소송촉진등에관한특례법에는 제1심 공판절차에서 피고인에 대한 송달불능보고서가 접수된 뒤 6월이 경과하도록 피고인의 소재를 확인할 수 없는 때에는 피고인의 진술 없이 재판할 수 있도록 규정하고 있으며(제23조), 소송촉진등에관한특례법 시행령에서는 피고인에게 공판기일소환장이 송달되지 아니하면 재판장은 소재조사촉구, 구인장 발부 등 필요한 조치를 취하여야 하고 그럼에도 불구하고 소재가 확인되지 아니하면 피고인에 대한 송달은 공시송달에 의하여 하고 공시송달을 2회 이상하여도 출석하지 아니한 때에 피고인의 진술 없이 재판할 수 있도록 규정하고 있다(제18조, 제19조).

따라서 위 사례의 경우에도 위와 같은 송달절차를 거쳐 출석 없이 재판이 진행된 것으로 판단된다.

■형사사건의 항소절차와 상고절차

> A는 폭력행위등처벌에관한법률위반 사건으로 1심에서 징역 2년, 집행유예 4년의 판결을 선고받았다. 제1심 판결결과가 너무 무거운 것 같아 항소를 제기하여 다시 심판을 받고자 하는데 그 절차와 대법원에 상고할 경우의 절차는?

항소제기의 절차는 먼저 제1심 판결을 선고한 후 7일 이내에 항소장을 원심법원에 제출하여야 하며(형사소송법 제358조), 항소장에는 항소의 대상인 판결과 항소를 한다는 취지를 기재하여야 한다.

항소법원은 제1심 법원으로서 지방법원 단독판사가 선고한 것은 지방법원 본원 합의부에, 지방법원 합의부가 선고한 것은 고등법원에 항소하는 것이지만 항소장은 원심법원에 제출한다(제357조).

원심법원은 항소장을 심사하여 항소의 제기가 법률상 방식에 위반하거나 항소권 소멸 후의 것이 명백할 때에는 결정으로 항소를 기각할 수 있다.

항소기각결정을 하는 경우 이외에는 원심법원은 항소장을 받은 날로부터 14일 이내에 소송기록과 증거물을 상소법원에 송부하여야 하고, 항소법원이 기록송부를 받은 때에는 즉시 항소인과 상대방에게 그 사유를 통지하여야 하고, 기록접수통지 전에 변호인의 선임이 있을 때에는 변호인에게도 통지하여야 한다.

항소인 또는 변호인은 항소법원의 소송기록접수통지를 받은 날로부터 20일 이내에 항소이유서를 항소법원에 제출하여야 하고, 항소이유서의 제출을 받은 항소법원은 지체없이 그 부본 또는 등본을 상대방에게 송달하여야 하며, 상대방은 항소이유서를 송달 받은 날로부터 10일 이내에 답변서를 항소법원에 제출하여야 한다.

항소인이나 변호인이 항소이유서 제출기간 내에 항소이유서를 제출하지 아니하면 결정으로 항소를 기각하게 되는데, 항소장에 항소이유의 기재가 있거나 항소법원의 직권으로 조사할 사유가 있을 때에는 그러하지 않다(제361조의4).

항소이유가 있다고 인정할 때에 항소법원은 원심판결을 파기하고 다시 판결하게 된다.

상고(上告)란 제2심 판결에 대하여 불복이 있는 경우 대법원에 상소하는 것이다. 상고도 7일내에 상고장을 원심법원에 제출하여야 한다.

상고심은 일반적으로 법률문제를 심리 · 판단하기 때문에 변호인이 아니면 피고인을 위하여 변론하지 못하며, 변호인선임이 없거나 변호인이 공판기일에 출석하지 않을 때에도 필요적 변호사건을 제외하고는 검사의 진술만을 듣고 판결할 수 있다.

또한 상고장, 상고이유서 기타 소송기록에 의해 변론 없이 서면심리만으로도 판결할 수 있다.

피고인이 항소 또는 상고한 사건과 피고인을 위하여 항소 또는 상고한 사건에 관하여 상소심은 원심판결의 형보다 중한 형을 선고하지 못하는데 이를 불이익변경금지원칙(不利益變更禁止原則)이라고 한다. 이를 인정하고 있는 이유는 피고인이 중형변경의 위험 때문에 상소제기를 단념함을 방지함으로써 피고인의 상소권을 보장함에 있는 것이다. 그러나 검사가 형이 가볍다고 판단하여 상소한 경우는 이 적용이 배제된다.

그러므로 위 사례의 경우 7일 이내에 제1심 판결법원에 항소장을 제출하여야 하고, 항소법원으로부터 기록접수통지를 받은 날로부터 20일 이내에 항소이유서를 항소법원에 제출하여야 하며, 검사가 형량이 가볍다고 항소한 경우 이외는 A의 항소만으로는 제1심 판결의 형보다 무거운 형이 선고되지는 않을 것이다.

■약식명령에 대하여 불복하는 방법

A는 귀가하던 중 B와 C가 싸움하는 것을 보고 이를 만류한 사실이 있어 경찰에서 조사를 받은 사실이 있을 뿐인데, 법원으로부터 벌금 30만 원에 처한다는 내용의 약식명령을 받았다.

A의 구제방법은?

약식명령이란 약식절차에 의해 벌금·과료 또는 몰수를 과하는 재판을 말하는데, 약식절차는 공판절차 없이 서면심리만으로 진행되는 간이한 형사절차이다. 이러한 약식명령은 형사재판의 신속을 기하여 공개재판에 따른 피고인의 심리적·사회적 부담을 덜어준다는 점에 그 의의가 있는 바, 이 약식명령이 부당하다고 생각하여 불복하고자 하는 경우에 구제방법으로는 정식재판청구권(正式裁判請求權)이 인정되어 있다.

형사소송법제453조에 의하면 검사 또는 피고인은 약식명령의 고지를 받은 날로부터 7일 이내에 정식재판의 청구를 할 수 있고, 정식재판의 청구는 약식명령을 한 법원에 서면으로 제출하여야 하며, 제1심 판결선고 전까지 취하할 수 있다.

그리고 약식명령은 정식재판의 청구에 의한 판결이 있을 때에는 그 효력을 잃고, 정식재판의 청구기간이 경과하거나 청구의 취하 또는 청구기각의 결정을 확정한 때에는 확정판결과 동일한 효력이 있다.

위 사례의 경우 A는 잘못이 없음을 이유로 약식명령에 불복하려 할 때는 7일 이내에 약식명령을 한 법원에 정식재판을 청구하면 정식공판절차에 의하여 심판하게 된다. 또한 피고인이 정식재판을 청구한 사건에 대하여는 약식명령형보다 중한형을 선고하지 못한다.

■가정법원 소년부송치시 보호자가 지도 · 감독할 수 있도록 하는 위탁변경신청

> A의 만 18세 아들 B는 폭력행위등처벌에관한법률위반으로 구속되어 가정법원 소년부로 송치되었다. 이 경우 보호자가 위탁받아 지도 · 감독함으로써 보호할 수 있는 방법이 있을까?

검사가 소년부에 송치할 사건은 소년에 대한 피의사건 중 수사결과 벌금 이하의 형에 해당하는 사건이거나, 보호처분에 해당하는 사유가 있다고 인정하는 사건이다. 그리고 이 경우 소년부판사는 인도된 소년에 대하여는 도착된 때로부터 24시간 내에 사건의 조사 · 심리에 필요하다고 인정한 때에는 소년의 감호에 관하여 결정으로써 보호자, 소년을 보호할 수 있는 적당한 자 또는 시설, 병원 기타 요양소, 소년분류심사원에 위탁하는 임시조치(실무상 가위탁이라고 함)를 취하여야 한다(소년법 제18조 제1항, 제2항).

또한, 소년부판사는 가위탁(假委託)조치를 취하고 난 후 직권 또는 보호소년이나 보호자 등의 신청에 의하여 위탁취소 또는 변경의 결정을 할 수 있다(소년법 제18조 제6항).

따라서 A는 관할소년부에 보호자인 A로 하여금 지도 · 감독하도록 위탁을 신청하는 위탁변경신청서를 작성 · 제출한 후 결정되면 보호소년을 인수받을 수 있다. 그러나 소년 또는 보호자의 위와 같은 신청은 직권발동을 촉구하는 것에 불과하여 그 신청을 들어주지 않았다고 하여 이에 불복할 수는 없는 것이다.

■소년사건의 보호처분도 전과에 해당하는지의 여부

A의 15세 된 아들 B는 친구들과 싸워 폭력행위등처벌에관한 법률위반죄로 구속·기소되었으나 법원의 결정으로 소년부에 송치되어 서울가정법원 소년부에서 제1호 제2호 보호처분을 받고 석방되었다. 이 경우 B는 전과자가 될까?

소년법은 12세 이상 20세 미만의 소년을 보호대상으로 규정하고 있다(소년법 제2조 및 제4조 제1항). 그리고 소년법에는 소년에 대한 보호처분의 종류를 규정하고 있는데(제32조 제1항), 제1호는 보호자 또는 보호자를 대신하여 소년을 보호할 수 있는 자에게 감호를 위탁하는 것이고, 제2호는 보호관찰관의 단기보호관찰을 받게 하는 것으로서 A의 자녀의 경우에는 부모의 보호와 법원의 보호관찰을 함께 받는 처분을 받은 셈이다.

소년에 대한 보호처분은 형벌법령에 저촉되는 행위를 하거나, 죄를 범한 소년 중 범행동기, 장래개선 가능성 등을 고려하여 형사처벌을 하는 것보다 보호관찰을 통하여 선도를 하는 것이 좋다고 생각되는 소년에게 내려지게 된다.

법원의 소년부 판사는 보호처분을 내린 후 소정기간 중 소년이 지시사항을 어겼을 경우 또는 기타 사정변경이 있을 경우 소년원에 송치하는 등 다른 조치(처분의 변경)를 취할 수 있으므로 주의 및 지시사항에 잘 따라야 할 것이다.

소년법에서는 "소년의 보호처분은 그 소년의 장래의 신상에 어떠한 영향도 미치지 아니한다."라고 규정하고 있는 바, 법원소년부의 보호처분은 형사처벌과 달라서 소년원에 송치된다 하더라도 전과자가 되는 것은 아니다.

아울러 형사사건에서 일반적으로 벌금형 이하에 해당하는 전과는 크게 문제되지 않는 것으로서 장래에 범죄를 범하여 실형을 선고할 때 주로 참작되는 전과는 종전의 실형전과 또는 집행유예전과이다.

참고로 소년법상의 보호처분도 절도죄 등에서의 상습성인정의 자료로는 사용될 수 있다. 판례는 "절도죄에 있어 상습성의 인정은 여러 번 행하여진 전과사실과의 관계에서 판시범행이 절도습성의 발현이라고 인정될 수 있는 경우에만 상습성의 인정이 가능하다 할 것이고 소년법상의 보호처분을 받은 사실도 상습성 인정의 자료가 된다."라고 하였다(형법 제332조, 대법원판결 1987.2.24, 86도2725).

■배상명령제도

> A는 B로부터 12주의 치료를 요하는 상해를 입었으며 B는 그 사건으로 구속·기소되어 현재 재판 중에 있다. A는 치료비 등 손해배상에 대하여 B를 상대로 민사소송을 제기할 형편이 못되어 형사재판절차에서 바로 치료비 등을 청구하려고 하는데, 그 절차는 어떻게 될까?

소송촉진등에관한특례법은 피해자에 대한 손해배상의 편의와 신속을 도모하려는 취지에서 일정한 범죄에 대하여 유죄판결을 선고할 경우, 법원은 직권 또는 피해자의 신청에 의하여 피고사건의 범죄행위로 인하여 발생한 직접적인 물적 피해 및 치료비의 손해의 배상을 명할 수 있는 제도를 마련하고 있는데, 그것이 바로 '배상명령제도(賠償命令制度)'이다.

배상명령은 모든 형사사건을 그 대상으로 하는 것은 아니고 존속폭행치사상의 죄를 제외한 상해죄, 중상해죄, 상해치사죄, 폭행치사상죄와 과실사상의 죄, 장물죄를 제외한 재산에 관한 죄에 대한 형사사건에 있어서만 적용되며, 그 이외의 죄에 대한 형사사건에 있어서는 피고인과 피해자 사이에 손해배상에 관한 합의가 이루어진 경우에 한하여 적용된다(소송촉진등에관한특례법 제25조 제1항, 제2항).

또한, 배상명령신청을 할 수 있는 손해배상의 범위는 피고인과 피해자 사이에 손해배상액이 합의된 경우 이외에는 피고사건의 범죄행위로 인하여 발생한 직접적인 물적 손해 및 치료비손해에 한정된다. 그리고 ① 피해자의 성명·주소가 분명하지 아니한 때, ② 피해금액이 특정되지 아니한 때, ③ 피고인의 배상책임의 유무 또는 그 범위가 명백하지 아니한 때, ④ 배상명령으로 인하여 공판절차가 현저히 지연될 우려가 있거나 형사소송절차에서 배상명령을 함이 상당하지 아니하다고 인정한 때에는 법원은 배상명령신청을 각하하게 될 것이다(대법원판결 1996. 6.11, 96도945 참조).

이러한 배상명령의 신청방법으로는 피해자나 그 상속인이 제1심 또는 제2심 공판의 변론종결시까지 배상명령신청서를 사건이 계속된 법원에 제출하여야 한다(소송촉진등에관한특례법 제26조 제1항). 다만, 피해자가 증인으로 법정에 출석할 때에는 피해자는 구술로 배상신청을 할 수 있으므로 별도로 신청서를 제출할 필요는 없다(제26조 제5항).

이와 같이 피해자는 신청서를 제출하여야 하는데, 이 신청서에는 배상의 대상과 그 내용, 배상을 청구하는 금액 등 일정사항을 기재하여야 하며 필요한 경우 증거서류를 첨부할 수 있다. 그리고 이 신청서를 제출할 때에는 상대방 피고인의 수에 상응한 신청서부본을 제출하여야 하는데 신청서에 인지는 첨부하지 않아도 된다.

그리고 확정된 배상명령 또는 가집행선고가 있는 배상명령이 기재된 유죄판결서의 정본은 민사집행법에 의한 강제집행에 관하여는 집행력 있는 민사판결의 정본과 동일한 효력이 있다(제34조 제1항). 그런데 배상명령신청을 각하하거나 그 일부만을 인정한 재판에 대하여 신청인은 불복을 신청하지 못하며 다시 동일한 배상신청을 할 수 없다(제32조 제3항). 다만, 민사소송절차에 의하여 손해배상을 청구할 수는 있다.

제 5 편

알아두면 편리한 법률과 제도

제 1 장

주택임대차보호법

제1절 주택임대차보호제도

1. 입법취지

무주택자가 집주인으로부터 집을 세 얻어 사는 경우 그에 대한 법률관계는 민법상의 전세권이나 임대차규정에 의하여 규율된다.

한편 민법상의 전세권이나 임대차에 관한 규정은 개인주의적 법률사항을 기초로 하여 당사자 사이의 자유의사에 의한 계약을 중시하고 당사자 사이의 법률관계를 형식적으로 평등하게 규율하고 있다. 그러나 집이 없어서 다른 사람의 집에 세 들어 사는 사람은 대부분 집주인보다 약자의 입장에 있게 된다.

따라서 경제적 강자인 집주인이 경제적 약자인 전세입주자를 상대로 횡포와 부당한 요구로 전세입주자의 생활안정을 해하는 일이 자주 발생하고 있다. 그리하여 전세입주자의 권익을 보호하자는 취지에서 주택임대차보호법이 제정되었다.

2. 적용범위

이 법의 주요골자는 주택의 임대차기간은 최소한 2년 이상이 되어야 한다는 것과 전세보증금 반환을 최대한 보장한다는 것이다. 그러나 이 법에 정한 전세보증금 반환 보장의 보호를 받기 위해서는 주거용 건물을 세를 얻어 사는 사람이 그 주택에 실제로 입주해 살고 있을 것과 그 주소지에서 주민등록을 마칠 것이 필요하다.

이 같은 두 가지 조건이 갖추어지면 세입자는 집주인뿐 아니라 집주인으로부터 그 주택에 대한 권리를 취득한 제3자에 대해서도 임차권을 주장할 수 있다. 다만, 세입자의 입주 및 주민등록 이전에 그 주택에 대해 이미 설정되어 있던 담보나 다른 권리가 있었다면 이 같은 담보나 권리는 세입자의 임차권에 우선한다.

그러나 이러한 경우에도 정말 어려운 세입자는 보호해야 한다는 취지에서 소액보증금보호제도가 마련되어 있다. 따라서 수도권정비계획법에 의한 수도권 중 과밀억제권역에서 6,000만원 이하의 보증금으로 입주하고 있는 때에는 2,000만원, 광역시(군지역과 인천광역시지역 제외)에서는 5,000만원 이하의 보증금으로 입주하고 있는 때에는 1,700만원, 그 밖의 지역에서는 4,000만원 이하의 보증금으로 보증금으로 입주하고 있는 때에는 1,400만원까지 다른 담보물권자보다 우선변제를 받을 수 있다(2008.8.21 개정 시행령 제3조1항, 4조),수도권 중 과밀억제권역은 서울특별시, 인천광역시(강화군, 옹진군, 소동매립지, 남동유치지역 등 일부지역 제외), 의정부시, 구리시, 남양주시(호평동, 평내동 등 일부지역 제외), 하남시 고양시, 수원시, 성남시, 안양시, 부천시, 광명시, 과천시, 의왕시, 군포시, 시흥시(반월특수지역 제외)를 말한다.

제 2 절 주택임대차시 주의사항

전세계약을 체결한 후 확정일자를 받는다고 해도, 선순위 채권자가 있으면 경매처분이 되었을 때 전세금 전액을 돌려받지 못하는 경우가 허다하다. 따라서 애초에 전·월세집을 구할 때 문제가 있는 집은 피하는 것이 좋다.

우선 임차계약을 체결하기 전에 해당주택 및 토지등기부등본을 통해 권리관계를 확인해야 한다. 등기부등본은 해당 부동산의 신분증과 같은 것이다. 또한 등기부의 구조와 등기부등본 보는 방법을 숙지하여야 한다.

임차하는 집은 소유권 이외에 아무것도 등기부에 등재된 사실이 없는 집이 가장 안전하다. 또 권리변동사항이 등재되어 있어 말소등기가 되어 있다면 이미 법적 효력이 없기 때문에 문제가 안 되지만 다음과 같은 내용이 등기부에 기재된 집은 피하는 것이 좋다.

첫째, 가등기는 본등기에 우선한다.

가등기는 부동산 매매계약을 체결하고 장래에 소유권이전본등기를 할 때까지 안전하고 확실하게 소유권을 보호하기 위한 소유권이전청구보존가등기와 돈을 빌려 쓴 사람이 돈을 빌려준 사람에게 나중에 채권변제를 못할 경우 저당권 대신 가등기를 해주는 '담보가등기'가 있다.

가등기는 언제든지 본등기를 할 수 있고, 가등기권자에게 소유권이 이전된다. 따라서 등기부상 소유권자와 전세계약을 했더라도 나중에 가등기권자가 본등기를 하게 되면, 가등기가 된 후 입주한 세입자는 집을 비워 주고 전세보증금도 이전 집주인에게만 청구할 수 있다.

둘째, 가처분등기가 된 집은 분쟁 중인 주택이다.

법원에서 소송 중일 때는 소유권을 주장하는 사람이 등기부상 소유권자가 다른 사람에게 집을 처분하지 못하도록 가처분신청을 해 놓게 된다.

가처분에도 점유이전금지가처분과 처분(양도)금지가처분이 있다.

만약 가처분신청을 한 사람이 승소할 경우에는, 가처분신청 이후 입주한 세입자는 불법점유자가 되므로 집을 비워 주어야 함은 물론 전세보증금도 돌려받지 못한다. 또 '처분금지가처분'이 신청된 주택을 사는 경우에도 가처분신청권자가 승소하면 매매계약 자체가 효력을 상실하게 된다.

셋째, 예고등기가 된 집은 소유권을 알 수 없는 주택이다.

예고등기가 된 집을 매매, 전세계약 했을 경우 무효 또는 취소 소송을 제기한 사람이 승소하면 법적 효력이 없다. 또 가등기는 저당권 등이 설정된 주택이 경매처분 될 때 앞에서 설명한 바와 같이 소액보증금에 대해서는 우선순위에 상관없이 최우선변제가 되지만, 가처분이나 예고등기는 소액보증금에 대한 최우선변제가 되지 않는다는 점에 유의해야 한다.

넷째, 압류·가압류등기가 된 집은 경매가 진행 중인 주택이다.

압류등기는 확정판결이 난 주택을 경매처분하기 위해 보전하는 수단으로 압류등기를 해 놓은 것이고, 가압류등기는 금전채권으로 바꿀 수 있는 청구권을 위해 소송을 제기해서 채무자의 주택을 경매에 붙이고자 할 때 소송기간 동안 채무자가 주택을 도피 또는 은닉하지 못하도록 하기 위한 등기이다.

압류·가압류된 주택에 입주한 세입자는 주택이 경매처분 되어 다른 사람에게 넘어가게 되면 바로 집을 비워 주어야 하고, 임차보증금은 선순위채권자 다음에 배당순서에 따라 보상받을 수 있다. 단, 최우선변제대상 소액보증금만 일정액을 최우선 변제 받을 수 있다.

다섯째, 저당권과 근저당권이 설정되면 임차보증금 전액을 변제 받기 어렵다.

저당권은 돈을 빌려준 사람이 돈을 빌린 사람이 약속한 기한 내에 돈을 갚지 않을 경우에 채권을 대신해 부동산으로 우선변제 받을 목적으로 채권자와 채무자, 채권변제시기, 이자, 그 밖의 조건 등을 등기하는 것이다. 채권변제시기가 지나면 돈을 빌려준 사람은 경매처분을 신청해 채권변제를 받을 수 있다.

근저당권은 금융기관에 원금과 이자, 손해배상(자연손해금), 위약금 등을 합산해 채권최고금액을 설정하고, 그 한도 내에서 부동산을 담보로 돈을 수시로 빌려쓸 수 있다.

저당권과 근저당권이 설정된 주택은 채권변제 시기에 돈을 갚지 못할 때는 채권자가 경매신청을 할 수 있고, 경매에 의해 다른 사람에게 소유권이 넘어가면 세입자는 경락자에게 권리를 주장할 수 없고, 집을 비워 주어야 한다.

또 보증금도 저당권과 근저당권자가 채권변제를 받고 남은 금액의 범위 내에서 변제 받을 수 있다.

제 2 장

주택임대차보호법 사례

■임차보증금을 반환받는 방법

계약기간이 만료되거나 임대차기간 중에 사정이 생겨 1개월 통고를 하고 이사를 가게 되는 경우 집주인이 보증금을 제때 돌려주지 않을 때 임차보증금을 반환받는 방법은?

첫째, 집주인에게 내용증명우편으로 1차 경고한다.

내용증명우편의 내용은 "계약이 끝나면 방을 비우겠으니 보증금을 돌려 달라는 의사를 ○월 ○일에 밝혔습니다. 그런데 집주인인 귀하께서는 계약기간이 만료된 현재 ○월 ○일에도 보증금을 돌려주지 않아 보증금 반환을 최고합니다. ○월 ○일까지는 돌려주시기 바랍니다."라고 하는 정도로 의사를 밝혀 두면 된다.

둘째, 관할법원에 민사소송을 제기한다.

만약 집주인이 내용증명우편을 받고도 이에 응하지 않을 때는 임차보증금반환청구소송을 제기하는 방법밖에 없다(소송제기는 민사소송편 참조).

셋째, 판결 후에도 승복하지 않을 때는 경매처분할 수 있다.

판결문이 송달된 후에도 보증금을 되돌려 주지 않을 때는 경매를 신청해 보증금을 되찾을 수 있다.

■확정일자 및 확정일자를 갖추기 위한 절차

확정일자 및 확정일자를 갖추기 위한 절차는 무엇일까?

확정일자란 어떤 증서의 작성일자에 관한 완전한 증거가 될 수 있는 것으로 법률상 인정되는 날짜를 의미하며, 그 증서의 작성자나 소지인이라도 나중에 변경하기가 불가능한 확정된 일자를 말한다. 주택임대차보호법 제3조의2 제1항에서 임차인이 대항요건(주택인도와 주민등록)을 갖추고 임대차계약서상에 확정일자를 갖추면 일정한 보호를 받을 수 있다고 규정하고 있다.

확정일자를 갖추기 위한 절차로는,

① 주택임대차계약서(전세계약서)상의 확정일자청구는 법원의 등기과, 등기소(상업등기소 제외) 또는 공증인사무실에서 하며 등기과, 등기소 등의 관할에 관계없이 청구할 수 있다. 읍, 면, 동사무소에서도 확정일자를 부여할 수 있다.

② 확정일자를 구하는 사문서는 문서작성인의 서명 또는 기명날인이 있는 문서의 원본이어야 한다. 이 문서는 완성된 것이어야 하며 그 일부에 공란이 있는 경우에는 그 부분을 지우고 문서작성인이 날인한 것이어야 한다.

③ 확정일자청구에는 임대인의 동의는 필요 없고 임차인 혼자서 청구할 수 있으며 공증하였을 경우는 별도의 확정일자청구를 할 필요가 없다.

④ 확정일자청구는 주택임대차계약서를 제시하여 구두로 청구한다.

⑤ 위 청구는 임차인이 반드시 직접 청구해야 하는 것은 아니고 계약서를 소지하고 제시하면 누구든지 할 수 있다.

■확정일자를 받은 경우의 효력

주택임대차계약서상에 확정일자를 받은 경우의 효력은?

임차인이 임대인에게 주택을 임차하면서 주택의 인도와 주민등록을 마치고 나아가 임대차계약서를 작성하고 그 계약서에 확정일자를 받아 두면 임차주택이 은행, 기타 채권자에게 담보로 제공되더라도 임차인은 그 임차보증금에 관한 한, 후순위의 담보권자나 일반채권자보다 우선변제권이 확보된다.

그러나 어느 때나 무조건 임차보증금이 다 보호되는 것은 아니고 대항력을 가지게 되면, 첫째 그 집을 매수한 제3자에게 쫓겨나지 않을 뿐이고(즉 대항력만 있고), 둘째 보증금이 소액이거나 또는 선순위의 저당권 등의 설정이 없고 계약서의 확정일자를 갖춘 경우에만 떼이지 않는다는 의미이다.

■대항력만 갖춘 경우와 확정일자까지 갖춘 경우의 차이점

임차인이 대항력만 갖춘 경우와 확정일자까지 갖춘 경우의 차이점은?

대항력만 갖춘 경우는 선순위저당권이 없을 때에는 주택이 경매되더라도 임차권은 소멸치 않으며 경락인에게 대항(임차금을 주지 않으면 집을 비워 주지 않는 것)할 수 있으나 선순위저당권이 있는 경우에는 경매되면 임차권은 소멸되고 경락인에게 대항하지 못하며, 또 소액임차인이 아닌 한 경매절차에서 배당요구도 할 수 없다.

대항력과 확정일자까지 갖춘 경우는 경매절차에서 배당요구를 할 수 있으며 후순위담보권자나 일반채권자에 우선하여 배당 받게 된다.

■미등기 건물의 주택임대차의 경우

> A는 아직 사용승인을 받지 못하였으나 가사용승인을 받은 신축주택을 임차하려고 한다. 그런데, 위 주택이 아직 소유권보존등기가 되지 않은 미등기주택인데 이러한 미등기주택의 임차인도 주택임대차보호법상의 보호를 받을 수 있을까?

주택임대차보호법은 주거용 건물 즉, 주택의 임대차 및 미등기 전세계약에 한하여 적용된다.

주거용 건물이란 사회통념상 건물로 인정하기에 충분한 요건을 구비하고 주거용으로 사용하고 있는 것을 말하며, 시청이나 구청 등에 구비되어 있는 건축물대장의 용도란에 '주거용'으로 기재되어 있지 않더라도 이 법의 적용을 받게 된다. 따라서 공부상 공장용 건물이나 창고용 건물이라도 건물의 내부구조를 주거용으로 사실상 변경한 경우에는 주택이라고 보아야 할 것이다.

또한, 관할관청으로부터 허가를 받지 아니하고 건축한 무허가 건물이나, 건축허가를 받았으나 사용승인을 받지 못한 건물도 역시 이 법의 적용을 받는 것이므로, 무허가나 사용승인을 받지 못한 주택에 관하여 임대차계약을 체결하여도 이 법의 보호를 받게 된다.

따라서 위 사례의 경우와 같은 미등기건물의 경우에도 주택임대차보호법에 의한 보호를 받게 될 것이므로 임대차계약을 체결하기 전에 임대차계약을 체결하려는 자가 실제소유자이거나 그로부터 임대권한을 부여받은 사람인지 여부를 확인하여 계약을 체결하면 될 것이다. 그러나 무허가건물이 철거당하거나, 사용승인을 받지 못한 건물이 계속적으로 사용승인을 받지 못하는 경우에는 불이익을 당할 우려가 있다.

■점포 딸린 주택의 경우

A는 전세금 3,500만 원에 조그마한 점포가 딸린 주택을 임차하여 입주와 동시에 전입신고를 마치고, 가족과 그곳에서 살면서 장사를 하고 있다. 그런데 얼마 전 집주인은 은행에서 돈을 차용하고 근저당권을 설정했다고 한다. A의 경우 점포가 있기 때문에 나중에 소유주가 바뀌는 날에는 주택임대차보호법의 보호를 받을 수 없을까?

주택임대차보호법에 "이 법은 주거용 건물의 전부 또는 일부의 임대차에 관하여 이를 적용한다. 그 임차주택의 일부가 주거 외의 목적으로 사용되는 경우에도 또한 같다."라고 규정하고 있다(제2조).

그리고 판례는 "주택임대차보호법 제2조 소정의 주거용 건물에 해당하는지 여부는 임대차목적물의 공부상의 표시만을 기준으로 할 것이 아니라 그 실지용도에 따라서 정하여야 하고, 건물의 일부가 임대차의 목적이 되어 주거용과 비주거용으로 겸용되는 경우에는 구체적인 경우에 따라 그 임대차의 목적, 전체건물과 임대차목적물의 구조와 형태 및 임차인의 임대차목적물 이용관계 그리고 임차인이 그곳에서 일상생활을 영위하는지 여부 등을 아울러 합목적적으로 결정하여야 한다."라고 하고 있다(대법원판결 1996.3.12, 95다51953).

따라서 여기에서 주거용 건물과 비주거용 건물의 구분은 일반적으로 사실상의 용도를 기준으로 하고 있으므로, 주거용 건물은 그것이 사회통념상 건물로 인정하기에 충분한 요건을 구비하고 주거용으로 사용되고 있는 것이면, 공부(건축물관리대장 등)상 용도란에 '주거용'으로 기재되어 있지 않더라도 주택임대차보호법의 적용을 받게 된다고 본다.

■옥탑을 주거용으로 임차한 경우

A는 단독주택의 소위 옥탑에서 1,700만 원에 전세를 살고 있다. 이 옥탑은 원래 옥상에 물탱크를 설치할 자리에 지은 건물로써 건축물관리대장이나 부동산등기부상에 나타나지 않고 있다. A는 주민등록 전입신고와 확정일자는 받아 두었는데, 현재 이 주택에 대해 경매가 진행 중이다. 이 경우 주택임대차보호법상의 보호를 받을 수 있을까?

주택임대차보호법에는 "이 법은 주거용 건물의 전부 또는 일부의 임대차에 관하여 이를 적용한다."라고 규정하고 있다(제2조 전문).

그리고 판례는 주택임대차보호법 제2조 소정의 주거용 건물이란 공부상의 표시에 불구하고 그 실지용도에 따라서 정하여야 하고, 위 법이 적용되려면 임대차계약체결당시 건물의 구조상 주거용으로서의 형태가 실질적으로 갖추어져 있어야 한다고 하였다(대법원판결 1986.1.21, 85다카1367).

그러므로 위 옥탑이 불법건축물로써 행정기관에 의해 철거될 수도 있는 것은 별론으로 하고, 위 옥탑은 위 건물의 일부 또는 경우에 따라서는 건물의 종물로서(서울지법 1998.4.29, 98나1163 참조) 경락될 것이므로 A가 임차할 당시 주거용으로서의 형태가 실질적으로 갖추어져 있었고 A가 주거용으로 임차하여 사용하였다면 A는 주택임대차보호법에 의한 보호를 받을 수 있다.

■회사직원 숙소로 법인이 임차한 주택의 경우

A 회사는 회사 직원들의 기숙사용으로 아파트를 임차하여 직원들이 거주하도록 하였으나(임대차계약서상 임차인은 A 회사임), A 회사는 주민등록이 없으므로 그 주택에 거주하는 직원들의 주민등록만 전입신고 하고 확정일자를 받았는데, 이 경우에도 주택임대차보호법상 대항력 및 우선변제권 등이 인정될까?

법인이 주택을 임차한 경우에 대한 판례를 보면, 주택임차인이 주택임대차보호법 제3조의2 제1항 소정의 우선변제권을 주장하기 위하여는 같은 법 제3조 제1항 소정의 대항조건과 임대차계약증서상의 확정일자를 갖추어야 하고, 그 대항조건은 주택의 인도와 주민등록을 마친 때에 구비된다 할 것인데, 같은 법 제1조는 “이 법은 주거용 건물의 임대차에 관하여 민법에 대한 특례를 규정함으로써 국민의 주거생활의 안정을 보호하려는 목적으로 한다.”라고 규정하고 있어 위 법이 자연인인 서민들의 주거생활의 안정을 보호하려는 취지에서 제정된 것이지 법인을 그 보호대상으로 삼고 있다고는 할 수 없고, 법인은 애당초 같은 법 제3조 제1항 소정의 대항요건의 하나인 주민등록을 구비할 수 없는 점 등에 비추어 보면, 법인의 직원이 주민등록을 마쳤다 하여 이를 법인의 주민등록으로 볼 수는 없으므로, 법인이 임차주택을 인도 받고 임대차계약서상의 확정일자를 구비하였다 하더라도 우선변제권을 주장할 수 없다고 하였다(대법원판결 1997.7.11, 96다7236 참조).

그렇다면 위 사례와 같은 경우에 A 회사는 위 아파트에 대하여 주택임대차보호법상의 대항력, 확정일자를 구비한 경우의 확정일자 순위에 의한 우선변제권이나 소액보증금에 의한 최우선변제권 등을 가질 수 없다.

■가압류된 주택을 취득한 자와 임대차계약을 체결한 경우

> A는 B와 C의 채권자인 D가 가압류한 C 소유의 주택을 가압류를 해제해 주는 조건으로 C로부터 매수한 주택에 대하여 B가 임차보증금 3,000만 원에 임차하는 계약을 체결하고 입주하여 주민등록 전입신고를 필하였고 확정일자도 받았다. 그런데 위 가압류가 해제되지 못하고 D가 승소판결을 받아 위 주택에 대한 강제경매신청을 하였는데 이러한 경우에도 A는 주택임대차보호법에 의한 보호를 받을 수 있을까?

가압류명령의 집행은 가압류의 목적물에 대하여 채무자가 매매, 증여 또는 담보권의 설정, 기타 일체의 처분을 금지하는 효력을 생기게 한다. 만일 채무자가 처분금지명령을 어기고 일정한 처분행위를 하였을 경우 그 처분행위는 절대적으로 무효가 되는 것은 아니지만, 가압류에 의한 처분금지의 효력 때문에 그 집행보전의 목적을 달성하는데 필요한 범위 안에서 가압류채권자에 대한 관계에서는 상대적으로 무효가 된다(대법원결정 1994.11.29, 94마417 참조).

그러므로 위 사례에서 가압류채권자인 D에 대한 관계에서는 B의 위 주택의 매수도 무효일 것인데, 그러한 B로부터 위 주택을 임차한 A의 주택임차권은 가압류채권자인 D가 본안소송에서 승소하여 신청한 강제경매절차에서 위 주택을 경락 받은 경락인에게 대항할 수 없음은 당연할 것이다.

따라서 A는 위와 같이 D에 대하여는 매수의 효력을 주장하지 못하는 B로부터 위 주택을 임차한 것이므로 대항요건과 확정일자를 갖추었거나 소액임차인일지라도 위 경매절차에서 배당요구를 할 수 없고 다만, 배당을 실시한 결과 남는 금액이 있는 경우에는 제3취득자인 B에게 교부될 잉여금교부청구권을 가압류한 후 승소판결 등 채무명의를 확보하여 압류 및 추심명령 또는 전부명령을 받아 보증금 중 일부라도 회수할 수는 있을 것이다.

■주택임차인에게 불리한 약정의 효력

> A는 B로부터 B 소유 주택을 전세보증금 3,000만 원, 계약기간 2년으로 임차하였는데, 임차계약서상 B가 위 주택을 매도할 경우에는 언제든지 명도한다는 약정이 기재되어 있다. 이 경우 B가 위 주택을 매도한다면 A는 2년 기간이 끝나기 전이라도 위 주택을 B에게 명도하여야 할까?

주택임대차보호법에는 “기간의 정함이 없거나 기간을 2년 미만으로 정한 임대차는 그 기간을 2년으로 본다.”라고 규정하였다(제4조 제1항). 그런데 위 사례의 경우에는 계약기간을 2년으로 정하고서도 임대인인 B가 위 주택을 제3자에게 매도할 경우에는 언제든지 명도하기로 약정하여, 서민인 주택임차인의 보호를 위하여 특별히 규정한 위 규정의 취지에 정면으로 배치되는 것이다.

그러므로 주택임대차보호법 제10조는 이와 같은 경우를 예상하여 "이 법의 규정에 위반된 약정으로서 임차인에게 불리한 것은 그 효력이 없다."라고 규정하고 있다. 즉 동법에 위반된 약정으로서 임차인에게 유리한 경우에는 그 효력을 부정할 것이 아니지만, 임차인에게 불리한 경우에는 그 효력을 부정한다는 것이다. 따라서 위 사례에서 A는 계약기간인 2년까지는 위 주택이 매도될지라도 B의 명도청구에도 불구하고 계속하여 거주할 수 있을 것이다.

그러나 임차인 측의 특수한 사정이나 편의를 고려하여(예를 들면 1년 후에 직장 이전 또는 분양주택 입주 등의 사정을 감안하여) 임차기간을 2년 미만으로 정한 경우에 임차인이 그 기간의 만료를 주장할 때에는 비록 2년이 되지 않았다 하더라도 임대차 관계 종료의 효력이 인정된다고 하겠다.

■임대인의 동의 없는 주택전대차 계약의 효력

A는 임대차계약 당시 그 집에 살고 있던 B를 집주인으로 알고 임대차계약을 체결하고 입주하여 주민등록을 마쳤다. 그런데 알고 보니 집주인은 C이고 B는 C와 임대차계약을 체결하고 살고 있던 임차인이었다. 현재 집주인 C는 A에게 퇴거를 요구하는데 이에 응해야 하는지, 또한 임차보증금은 누구로부터 반환 받을 수 있는지?

임대인이 아닌 임차인과 임대차계약을 체결한 경우를 전대차(轉貸借)라고 하며, 이 경우의 계약당사자를 전대인(轉貸人—원래의 임차인), 전차인(轉借人)이라고 한다.

민법에는 "임차인은 임대인의 동의 없이 그 권리를 양도하거나 임차물을 전대하지 못하며, 임차인이 이 규정을 위반한 때에는 임대인은 계약을 해지할 수 있다."라고 규정되어 있으므로(제629조 제1항, 제2항), 임차인이 계약기간 중에 임차권을 타인에게 전대하였더라도 임대인의 동의가 없으면 그 타인(전차인)은 자신의 전차권을 임대인에게 주장할 수 없다.

A의 경우에는 B의 전대차가 건물주인 C의 동의 없이 행하여진 것이므로, C는 A에 대하여 퇴거를 요구할 수 있고, A는 원래의 임차인인 B와 체결한 임대차관계를 주장하지 못하고 퇴거해야 한다. A가 입주하고 주민등록을 마쳤다 하더라도 이 점은 마찬가지이다.

이 경우 A는 임차보증금반환을 임차인(전대인)인 B에게만 불법행위로 인한 손해배상으로서 청구할 수 있을 뿐이다.

■보증금이 남아 있을 경우 임차인이 월세를 보증금에서 공제하라고 할 수 있는지의 여부

> A는 임차보증금 500만 원, 월세 30만 원에 주택을 임차하여 거주하는데, 월세를 연체하자 임대인이 월세를 청구하면서 월세를 내지 못하면 임차물을 명도하라고 한다. A가 임차보증금 500만 원에서 연체된 월세를 충당하라고 주장할 수 있을까?

임대차는 임대인이 임차인에게 임차목적물을 사용·수익하게 할 것을 약정하고, 임차인이 이에 대하여 차임(임차료)을 지급할 것을 약정함으로써 성립되는 계약이다. 그런데 임차보증금의 성격은 임대차존속 중의 임료뿐만 아니라 건물명도의무이행에 이르기까지 발생한 손해배상채권 등 임대차계약에 의하여 임대인이 임차인에 대하여 가지는 일체의 채권을 담보하는 것인데, 판례는 임차인이 임대차계약을 체결할 당시 임대인에게 지급한 임대차보증금으로 연체차임 등 임대차관계에서 발생하는 임차인의 모든 채무가 담보된다 하여 임차인이 그 보증금의 존재를 이유로 차임의 지급을 거절하거나 그 연체에 따른 채무불이행 책임을 면할 수 없다고 하였다(대법원판결 1994.9.9, 94다4417 참조).

따라서 A가 연체된 월세를 보증금에서 공제하라고 항변할 수는 없을 것이며, 비록 보증금이 남아 있다고 하여도 월세 연체액이 2개월분에 달할 때에는 임대인이 A와 위 임대차계약을 일방적으로 해지하고 위 주택의 명도를 청구할 수 있다.

■임차인의 배우자만 주민등록 전입된 경우의 대항력

> A는 B 소유의 주택 일부를 임차하여 전세보증금 3,000만 원을 지급하고, 얼마 후 주택을 인도 받아 A의 처 및 가족들과 함께 입주하였으나, 주민등록에 관하여는 편의상 처만 전입신고를 하고, A와 나머지 가족은 2개월 후에야 전입신고를 하였다. 그런데 그 사이에 위 주택에 근저당권이 설정되고 경매절차가 진행 중이었다. A는 새로운 소유자(경락자)에게 주택임대차보호법상 대항력을 갖게 될까?

주택임대차보호법에는 "임대차는 그 등기가 없는 경우에도 임차인이 주택의 인도와 주민등록을 마친 때에는 그 익일(다음날)부터 제3자에 대하여 효력이 생긴다. 이 경우 전입신고를 한 때에 주민등록이 된 것으로 본다."라고 규정하였으므로(제3조 제1항), 주택임대차보호법상의 대항력을 갖추는 시기는 임차인이 임차한 주택에 입주를 하고 주민등록을 마친 다음날부터이다.

그런데 이 경우의 주민등록에 관하여 판례는 "주택임대차보호법 제3조 제1항에서 규정하고 있는 주민등록이라는 대항요건은 임차인 본인뿐만 아니라 그 배우자나 자녀 등 가족의 주민등록을 포함한다."라고 하였다(대법원판결 1996.1.26, 95다30338).

따라서 임차한 주택에 실제로 입주를 하였고, 주민등록까지 마친 A의 경우에는 비록 그 주민등록이 A의 가족의 일부에 대해서만 이루어진 경우라 하더라도 처음 주민등록을 마친 다음날부터 대항력을 갖춘 것이 되어, 그 이후에 설정된 근저당권의 실행에 의해 B 소유의 주택을 경락받게 되는 자에 대하여 대항력을 주장할 수 있을 것이다.

■임대인이 대출을 받기 위해 일방적으로 임차인의 주민등록을 이전한 경우의 효력

A는 B로부터 주택을 전세보증금 3,000만 원에 임차하여 입주와 주민등록 전입을 마쳤다. 그런데 B는 은행에서 유리한 조건으로 대출을 받을 목적으로 A의 주민등록을 일방적으로 다른 곳으로 퇴거하였다가 은행의 근저당권이 설정된 후 다시 전입시켰다. 이 경우에 A의 주택임차권은 어떻게 될까?

주택임대차보호법에는 "임대차는 그 등기가 없는 경우에도 주택의 인도와 주민등록을 마친 때에는 그 익일부터 제3자에 대하여 효력이 생긴다."라고 규정하고 있다(제3조 제1항).

그리고 판례는 주택임대차보호법 제3조 제1항에서 주택임차인에게 주택의 인도와 주민등록을 요건으로 명시하여 등기된 물권에 버금가는 강력한 대항력을 부여하고 있는 취지에 비추어 볼 때 달리 공시방법이 없는 주택임대차에서는 주택인도와 주민등록이라는 대항요건에 그 대항력 취득시에만 구비하면 족한 것이 아니고, 그 대항력을 유지하기 위하여서도 계속 존속하고 있어야 한다고 하였다(대법원판결 1987.2.24, 86다타1695 참조).

그러나 위 사례와 같은 경우에 관한 하급심 판결을 보면, "주거용건물을 담보로 하여 은행으로부터 보다 유리한 조건으로 대출을 받기 위하여 제3자가 임의로 임차인 몰래 그가 다른 곳으로 퇴거한 것처럼 퇴거신고를 하고(현재는 퇴거신고제도는 없어지고 전입신고만 하면 됨) 위 건물을 담보로 한 대출절차가 종료된 뒤 다시 임차인의 주민등록을 위 건물로 옮겨놓은 경우에는 임차인은 그 임대차계약에 따른 주택임대차보호법상의 대항력을 상실하지 아니한다."라고 한 바 있다(마산지법 판결 1989.6.13, 88나4472).

그러므로 A의 경우에도 대항력을 상실하지 않았다.

■입주와 전입신고 사이에 근저당권이 설정된 경우

A는 B 소유 주택을 임차보증금 3,500만 원에 임차기간 2년으로 임차하여 입주를 하였으나, 주민등록전입신고는 입주 후 1개월이 지나서야 하였다. 그런데 등기부등본을 떼어 보니 입주 후 전입신고 전에 채권최고액 5,000만 원의 근저당권이 설정되어 있었다. B는 이 주택 이외에 다른 자산도 없고 위 주택의 시가도 5,000만 원 정도에 불과하여 심히 불안한데, 위 주택이 경매된다면 A의 주택임차권을 경락인에게 주장할 수 있을까?

주택임대차보호법에는, "임차인이 주택의 인도(입주)와 주민등록(전입신고)을 마친 때에는 그 다음날로부터 제3자에게 대항할 수 있다."라고 규정되어 있다(제3조 제1항). 그리고 판례는 "주택임대차보호법 제3조 제1항이 인도와 주민등록을 갖춘 다음날부터 대항력이 발생한다고 규정한 것은 인도나 주민등록이 등기와 달리 간이한 공시방법이어서 인도 및 주민등록과 제3자 명의의 등기가 같은 날 이루어진 경우에 그 선후관계를 밝혀 선순위권리자를 정하는 것이 사실상 곤란한 데다가, 제3자가 인도와 주민등록을 마친 임차인이 없음을 확인하고 등기까지 경료 하였음에도 그 후 같은 날 임차인이 인도와 주민등록을 마침으로 인하여 입을 수 있는 불측의 피해를 방지하기 위하여 임차인보다 등기를 경료한 권리자를 우선 시키고자 하는 취지이므로 대항력은 인도와 주민등록을 마친 다음날을 기준으로 발생한다."라고 하였다(대법원판결 1997.12.12, 97다22393).

따라서 위 사례에서 A는 위 주택의 일반양수인(매매, 증여, 상속 등으로 위 주택의 소유권을 취득한 자)에 대하여는 주택임대차보호법 제3조 제2항이 "임차주택의 양수인은 임대인의 지위를 승계한 것으로 본다."라고 규정하고 있으므로 A의 주택임차권을 주장할 수 있겠지만, 위 주택이 경매나 공매될 경우에는 그 경매나 공매절차에 의하여 A보다 선순위인 근저당권이 소멸되므로 그 근저당권보다 후순위인 A의 주택임차권도 경락인이나 낙찰자에게 주장할 수 없게 된다.

제 3 장

상가건물임대차보호법

1. 입법취지

상가건물임대차보호법은 상가건물 임대차에 관하여 민법에 대한 특례를 규정함으로써 국민 경제생활의 안정을 보장함을 목적으로 하며, 이 법의 규정에 위반된 약정으로서 임차인에게 불리한 것은 그 효력이 없다고 규정함으로써 건물주인보다는 상대적으로 약자인 임차인을 보호하여 그들을 보호하자는 취지에서 상가건물임대차보호법이 제정되었다.

2. 적용법위

이 법은 상가건물(이법 제3조 1항 규정에 의한 사업자등록의 대상이 되는 건물)의 임대차에 대하여 적용한다. 또한 이 법은 목적건물의 등기하지 아니한 전세계약에 관하여 준용한다. 이 경우에 전세금은 임대차의 보증금으로 본다. 이 법에서 말하는 보증금의 범위는 서울특별시는 2억6천만 원, 수도권정비계획법에 의한 수도권 중 과밀억제권역(서울특별시를 제외)은 2억1천만 원, 광역시(군지역과 인천광역시를 제외)는 1억6천만 원, 그 밖의 지역은 1억5천만 원이다.

임대차기간은 1년으로 한다. 기간의 정함이 없거나 기간을 1년 미만으로 정했을 경우에도 그 기간을 1년으로 본다. 임대차가 종료한 경우에도 임차인이 보증금을 반환받을 때까지는 임대차관계는 존속하는 것으로 본다.

임대인은 임차인이 임대차기간 만료 전 6월부터 1월까지 사이에 행하는 계약갱신 요구에 대하여 정당한 사유 없이 이를 거절하지 못한다.

소액보증금의 보호를 위하여 최우선변제권을 인정하고 있는데 임차인이 최우선변제를 받기 위해서는 임차인은 건물에 대한 경매신청의 등기 전에 건물의 인도와 부가가치세법 제5조, 소득세법 제168조 또는 법인세법 제111조의 규정에 의한 사업자 등록을 신청하여야 한다. 이를 마친 그 다음날부터 최우선변제권이 발생한다.

최우선변제를 받을 수 있는 범위는 서울특별시의 경우 상가보증금 4,500만 원 이하일 때 1,350만원까지, 수도권정비계획법에 의한 수도권과밀지역(서울시 제외)의 경우 보증금 3,900만 원 이하일 때, 1,170만원까지, 광역시(군지역과 인천시 제외)의 경우 보증금 3,000만 원 이하일 때 900만원까지, 기타 지역의 경우 보증금 2,500만 원 이하인 경우 750만원까지 우선변제를 받을 수 있다(동법 시행령 제6조 및 제7조)

3. 상가건물임대차보호법 사례

■상가임차인의 대항력 구비요건

A는 B소유 상가건물 10평을 보증금 5,000만 원에 월세 100만 원으로 임차하여 사업자등록을 하고 영업을 하고 있다. A는 B에게 임차보증금을 확실히 돌려받기 위하여 임대차등기를 요구하였으나 등기를 해주지 않고 있다. 만일 이 상태에서 상가건물이 경매가 된다면 보호받을 수 있는 방법은 무엇인가?

상가임차인의 대항력이란 임차인이 상가건물에 입점을 하고 사업자등록을 신청한 날 그 다음날부터 제3자에 대하여 대항할 수 있고 매매, 증여 등으로 임차건물의 소유자가 변경되는 경우에도 임차권은 새로운 소유자에게 승계되는 것이므로 임대차계약의 존속기간 동안은 임차건물에서 영업을 할 수 있는 권리를 말한다.

그러므로 상가임차인이 건물의 인도와 사업자등록을 신청한 때에는 임대인을 비롯한 그 이후의 제3자에 대하여 임대차기간 동안 그 건물에서 영업을 계속할 수 있는 대항력을 취득하게 된다.(상가건물이대차보호법 제3조 제1항)

만일 임차인이 건물인도와 사업자등록신청 전에 임차건물에 대하여 저당권이나 가압류 등의 권리설정이 없었던 경우에는 임차보증금의 전액을 반환받을 때까지 그 임차거물에서 퇴거당하지 않을 권리가 있다. 그러나 임차인이 건물인도(입점)와 사업자 등록을 하기 전에 당해 건물에 저당권이나 가등기, 가처분등기가 이미 설정되어 있었고 그 후 건물이 경매로 소유자가 변경된 경우에는 대항력이 없어 임차권을 주장할 수 없으므로 임차보증금을 받지 못하고 퇴거당할 수도 있을 것이다.

■상가임대 후 임대인이 상가를 양도하고 상가 양수인이 퇴거를 요구하는 경우

A는 보증금 7천만 원에 월 500만원의 차임을 지불하기로 하고 B소유의 상가건물을 임차하였다. A가 세무서에 사업자등록을 하고 상가를 사용하고 있던 중 B는 이 상가를 C에게 양도하였고 새로운 주인 C는 A에게 퇴거를 요구하고 있다. A는 어떻게 하여야 하나?

A가 상가건물임대차보호법상 대항력을 갖추고 있다면 상가의 전소유자인 B로부터 이를 양수한 C에게 B와의 관계에서 발생한 대항력으로 C에게도 대항할 수 있다. A는 건물을 양도받고 사업자등록을 하였으므로 법상 대항력을 갖추었다. 따라서 A는 C에게 B와 약정한 계약기간과 보증금을 가지고 C에게 대항할 수 있는 것이다. 그러므로 A는 이미 정해진 계약기간 동안 그 상가에서 영업을 할 수 있고 B에게 지불한 보증금을 C로부터 반환받을 수 있다.

■상가임차보증금에 대한 우선변제권의 확보방법

A는 B소유 상가건물 중 1층 부분을 보증금 5,000만원에 월세 50만원으로 임차하여 사업자등록을 내고 식당을 운영하고 있다. 만일 위 임차건물이 경매 등의 위험으로부터 임차보증금을 보호할 수 있는 방법은 무엇인가요?

건물에 입점하고 사업자등록을 신청하면 그 다음 날부터 대항력이 생기고, 임대차계약서상에 확정일자까지 받아 둔다면 임차건물의 경매 시 후순위 권리자 그 밖의 채권자 보다 우선하여 보증금을 변제받을 권리가 있게 된다.

상가 임차인이 상가건물임대차보호법에 의한 대항력, 우선변제권 등 각종의 권리를 보호받으려면 상가임차인의 대항요건인 건물의 인도와 부가가치세법 제5조, 소득세법 제168조 또는 법인세법 제111조의 규정에 의한 사업자등록을 신청하고 임대차계약서 원본에 확정일자인을 받아 두어야 하며 확정일자인(確定日字印)은 상가건물의 소재지 관할세무서에서 받을 수 있다.

제 4 장

인터넷 관련 법률

1. 개요

현대사회를 정보화사회라고 말한다. 정보화시대를 나타내는 것들이 많이 있겠지만 그 대표적인 것이 인터넷이라고 할 수 있을 것이다.

현대사회는 인터넷을 통하여 먼 거리에 있는 사람들과 메일을 주고받을 수 있고, 인터넷을 통하여 뉴스를 접하게 되고, 공인인증서를 이용하여 은행 업무를 처리하고, 물건구매를 위하여 쇼핑몰을 검색하여 구매하며, 영화나 음악을 다운받아 사용하기도 한다. 이렇게 인터넷 사용이 사회에 완전히 일반화되어 있다.

그러나 인터넷이라는 사이버 세계를 가상세계라는 인식과 이로 인한 익명성 등으로 인해 여러 가지 범죄행위가 이루어질 가능성이 있는 것이 사실이다.

인터넷을 규율하는 정보통신기술적 개념들을 시민들이 다 이해하기도 힘들며 일반적인 법 상식과는 다른 내용들도 있으므로 여기서는 꼭 필요한 기본적인 몇 가지 사례들을 살펴보기로 한다.

2. 인터넷 관련 사례

■사이버 스토킹

A는 컴퓨터 작업 중 우연히 알게 된 B로부터 만나자는 연락을 받았으나 거절했더니 욕설을 담은 쪽지를 하루에도 몇 차례씩 보내는데 처벌할 방법이 없는지?

위 사례는 사이버 스토킹의 초기단계라고 할 수 있다. 사이버 스토킹이란 사이버 공간에서 이루어지는 스토킹으로, 전화, 이메일, 이동통신, 인터넷 게시판 등 정보통신망을 이용하여 문자, 음향, 영상 등을 지속적이고 반복적으로 보내 괴롭히는 것을 말한다. 특히 사이버 스토킹은 반복성이 필요하다.

이러한 행위에 대하여 현행 형법에는 마땅한 처벌 규정이 없다. 모욕죄에 해당하는지 검토해 보면 이메일을 통하여 언어적 폭력을 행사한 사안이므로 공연성이 없으므로 모욕죄 구성이 어렵다고 보여진다.

특별법인 정보통신망 이용촉진 및 정보보호 등에 관한 법률 제65조에는 '정보통신망을 통하여 공포심이나 불안감을 유발하는 말, 음향, 화상 또는 영상을 반복적으로 상대방에게 도달하게 한자'를 처벌하게 규정되어 있다.

따라서 위 사례를 이 규정에 비추어 본다면 단순 욕설에 지나지 않는 사안이므로 공포감이나 불안감을 야기하는 사례에는 해당되지 않는다고 보여지므로 위법행위로 처벌하기는 어려울 것 같다. 위 행위로 피해자에게 정신적 고통을 주었다면 민사상 불법행위에 해당하여 정신적 피해에 대한 손해배상청구 소송을 제기할 수 있을 것이다.

■사이버 성폭력

> A는 B와 사귀다가 헤어진 후 B의 나체사진을 여러 포털사이트 게시판에 올리고 있는데 이를 처벌 할 수 없을까?

사이버 성폭력은 직접적인 신체적 접촉 없이 사이버공간에서 상대방의 의사에 반하는 성적접근을 하여 불쾌감, 당혹감등 정서적 피해를 유발하는 것으로 몰래카메라 등 음란 동영상유포는 그 파급효과가 크다.

이러한 사이버 성폭력은 상대방의 의사에 반하여 성적인 언어, 외모와 성적취향, 데이트나 성관계요구, 음담패설, 사생활공개, 성적수치심을 유발하는 이미지, 동영상등 다양한 유형으로 발생하고 있다.

성폭력범죄의처벌및피해자보호등에 관한 법률 제14조의 2에는 "카메라 기타 이와 유사한 기능을 갖춘 기계장치를 이용하여 성적 욕망 또는 수치심을 유발할 수 있는 타인의 신체를 그 의사에 반하여 촬영한 자는 5년 이하의 징역 또는 1천만 원 이하의 벌금에 처한다."고 규정하고 있으므로 이 규정에 의해 처벌할 수 있다.

정보통신망이용촉진및정보보호등에 관한법률 제65조 제1항 제2항은 정보통신망을 통해 음란한 부호·문언·음향·화상 또는 영상을 배포·판매·임대하거나 공연히 전시한 자를 1년 이하의 징역 또는 1천만 원 이하에 벌금에 처하도록 규정하고 있으므로 이 규정에 의해 처벌할 수도 있다.

또한 나체사진과 함께 공연히 사실을 적시한 글을 올렸다면 같은 법 제61조규정의 사이버 명예훼손죄로 처벌할 수도 있다.

사이버성폭력으로 인하여 정신적 고통을 당한 피해자는 민사상 불법행위로 인한 손해 배상을 청구할 수도 있을 것이다.

■사이버 모욕

> A, B 등 불특정 다수인이 사이버상에서 채팅하던 중 A가 B의 말을 무시하고 채팅에 끼워주려고 하지 않자 B가 A에게 "나쁜 놈", "비열한 놈", "IP를 추적하여 그냥 두지 않겠다"는 등 폭언을 하였는데 B을 처벌할 수 있는지?

B는 사이버상에서 A를 모욕하였을 뿐 아니라 협박까지 하였다. 인터넷 채팅은 서로 다른 위치에서 서로의 얼굴을 모르는 상태로 대화를 나누기 때문에 자신의 신분이 노출되지 않는 특징이 있다. 이러한 익명성의 인터넷 채팅은 상대방의 목소리를 듣지 않고 조용히 의사교환을 할 수 있고 필요한 자료를 주고받을 수도 있는 등 많은 순기능을 제공하여 왔으나, 폭언이나 음란한 대화내지는 성매매알선 등의 대화도 행해지고 있어서 다양한 형태의 범죄의 원인이 되기도 한다. 화상 채팅의 경우에는 서로 상대방의 얼굴을 보면서 대화를 나눌 수 있기 때문에 영상이 외부로 노출되어 피해자의 초상권과 사생활 침해라는 문제가 발생하기도 한다.

사이버 모욕은 인터넷 게시판과 댓글, 다자간 채팅, 게임 도중의 언어폭력으로 나타나게 되는데, 특히 상대방이 여성일 경우 사이버 성폭력으로 이어질 가능성이 있다. 위 사례의 경우 인터넷에 익숙한 사용자라면 IP추적이 가능할 수도 있고, 상대방으로 하여금 겁을 먹게 할 정도의 해악을 고지하였으므로 협박죄에도 해당한다. B의 모욕과 협박행위로 인한 정신적 손해에 대하여는 민사상 손해배상도 청구할 수 있다.

■사이버 명예훼손 1

A의 동생들이 햄버거를 사먹고 식중독에 걸려서 햄버거를 판 음식점의 실명을 게시판에 올렸는데, 현재 가검물 채취 등 명확한 증거가 있는 것은 아니다. 음식점에서는 사이버 명예훼손이라고 주장하는데?

사이버 명예훼손이란 사람을 비방할 목적으로 정보통신망을 통하여 공연히 사실 또는 허위의 사실을 적시하여 타인의 명예를 훼손하는 행위로, 기존의 명예에 관한 죄가 사이버상에서 이루어지는 것을 말한다.

정보통신망이용촉진및정보보호등에관한법률 제61조 제1항은 "사람을 비방할 목적으로 정보통신망을 통하여 공연히 사실을 적시하여 타인의 명예를 훼손한 자는 3년 이하의 징역이나 금고 또는 2천만 원 이하의 벌금에 처한다"고 규정하고 있다. 같은 조 2항에는 공연히 허위의 사실을 적시한 경우에 대하여 규정하고 있다.

따라서 위 사례는 사이버 명예훼손죄에 해당한다. 다만 공연한 사실의 적시가 진실한 사실로서 오로지 공공의 이익에 관한 것을 입증하면 위법하지 않는 것으로 보아 처벌하지 않는다. 위의 경우 햄버거의 가검물 채취 등 명확한 증거가 밝혀지지 않은 상태에서 항의성 글을 게재한 것이므로 오로지 공공의 이익에 관한 것임을 입증하기는 어려울 것으로 보인다.

■사이버 명예훼손 2

A는 인터넷 광고용으로 사용되고 있는 유명 연예인 사진을 합성하여 자신의 블로그에 올렸다. 이 경우에도 법적인 있는지?

최근 미니 홈페이지나 블로그를 많이 사용하면서 타인의 사진을 무단으로 복제하여 사용하는 사례가 많아지고 있다. 주의할 점은 상대방의 동의 없는 무단 사용은 초상권을 침해하게 된다는 것이다. 또한 사진을 마음대로 합성하여 사용하는 것은 사안에 따라서 모욕죄에 해당할 수도 있을 것이다.

초상권에는 얼굴 기타 사회통념상 특정인임을 알 수 있는 신체적 특징을 함부로 촬영 또는 작성되지 아니할 권리, 촬영된 사진 또는 작성된 초상이 함부로 공표·복제되지 아니할 권리, 초상이 함부로 영리목적에 이용되지 아니할 권리를 포함한다.

위 사례의 경우 일단 유명 연예인의 승낙을 받고 광고회사가 촬영한 사진이기는 하나, 승낙한 내용과는 다른 목적에 사용하는 행위이므로 초상권 침해에 해당한다. 아직 이러한 행위에 대하여는 현행법상 처벌 규정은 없다.

그러나 사진을 임의로 합성한 행위가 상대방에게 모욕적인 내용이 된다면 형법상 모욕죄를 구성할 수도 있을 것이다. 또한 초상권 침해행위는 민사상 불법행위이므로 이에 대한 정신적 손해를 배상해야 할 경우도 있을 것이다.

■스팸메일

> A는 하루에도 스팸메일을 수십 통씩 받고 있다. 업무에도 지장이 있고 수신 거부 의사에도 불구하고 계속 발송하는 행위를 처벌할 수 없을까?

스팸메일을 잡동사니 메일이라는 의미로 정크 메일(junk mail), 대량 살포되는 메일이라는 의미로 벌크 메일(bulk mail)이라고도 하는데, 수신자가 받는 것을 원하지 않는 메일을 전부 스팸이라고 보면 된다. 일반적으로 광고성 전자우편이 이에 해당한다. 범람하는 광고성 전자우편은 일상생활에서 상품에 대한 정보 역할을 넘어서 정보공해의 수준에 이르고 있는 것이 현실이다.

위 사례는 스펨메일이 영리를 목적으로 하는 경우와 그렇지 않은 경우로 나누어서 살펴볼 수 있다. 먼저 비영리성일 겨우 과태료 규정이 적용되지 않는다. 그러나 영리성 전자우편이라면 수신거부의사를 명백히 표시하였음에도 불구하고 계속 전자우편을 발송하였다면 정보통신망이용촉진및정보보호등에관한법률 제67조 제1항2호에 의하여 3천만원이하의 과태료 처분을 받을 수 있다.

또한 광고성 전자메일로 인한 업무방해 등으로 재산상 손해를 입거나 정신적 고통을 당한 경우에는 민사상 불법행위가 성립하여 손해배상을 청구할 수도 있을 것이다.

■저작권 침해 1

A는 정품 프로그램을 구입하여 PC에 설치해 사용해 오던 중 정품 프로그램을 도난당하여 백업해둔 프로그램을 이용해 계속 사용하고 있는데 이런 경우도 저작권 침해(불법복제)에 해당하는지?

인간의 사상이나 감정을 창작적으로 표현한 저작물을 보호하기 위해 그 저작자에게 저작권을 부여하고 있다. 저작물에는 시, 소설, 등의 어문저작물과 음악저작물, 미술저작물, 영상저작물 등이 있는데 컴퓨터 프로그램도 이에 포함된다. 저작권의 보호를 위하여 저작권법이, 컴퓨터 프로그램 저작물의 보호를 위하여는 컴퓨터프로그램보호법이 제정되어 있다.

위 사례에서 A는 프로그램 복제권을 가지는 프로그램 저작자가 아니다. 그러나 컴퓨터프로그램보호법 제14조 제1항은 "프로그램의 복제물을 정당한 권원에 의하여 소지·사용하는 자는 그 복제물의 멸실·훼손 또는 변질 등에 대비하기 위하여 필요한 범위 안에서 당해 복제물을 복제할 수 있다"고 규정하고 있다.

그러므로 A는 이 규정에 의하여 필요한 범위 안에서 당해 복제물을 복제할 수 있다. 다만 정품 프로그램의 도난을 인하여 정당한 권원을 상실한 것이 아닌가하는 문제가 발생하나, 이는 정품을 도난당했을지라도 그 소유권은 여전히 A에게 있으므로 정당한 권원을 상실한 것은 아니라고 할 것이다.

그러므로 A가 백업 프로그램을 계속 사용하더라도 불법 복제하여 사용하는 것에는 해당하지 않는다.

■저작권 침해 2

A는 ○○가요제 수상곡을 B음반기획사의 여러 음반들에서 모아 MP3파일로 저장하여 인터넷과 모바일로 서비스하였다. A의 법적인 책임은 어떻게 될까?

음악저작물을 이용하기 위해서는 작곡자, 작사자 및 편곡자 등의 저작자와 가수, 연주자, 코러스 등의 실연자, 그리고 음반에 맨 처음 소리를 고정한 음반제작자 등 3부류의 권리자로부터 허락을 받아야 한다.

가요제 수상곡은 기존에 발매된 음반이나 마스트테이프에 존재할 것인데 그 물건을 소유한 사람은 물건에 대한 소유자로서의 권리를 가진다. 이에 대한 소유권과는 별도로 수상곡 으로서의 무형의 음악저작물에 대해서는 저작자와 실연자, 그리고 음반제작자가 저작권법상의 권리를 가진다.

그리고 음반기획사가 이들 수상곡으로 음반을 기획하여 새롭게 가수나 연주자를 섭외하여 음반을 제작한 경우에는 음반기획사와 그에 관여한 실연자 등도 일정한 권리를 행사할 수 있으므로 이들의 허락을 얻어야 한다.

위 사례는 A는 이러한 권리자들의 허락 없이 가요제 수상곡들을 MP3파일로 복제한 것으로 저작권법 제97조의 5에 의하여 처벌받을 수 있다. 또한 같은 법 제102조에는 이러한 행위에 대하여는 친고죄로 규정하고 있으므로 피해자의 고소가 있어야 처벌이 가능하다.

또한 이러한 저작권 침해행위로 인하여 저작권자들이 입은 재산적·정신적 손해에 대해서도 배상할 책임이 있다. 이러한 경우 A가 이익을 얻은 것이 없다 하더라도 그 권리의 행사로 통상 얻을 수 있는 금액에 상당하는 액을 저적재산권자 등이 받은 손해의 액으로 하여 배상해야 한다.

■이동통신 요금문제

> A는 고등학생인 자녀에게 무절제한 사용을 못하도록 정액요금제로 이동전화서비스에 가입시켜 주었는데 그 자녀가 부모 동의 없이 일반요금제로 변경하여 통화료가 많이 부과되었다. 이 경우 A는 그 요금 전부를 부담해야 하는지?

만 20세가 되지 않은 자는 미성년자로서 부모 동의 없이는 계약 등의 법률행위를 할 수 없다(민법제5조)

위 사례의 경우 고등학생인 자녀가 부모인 A의 동의 없이 일반요금제로 계약 내용을 변경하는 법률행위를 한 사안이다.

그러므로 A 또는 그 자녀가 계약 내용을 변경한 행위를 취소할 수 있다. 취소는 가입대리점이나 이동통신회사의 지점에 대하여 할 수 있을 것이다.

취소의 효과는 법률행위시로 소급하여 무효가 되므로 월정액을 넘는 이용료에 대하여는 납부 의무가 없다. 미성년자가 임의로 납부한 금액이 있다면 반환받을 수도 있다.

그러나 미성년자의 법률행위라도 그 부모가 계약 등의 내용을 알면서도 이를 묵인하였거나, 계약의 전부나 일부를 이행하거나 상대방에게 이행을 청구하였다면 그 미성년자의 법행위를 추인하는 것이 되어 취소할 수 없다(민법제145조). 따라서 A가 이미 월정액을 넘는 이용료를 납부하거나 이동통신사에 납부하겠다는 의사를 표시하였다면 그 자녀의 계약내용 변경해위에 대하여 취소할 수 없게 되므로 이미 납부한 요금의 반환을 청구할 수 없게 된다.

■인터넷 사기

> 인터넷 여행업자인 A사는 인터넷 포털 사이트를 통해 5만원을 내고 유료회원으로 가입하면 동남아 무료항공권을 지급하며 추천 패키지 여행상품에 대해서는 30만원을 할인해 준다는 광고를 내어 많은 회원을 모집한 후 연락이 끊어졌다. 그 죄책은?

인터넷을 이용하여 많은 네티즌으로부터 가입비 5만원과 30만원을 할인한 패키지 예행예약금을 받았다면 이는 인터넷 사기 행위이다. 이러한 행위는 형법상의 사기죄에 해당하여 처벌한게 된다.

주의해야 할 점은 광고를 실은 곳이 굴지의 포털 사이트라는 점을 믿고 가입할 수가 있지만 사기업체는 이러한 점을 악이용하는 것이라는 점을 명심하여야 한다.

■인터넷 윤락

> 매매춘 아르바이트를 원하는 여성 4,5명 정도를 을 확보하고 인터넷 채팅을 통하여 남자손님들을 연결시켜 윤락행위를 하게 하는 행위

윤락가 등 특정 지역에서나 이루어지던 매매춘이 인터넷을 통하여 이루어지고 있다. 소위 인터넷 포주가 등장하여 아르바이터 여성 수명을 고용하고 인터넷 채팅을 통하여 남자손님들과 시간, 장소를 정한 후 매매춘 상대를 연결시켜 주는 일을 하게 된다. 예를 들면 '미년 보내 드립니다'라는 이름의 대화방을 개설하여 여기에 접속하는 남자손님들에게 화대를 받고 윤락을 알선하는 것이다. 이러한 행위는 윤락행위등처벌에관한법률로 처벌받게 된다.

■인터넷 도박

최근 인터넷을 이용한 도박행위가 성행하고 있다. 이를 도박개장죄로 처벌할 수 있는지

형법은 국민에게 도박행위를 금지하여 근로의 풍속을 보호하고 있다. 예를 들면 국외의 인터넷을 경유하여 국내에서 도박의 상대방을 모집하는 경우, 그것이 국내법에서 공인되어 있지 않는 한, 인터넷에 의한 도박을 처벌하여야 한다. 실제 영국의 북메어커(도박회사)가 통신회선을 이용하여 도박 홈페이지를 개설한 행위에 대하여, 일본 국내에서 도박장을 개장하는 것이라 하여 단속 당국이 경고를 발한 예가 있다. 도박개장죄는 범인이 도박장의 주재자로서 자기의 지배 · 관리 하에 도박을 실시하는 행위를 시작한 것으로 충분하며, 도박객을 유인하여 일정 장소에 집합시킬 필요는 없고, 전화에 의한 신청을 받는 형태로도 도박장이 존재하였다고 해석할 수 있기 때문이다. 그러나 타인에 대한 물리적인 장소의 제공을 필요조건으로 하는 입장에서는

홈페이지의 개설로써, 도박개장죄로 묻는 것은 곤란할 것이다. 다만 컴퓨터의 단말을 조작한다거나 도박금 등의 계산 등에 이용한 시설을 일시적인 도박장으로 파악하는 것은 불가능하지 않다. 원래 도박장개장죄는 자신이 승패의 위험을 부담하는 일 없이 도박에 의한 막대한 이익을 취득한다는 점에서, 통상의 도박죄보다도 반사회성이 높다. 또한 인터넷 도박 중에는 복권의 발행(형법 제187조)에 해당하는 경우도 적지 않은데, 이들 도박죄에서는 속지주의가 타당하기 때문에, 예를들면 해외의 제공자를 통하여 일본에서 외국의 복권을 판매하는 행위는 한국 법에 의하여 처벌할 수 없다고 하는 견해도 있다.

■개인정보 보호 1

A는 학원강사로 학원생들에게 졸업앨범을 가져오게 하여 졸업생의 이름, 주소, 전화번호 등 개인정보를 수집하여 학원생 모집과 관련한 우편물을 발송하였다. 개인정보를 함부로 수집해도 되나

정보통신망이용촉진및정보보호등에 관한법률 제22조 제1항에는 개인정보를 이용하려고 수집하려는 자는 본인에게 알리고 동의를 얻어야 한다고 규정하고 있다. 그런데 이러한 의무를 부담하는 자를 정보통신서비스 제공자로 한정하고 있다. 이 서비스 제공자란 전기통신사업법상의 전기통신사업자와 영리를 목적으로 전기통신업자의 전기통신역무를 이용하여 정보를 제공하거나 정보의 제공을 매개하는 자를 말한다. 학원 강사는 이러한 정보통신서비스제공자에 해당하지 않는다. 다만 같은 법 제58조 제1

항은 22조 내지 제32조의 적용에 있어 대통령령이 정하는 자를 정보통신서비스제공자로 본다고 하고 있다. 그리고 대통령령 제28조는 개인정보의 수집 및 이용이 빈번한 호텔업·여행업을 행하는 자, 학원 등을 설립·운영하는 자를 정보통신서비스제공자로 간주되는 자로서 열거하고 있다. 따라서 호텔, 여행사, 학원 등을 운영하는 자가 정보통신망을 이용하지 않고 개인정보를 수집하는 경우에도 같은 법의 적용을 받게 된다. 따라서 위 A의 행위는 위 법에 위반하는 행위로 처벌을 받게 된다. 따라서 위 A의 무단 정보수집 및 이용행위로 인하여 개인정보를 침해당한 졸업생들이 이로 인한 정신적 피해를 입었다면 민사상 불법행위가 성립되어 개인정보분쟁조정위원회에 분쟁조정을 신청하든가 손해배상소송을 제기할 수 있다.

■개인정보 보호 2

> 아파트관리 사무소 직원들이 주민을 위한 목적으로 초고속 인터넷 서비스 업체 A사의 영업팀 지원들에게 부탁하여 회원으로 가입하고 있는 아파트 주민 500명의 동의 없이 이들의 이름, 주소, 이메일주소를 팩스를 통하여 제공받았다. 아파트 관리사무소 직원도 처벌대상이 되나

초고속 인터넷 서비스 업체 A사의 영업팀 직원들은 이용자의 동의 없이 이용자의 개인정보를 제3자에게 제공하였다. 이는 정보통신이용촉진및정보보호에 관한법률 제24조의 2 제1항의 위반행위가 된다. 그런데 A사는 직접 위반행위를 한 것은 아니나 양법규정에 의하여 위반자인 영업팀 직원과 함께 형사처벌 대상이 된다. 아파트 관리사무소 직원들은 이용자의 동의없이 이용

자의 개인정보를 제공할 의사가 없는 인터넷 서비스 업체 직원들에게 주민들의 개인정보를 제공할 것을 요청하였고, 서비스업체 직원원들이 이에 응하여 개인정보를 무단으로 제공한 것이므로 교사범의 요건에 해당된다. 따라서 아파트관리사무소 직원은 처벌을 받게 된다. 즉 인터넷고속 서비스업체의 영업팀과 공범관계로 처벌을 받게 되는 것이다.

민사상으로는 불법행위가 성립하여 서비스업체 직원들은 가해당사자로서 손해배상 책임을 지고, 그 서비스 업체는 사용자로서 배상책임을 지게 되고, 교사자인 아파트 관리사무소 직원들은 공동불법행위자로서 손해배상책임을 부담하게 된다. 따라서 피해자는 이들에게 연대하여 배상책임을 물을 수 있다.

■개인정보 보호 3

> A는 고등학생 딸을 두고 있다. 그런데 최근 이 아이가 이상한 행동을 하는 같아서 통화내역을 열람하려고 한다. 친권자로서 통화내역을 열람할 수 있는지

부모는 미성년의 자녀에 대한 어버이로서 친권을 가진다. 친권은 자녀의 복리를 위하여 그를 보호·교양할 수 있는 지위를 말하며, 친권을 행사함에는 자의 복리를 우선적으로 고려하여야 한다(민법 제912조).

법적인 문제만을 놓고 본다면 타인의 동의없이 통화내역을 조회하는 것은 전기통신을 감청하는 것으로 통신기밀보호법 제3조에 위반하여 형사처벌의 대상이 된다. 또한 정보통신망이용촉진및정보보호등에 관한법률 제48조 제1항을 위반하는 것이다.

그러나 우리나라 형법 제20조는 "법령에 의한 행위 또는 업무로 인한 행위 기타 사회상규에 위배되지 아니하는 행위는 벌하지 아니한다"고 규정하고 있다.

일반적으로 부모가 자녀를 보호하고 올바르게 양육하기 위하여 필요한 경우에 한해 자녀의 일기장을 본다든가 이메일 내지 전화 통화내역을 열람하는 등의 사생활 침해행위는 사회통념상 정당시되는 행위에 해당한다.

따라서 자녀의 행동이 이상하게 변하여 자녀를 걱정한 나머지 올바른 양육을 위하여 달리 방법이 없다고 판단될 경우에는 일정정도의 사생활을 간섭하는 것도 가능하다. 참고로 사회상규에 반하지 않는 행위는 위법하지 않기 때문에 이러한 행위로 인하여 정신적 피해를 입었다고 해도 민사상 손해배상청구는 할 수 없다.

[저자 소개]

전용득

- 검찰이사관, 집행관
- 동아대학교 대학원(경영학박사)
- 동의대학교 대학원(법학박사)
- 타슈켄트 법과대학 교수
- 타슈켄트 동방학 대학교 교수
- 고신대학교 외래 교수
- All Nations Theological Seminary 교수

〈주요 저서〉

교회와 법(청목출판사. 2011)
교회생활과 법(형지사, 2009)
현대생활과 법 (청목출판사, 2008)
한국사회복지법강의(학지사, 2003)
생활법률강의(신정, 2002)
피의자구속론(법문사, 2000)
형법개설(세종출판사, 2001)
형사소송법개설(세종출판사, 2001)
사회생활과 법(세종출판사, 2002)

생활법률(제2판)

2013년 2월 20일 초판인쇄
2013년 2월 25일 초판발행

저 자 전 용 득
발행인 유 성 열
발행처 **형 지 사**
서울특별시 영등포구 신길동 233-96
전화 (02) 833-6090(代)
FAX (02) 849-0817
등록 제318-2005-000030호

파본은 바꾸어 드립니다. 값 16,000원

http : //www.chongmok.co.kr

ISBN 978-89-92938-77-8